D1920964

Mosaik

bei GOLDMANN

Buch

Die beliebten Denksportaufgaben von P.M. – endlich in Buchform. Der Logik-Trainer bietet knifflige Aufgaben zu unterschiedlichen Themen und mit verschiedenen Schwierigkeitsstufen: Los geht's mit leichteren Einsteiger-Rätseln, für erfahrene Denksportler gibt es Profi-Rätsel und für die richtigen Cracks ganz besonders verzwickte Rätsel. Und wer wissen will, ob er auch wirklich alles geknackt hat, kann im hinteren Teil bei den Lösungen nachschauen.

P.M.

Logik-Trainer

Probleme lösen
Spaß haben
Die beliebten
Denk- und
Knobelaufgaben

Mosaik
bei GOLDMANN

Umwelthinweis:
Alle bedruckten Materialien dieses Taschenbuches
sind chlorfrei und umweltschonend.

4. Auflage
Originalausgabe Mai 2001

Umschlaggestaltung: Design Team München
unter Verwendung eines Fotos von
Dietze/Fragezeichenlandschaft
Redaktion: Media Compact Service, München
Layout und Umbruch: Sabine Hüttenkofer, München
Druck: GGP Media GmbH, Pößneck
Verlagsnummer: 16355
kö·Herstellung: Max Widmaier
Printed in Germany
ISBN 3-442-16355-2
www.goldmann-verlag.de

Inhalt

So geht's

Zu jedem Logik-Rätsel finden Sie ein Diagramm und mehrere Hinweise. Bitte lesen Sie die Hinweise sorgfältig – sie enthalten alle Informationen, um das Rätsel zu lösen.

Wenn Sie nun alle Informationen, die in den Hinweisen enthalten sind, in das entsprechende Diagramm eintragen, dann kommen Sie Schritt für Schritt auf die Lösung. Machen Sie ein Plus-Zeichen (»+«) für jedes sichere »Ja« und ein Minus-Zeichen (»-«) für jedes eindeutige »Nein«.

Auf diese Weise ergeben sich im Diagramm neue (positive und negative) Informationen, die sich jeweils wiederum mit Plus- oder Minuszeichen markieren lassen. Schritt für Schritt entsteht so die Lösung, und zwar logisch »zwingend«. Sie brauchen also nicht zu probieren oder zu raten.

Beispiel:

Drei Freundinnen bekommen verschieden hohe Taschengeld-Beträge. Welches Mädchen (Vor- und Nachname) erhält wie viel, und wofür wird das Geld am liebsten ausgegeben?

	Bauer	Müller	Weber	6,- DM	7,- DM	8,- DM	Kleider	Schallplatten	Süßigkeiten
Marion	[illegible]	+	−	+		[illegible]	−	−	+
Susi				−	+	−		+	−
Uschi						+	+	−	−
Kleider									
Schallplatten									
Süßigkeiten									
6,- DM	−	+	−						
7,- DM									
8,- DM									

Hinweise:

① Marion liebt Süßigkeiten. Sie bekommt weniger Taschengeld als das Mädchen mit dem Nachnamen Weber.

② Susi bekommt 7 Mark Taschengeld.

③ Uschi gibt ihr Geld nicht für Schallplatten aus. Uschi und das Mädchen mit dem Nachnamen Bauer bekommen einen anderen Betrag als 6 Mark.

Lösung:

In Hinweis ① steht, dass Marion gerne Süßigkeiten isst – setzen Sie also in das Feld Marion/Süßigkeiten ein »+«. Marion kann nicht Weber heißen ① – machen Sie daher ein »-« in das Feld Marion/Weber. Marion kann nicht das höchste Taschengeld bekommen ① – in das Feld Marion/8 Mark gehört demnach ein »-«. Das Mädchen mit dem Nachnamen Weber kann nicht das wenigste Taschengeld erhalten ① – setzen Sie also ein »-« in das Feld Weber/6 Mark.

Verfahren Sie ebenso mit den Hinweisen ② und ③. Beachten Sie, dass Uschi nicht Bauer heißen kann, denn in ③ steht »Uschi und das Mädchen mit dem Nachnamen Bauer bekommen ...« (Markieren Sie das Feld Uschi/Bauer mit einem »-«.)

Nun beginnt die Auswertung des noch lückenhaften Diagramms, das jetzt so aussehen müsste:

	Bauer	Müller	Weber	6,- DM	7,- DM	8,- DM	Kleider	Schallplatten	Süßigkeiten
Marion	-	+	-	+	-	-	-	-	+
Susi	+	-	-	-	+	-	-	+	-
Uschi	-	-	+	-	-	+	+	-	-
Kleider									
Schallplatten									
Süßigkeiten									
6,- DM	-	+	-						
7,- DM		-							
8,- DM		-							

Am besten fahren Sie zunächst mit den beiden »+«-Feldern fort: Marion kauft Süßigkeiten; daraus ergibt sich, dass sie keine Kleider und Schallplatten kauft (jeweils ein »-«). Ebenfalls ergibt sich, dass Susi und Uschi keine Süßigkeiten kaufen (wieder jeweils ein »-«). Susi bekommt 7 Mark, also weder 6 Mark noch 8 Mark (ebenfalls Minuszeichen).

Nun wird klar, dass Marion 6 Mark bekommt und dass Uschi 8 Mark erhält. Da weder Marion noch Uschi Schallplatten kaufen, muss Susi die Plattenliebhaberin sein, und Uschi kauft Kleider.

Nun fehlen noch die Nachnamen der Mädchen. Da laut Diagramm das Feld 6 Mark bei Bauer und bei Weber ein »-« hat, muss bei Müller/6 Mark ein »+« stehen. Deswegen passt Müller nun weder zum Feld 7 Mark noch zum Feld 8 Mark, also kann Müller nicht der Name von Susi oder Uschi sein, sondern nur der von Marion. Uschi muss also Weber heißen, und für Susi bleibt nur der Nachname Bauer übrig.

Sie sehen: Wenn man den »Dreh« erst einmal heraus hat, macht es Spaß und ist nicht schwer.

Die Lösungen zu den einzelnen Aufgaben finden Sie ab Seite 316.

1 Rätselhafte Freundinnen

Einige ratebegeisterte Freundinnen lösen regelmäßig ein Rätsel, das jeden Tag neu in ihrer Tageszeitung veröffentlicht wird. Dabei geht es darum, aus einer gegebenen Menge von Buchstaben möglichst viele verschiedene Wörter zu kombinieren. Wer am meisten Wörter schafft, wird nachmittags zu Kaffee und Kuchen eingeladen. Wer (Vor-, Nachname) erreichte an welchem Tag wie viele Wörter?

	Carsson	Geller	Hold	Rausch	Schmidt	Montag	Dienstag	Mittwoch	Donnerstag	Freitag	27 Wörter	31 Wörter	38 Wörter	43 Wörter	50 Wörter
Anita															
Janna															
Susanne															
Valeria															
Yvonne															
27 Wörter															
31 Wörter															
38 Wörter															
43 Wörter															
50 Wörter															
Montag															
Dienstag															
Mittwoch															
Donnerstag															
Freitag															

Hinweise

- Dies ist eine besonders einfache Aufgabe für Einsteiger. »Profis« sollten diese Aufgabe »gegen die Zeit« lösen. Unter 10 Minuten ist super!
- An jedem Tag gewann eine andere Freundin.

① Janna gewann den Wettbewerb mit lediglich 27 Wörtern.

② Die Gewinnerin vom Montag konnte 38 Wörter kombinieren.

③ Valeria Geller gewann das Wettlösen einen Tag, nachdem eine Freundin mit 43 Wörtern in Führung ging.

④ Frau Rausch erreichte – nicht am Mittwoch – 50 Wörter.

⑤ Am Donnerstag konnte Frau Carsson, die nicht Anita heißt, mit mehr als 30 Wörtern alle ihre Freundinnen auf die Plätze verweisen.

⑥ Susanne gewann einen Tag vor Frau Hold.

Vorname	Nachname	Tag	Wörter
		Mo	
		Di.	
		Mi.	
		Do	
		Fr.	

2 Wenn der Mann wickelt

Viele Mütter von kleinen Kindern können ein Lied davon singen: Wie gern würden sie ein wenig mehr unter Leute kommen, ein wenig Geld verdienen und Abwechslung genießen... Umso glücklicher sind die Frauen dieses Rätsels, deren Männer ihnen einen Teil der Baby- und Hausarbeit abnehmen und dadurch den Nebenjob ermöglichen. Wie lauten die Vornamen der Väter, wie die vollen Namen der Mütter, und welchen Job üben sie aus?

	Aschmann	Bertram	Fordner	Grasrich	Konrad	Lorenz	Robert	Stephan	Arzthelferin	Kosmetikberaterin	Redakteurin	Übersetzerin
Elke								–	–			
Katrin					–	–	–	+	–		–	
Maria			–	–		–		–	+	–	–	–
Sandra								–	–			–
Arzthelferin	–				–	+	–	–				
Kosmetikberaterin	+	–	–	–		–	–					
Redakteurin	–				–	–	+	–				
Übersetzerin	–					–	–					
Konrad			–									
Lorenz	–	–	+	–								
Robert	–		–									
Stephan			–									

Hinweise

- Dies ist eine besonders einfache Aufgabe für Einsteiger. »Profis« sollten diese Aufgabe »gegen die Zeit« lösen. Unter 10 Minuten ist super!

① Frau Aschmann arbeitet in einem exklusiven Geschäft in der Innenstadt als Kosmetikberaterin.

② Der Ehemann von Katrin heißt Stephan.

③ Robert hatte zwar anfänglich wenig Lust auf den Job als Hausmann – mittlerweile freut er sich aber über den Erfolg seiner Frau als Redakteurin.

④ Der Vorname von Frau Grasrich lautet nicht Maria.

⑤ Lorenz Fordner ist nicht der Ehemann von Maria. Letztere arbeitet halbtags als Arzthelferin an drei Tagen in der Woche.

⑥ Sandra bessert das Familieneinkommen nicht durch eine Tätigkeit als Übersetzerin auf.

Vorname der Frau	Nachname	Vorname des Mannes	Nebenjob
	Fordner	Lorenz	1
			2
		Robert	3
			4

3 Kontroverse Volksmusik

Beim Thema Volksmusik scheiden sich die Geister: Die einen finden sie furchtbar, für die anderen gibt es nichts Schöneres. Neulich fand in unserem Städtchen ein Wettbewerb mit Interpretinnen volkstümlicher Musik statt – und sogar die Gegner dieses Genres waren von manchen Darbietungen angetan. Wie lauten die vollen Namen der Teilnehmerinnen, aus welchen Orten kamen sie, und welche Instrumente spielten sie?

	Bergrich	Grohe	Pangerl	Weiß	Almberg	Lochhausen	Oldenheim	Süßlingen	Alphorn	Flöte	Gitarre	Harfe
Hanna				–		+		–			–	
Katrin	–	–	–	+	–	+	–	–			–	
Sylvia				–				+		–	–	
Victoria				–				–	–	–	+	–
Alphorn			–									
Flöte			–		[illegible]	[illegible]	[illegible]	[illegible]				
Gitarre	–		–									
Harfe	–	–	+	–								
Almberg		–		–								
Lochhausen		–		+								
Oldenheim	–	+	–	–								
Süßlingen		–		–								

Hinweise

- Dies ist eine besonders einfache Aufgabe für Einsteiger. »Profis« sollten diese Aufgabe »gegen die Zeit« lösen. Unter 10 Minuten ist super!

① Die junge Flötistin, deren Vorname nicht Sylvia lautet, stammt nicht aus Süßlingen.

② Frau Pangerl spielte sehr eindringlich alte Weisen auf ihrer Harfe.

③ Aus Oldenheim kommt die junge Musikerin, deren Nachname Grohe lautet.

④ Victoria, deren Instrument die Gitarre ist, heißt nicht Bergrich.

⑤ Die Musikerin namens Katrin Weiß stammt nicht aus Almberg.

⑥ Hanna lebt in Lochhausen.

Vorname	Nachname	Heimatort	Instrument

4 Frühes Faschingsfest

In unserem Bekanntenkreis gibt es einige Leute, für die müsste das ganze Jahr über Fasching sein. Zu jeder Gelegenheit verkleiden sie sich, geben sich ein anderes, verrücktes Image. Bei unserer letzten Garten- und Grillparty Ende September erschienen sie tatsächlich kostümiert – samt Ehegatten. Wie lauten die Vor- und Nachnamen der Paare, und als welches berühmte Paar hatten sie sich jeweils verkleidet?

	Birgit	Dagmar	Gabriele	Heide	Fröhlich	Haiter	Lustiko	Maska	Cäsar und Kleopatra	Donald und Daisy	Romeo und Julia	Tarzan und Jane
Armin												
Edgar												
Ingo												
Olaf												
Cäsar und Kleopatra												
Donald und Daisy												
Romeo und Julia												
Tarzan und Jane												
Fröhlich												
Haiter												
Lustiko												
Maska												

Hinweise

- Dies ist eine besonders einfache Aufgabe für Einsteiger. »Profis« sollten diese Aufgabe »gegen die Zeit« lösen. Unter 10 Minuten ist super!

① Armin und seine Frau hatten sich als Tarzan und Jane verkleidet.

② Romeo und Julia – das waren Gabriele und ihr Mann, dessen Vorname nicht Olaf lautet. Mit Nachnamen heißen Erstere nicht Haiter.

③ Dagmars Familienname lautet Lustiko.

④ Ingo ist mit Heide verheiratet. Ihr Familienname lautet nicht Maska. Letztere hatten sich als das Paar verkleidet, bei dem beide Anfangsbuchstaben gleich sind.

Ehemann	Ehefrau	Familienname	Verkleidung
Olaf	Dagmar	Lustiko	1
Ingo	Heide		2
Edgar	Gabr.	Maska	3
Armin	Birgit		4

5 Die Piraten-Legende

Nach einer alten Legende – oder handelt es sich doch um eine wahre Geschichte? – sind auf mehreren Inseln der Karibik einige sagenhafte Piratenschätze versteckt. Schon viele Schatzsucher versuchten, der Legende auf den Grund zu gehen – ohne Erfolg. Welcher Piratenkapitän, der welches Schiff befehligte, soll auf welcher Insel seinen Schatz versteckt haben, und wie wird der Schatz in der Legende beschrieben?

	Schiff				Insel							
	Bella Donna	*Dragon*	*Sting*	*Tristar*	Eldorado	Misterio	San Pablo	Santa Luisa	Goldmünzen	Juwelen	Platinbarren	Silbergeschirr
Kapitän Caine						−				−		
Kapitän Dime		−			−	+	−	−		−	−	−
Kapitän Gore						−			−	+	−	−
Kapitän Snake			−			−				−		
Goldmünzen	+	−	−	−				−				
Juwelen	−							−				
Platinbarren	−	−		−				−				
Silbergeschirr	−				−	−	−	+				
Insel: Eldorado	−	+	−	−								
Insel: Misterio		−		−								
Insel: San Pablo		−										
Insel: Santa Luisa		−										

Hinweise

- Dies ist eine besonders einfache Aufgabe für Einsteiger. »Profis« sollten diese Aufgabe »gegen die Zeit« lösen. Unter 10 Minuten ist super!

① Der Legende nach soll Kapitän Dime seinen Schatz auf der Insel Misterio vergraben haben. Hierbei soll es sich nicht um die Platinbarren handeln. Diese wurden nicht vom Kapitän der *Tristar* versteckt.

② Der Kapitän der *Bella Donna* soll eine riesige Ladung Goldmünzen versteckt haben.

③ Auf Santa Luisa soll das gekaperte Silbergeschirr versteckt worden sein. Man erzählt sich, der Kapitän der *Dragon* habe seinen Schatz – nicht die Platinbarren – auf der Insel Eldorado vergraben.

④ Kapitän Snake befehligte nicht die *Sting*.

⑤ Der Juwelenschatz soll von Kapitän Gore versteckt worden sein.

Kapitän	Schiff	Insel	Schatz

6 Liebe per Computer

Nur aus Jux füllte meine Schwester Marianne vor kurzem einen Fragebogen aus, den ein Heiratsinstitut auf Diskette an seine Interessenten verschickte. Wenige Tage später erhielt sie Listen mit Angaben von vier jüngeren Herren. Jeder der Kandidaten hatte eine Eigenschaft, die ihr sympathisch war, und eine Eigenschaft, die sie ablehnte. Wie lauten die Namen der vier Bewerber, wo leben sie, und welche Eigenschaften haben sie?

	Blankenburg	Halberstadt	Nordhausen	Wernigerode	hört gerne Mozart	ist schlank	mag Spaziergänge	spielt gerne Tennis	ist Raucher	mag keine Katzen	zu jung	zu klein
Andreas				–								–
Florian	–	–	–	+						–		–
Klaus				–					–	–	–	+
Rolf				–		–						–
ist Raucher	–	–	–	+	–	–	+	–				
mag keine Katzen	–	–	+	–			–	–				
zu jung	–	+	–	–			–					
zu klein	+	–	–	–			–					
hört gerne Mozart	+	–	–	–								
ist schlank	–			–								
mag Spaziergänge	–	–	–	+								
spielt gerne Tennis	–			–								

Hinweise

- Dies ist eine besonders einfache Aufgabe für Einsteiger. »Profis« sollten diese Aufgabe »gegen die Zeit« lösen. Unter 10 Minuten ist super!

① Klaus war für Marianne zu klein.

② Rolf konnte nicht von sich behaupten, dass er schlank sei.

③ Derjenige, der in Halberstadt wohnt, war für Marianne zu jung. Der Kandidat aus Blankenburg teilte ihre Vorliebe für Mozart. Er war nicht derjenige, der keine Katzen mochte.

④ Ein Kandidat mochte Spaziergänge, war aber leider Raucher.

⑤ Florian wohnt in Wernigerode und ist Katzen-Liebhaber. Auch derjenige, der gerne Tennis spielt, mag diese Tiere.

Name	Wohnort	positive Eigenschaft	negative Eigenschaft
Florian	Wernig.	Spazierg.	Raucher
	H.stadt		zu jung
	Nordh.		no cats
Klaus	B.burg	Mozart	zu klein

7 Der Stolz von Bergham

Im Anzeigenblatt der kleinen Gemeinde von Bergham wurden kürzlich vier junge Damen – alle geboren und wohnhaft in Bergham – abgebildet, die sich im Laufe des letzten Jahres durch hervorragende sportliche Leistungen einen Namen gemacht haben. Welche Berufe üben die Sportlerinnen aus, mit welchen Sportgeräten wurden sie abgebildet, und welche Auszeichnungen halten sie auf den Fotos in Händen?

	Bankangestellte	Finanzbeamtin	Lehrerin	Polizistin	Diskus	Hockeyschläger	Speer	Tennisschläger	*Bergham-Pokal*	*Leser-Pokal*	*Sportdiamant*	*Willi-Weber-Pokal*
Bettina Bilk	–	+	–	–	–	+	–	–	–	–	+	–
Gudrun Genz	+	–	–	–	–	–	+	–	–	+	–	–
Maren Mendt	–	–	–	+	–	–	–	+	–	–	–	+
Sandra Stein	–	–	+	–	+	–	–	–	+	–	–	–
Bergham-Pokal	–	–	+	–	+	–	–	–				
Leser-Pokal	+	–	–	–	–	–	+	–				
Sportdiamant	–	+	–	–	–	+	–	–				
Willi-Weber-Pokal	–	–	–	+	–	–	–	+				
Diskus	–	–	+	–								
Hockeyschläger	–	+	–	–								
Speer	+	–	–	–								
Tennisschläger	–	–	–	+								

Hinweise

- Dies ist eine besonders einfache Aufgabe für Einsteiger. »Profis« sollten diese Aufgabe »gegen die Zeit« lösen. Unter 10 Minuten ist super!

① Bettina Bilk ist Finanzbeamtin.

② Sandra Stein wurde nicht mit einem Speer abgebildet.

③ Maren Mendt war mit einem Tennisschläger zu sehen. Den *Bergham-Pokal* hielt eine andere Sportlerin in Händen.

④ Die Polizistin wurde nicht mit dem *Sportdiamanten* ausgezeichnet.

⑤ Die Lehrerin zeigte stolz ihren Diskus.

⑥ Den *Leser-Pokal* erhielt die Bankangestellte. Sie heißt weder Maren Mendt noch spielt sie Hockey. Diejenige, die mit dem Hockeyschläger abgebildet wurde, hielt nicht den *Bergham-Pokal* in Händen.

Name	Beruf	Sportgerät	Auszeichnung
Bettina	Finanz	Hockey	Sportd.
Gudrun	Bank	Speer	Leser
Maren	Poli	Tennis	Will
Sandra	Lehr.	Diskus	Bergh.

8 Echt kriminell

Eine große amerikanische Filmgesellschaft hat soeben mit der Produktion von vier neuen Krimiserien begonnen. Der Titel jeder Serie besteht aus dem Namen des Detektivs, der jeweils als Held und Hauptfigur für Recht und Ordnung sorgt. Wie kann man den Detektiv jeder Serie näher beschreiben, in welchem Bundesstaat der USA ist er tätig, und durch welchen Schauspieler wird er dargestellt?

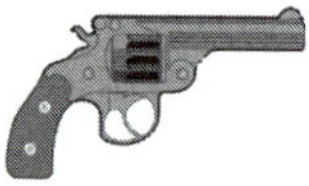	Drogenfahnder	Mordkommissar	Polizeispitzel	Sondereinsatzleiter	Georgia	Nevada	Texas	Wyoming	Joe Gazzo	Kirk Lewis	Mitch Doran	Peter Smith
Bowman	–	+	–	–	–	–	+	–	–	–	+	–
Flint	–	–	–	+	–	–	–	+	–	+	–	+
Knight	+	–	–	–	–	+	–	–	+	–	–	–
Riva	–	–	+	–	+	–	–	–	–	+	–	–
Joe Gazzo	+	–	–	–	–	+	–	–				
Kirk Lewis	–	–	+	–	+	–	–	–				
Mitch Doran	–	+	–	–	–	–	+	–				
Peter Smith	–	–	–	+	–	–	–	+				
Georgia	–	–	+	–								
Nevada	+	–	–	–								
Texas	–	+	–	–								
Wyoming	–	–	–	+								

Hinweise

- Dies ist eine besonders einfache Aufgabe für Einsteiger. »Profis« sollten diese Aufgabe »gegen die Zeit« lösen. Unter 10 Minuten ist super!

① Der Sondereinsatzleiter wird durch Peter Smith dargestellt. Der Titelheld dieser Serie – sie spielt nicht in Texas – heißt nicht *Knight*.

② Der Schauplatz der Serie mit dem Polizeispitzel ist Georgia.

③ Mitch Doran stellt nicht den Drogenfahnder dar.

④ Der Schauplatz von *Knight* ist Nevada. Die Serie mit dem Schauspieler Kirk Lewis spielt weder in diesem Staat noch in Texas.

⑤ In der Serie *Bowman* steht ein Mordkommissar im Mittelpunkt.

⑥ *Riva* spielt nicht in Wyoming.

Serie	Beschreibung	Staat	Schauspieler

9 Hinter den Kulissen

Sicherlich haben auch Sie von den spektakulären Verhaftungen des letzten Monats gehört. Eine ganze Reihe Aufsehen erregender Kriminalfälle kann damit wahrscheinlich als gelöst gelten. Aber: Wer waren eigentlich die erfolgreichen Kommissare? Die Namen der Kriminalbeamten erfahren Sie nicht aus der Tagespresse, sondern nur, wenn Sie dieses Rätsel lösen. Wer (Name, Stadt) verhaftete wen (Gauner, Verbrechen)?

					Gauner							
	Hamburg	Köln	Leipzig	Rostock	Dieter Reber	Edith Berger	Hanna Keller	Thomas Vogel	Betrug	Erpressung	Hehlerei	Trickdiebstahl
Kommissar Ahlert	–	–	+	–	–	–	–	+	–	–	+	–
Gätjens	+	–	–	–	–	–	+	–	+	–	–	–
Herwig	–	–	–	+	+	–	–	–	–	–	–	+
Weller	–	+	–	–	–	+	–	–	–	+	–	–
Betrug	+	–	–	–	–	–	+	–				
Erpressung	–	+	–	–	–	+	–	–				
Hehlerei	–	–	+	–	–	–	–	+				
Trickdiebstahl	–	–	–	+	+	–	–	–				
Gauner Dieter Reber	–	–	–	+								
Edith Berger	–	+	–	–								
Hanna Keller	+	–	–	–								
Thomas Vogel	–	–	+	–								

Hinweise

- Dies ist eine besonders einfache Aufgabe für Einsteiger. »Profis« sollten diese Aufgabe »gegen die Zeit« lösen. Unter 10 Minuten ist super!

① In Rostock wurde diejenige Person verhaftet, der ein Trickdiebstahl angelastet wurde.

② Kommissar Herwig verhaftete einen Mann.

③ Kommissar Ahlert griff in Leipzig zu. Weder Dieter Reber noch Edith Berger – sie gilt als gefährliche Erpresserin – wurden hier verhaftet.

④ Kommissar Weller arbeitet nicht in Hamburg. Die Person, der Anlagebetrug im großen Stil vorgeworfen wird, wurde nicht von Kommissar Ahlert verhaftet.

⑤ Hanna Keller – ihr wurde nicht der Trickdiebstahl zur Last gelegt – wurde von Kommissar Gätjens verhaftet.

Kommissar	Stadt	Gauner	Verbrechen

10 U.S.S. Enterprise

Wir schreiben das Sternjahr 3118: Das Flottenkommando der Vereinigten Föderation arbeitet schon viele Jahre an der Entwicklung eines neuen Raumkreuzers, der die Veteranen ersetzen soll. In den letzten Jahren entwickelten die Techniker neue Prototypen – doch jedes Schiff hatte Mängel. Welcher Konstrukteur entwarf welches Modell in welchem Jahr, und welche Konstruktionsfehler hatte das Raumschiff jeweils?

	Buglas	Dowing	Flogger	Hewilens	*Adventure*	*Dreamboat*	*Spacelight*	*Universal*	zu groß	zu langsam	zu schwer	zu störanfällig
3114	−	+	−	−	+	−	−	−	−	−	+	−
3115	−	−	−	+	−	+	−	−	−	+	−	−
3116		−		−	−	−			−	−	−	+
3117				−	−	−			+	−	−	−
zu groß				−				−				
zu langsam			−		−	−	−	+				
zu schwer								−				
zu störanfällig								−				
Adventure			−	−								
Dreamboat			−									
Spacelight	−	−	+	−								
Universal			−	−								

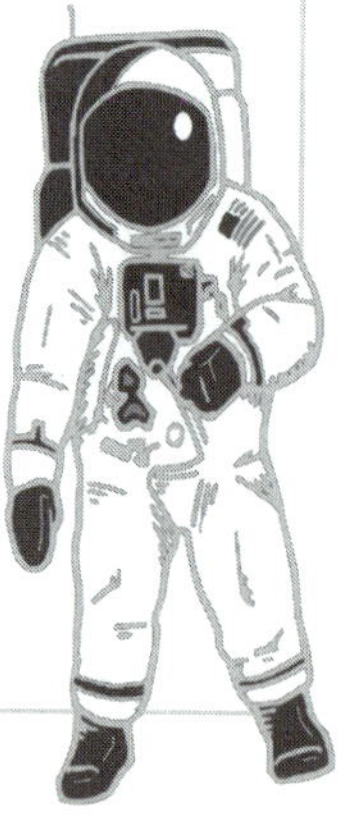

Hinweise

- Dies ist eine besonders einfache Aufgabe für Einsteiger. »Profis« sollten diese Aufgabe »gegen die Zeit« lösen. Unter 10 Minuten ist super!

① Der Raumkreuzer, der im Sternjahr 3117 entworfen wurde, war zu groß.

② Das Modell *Universal* war zu langsam.

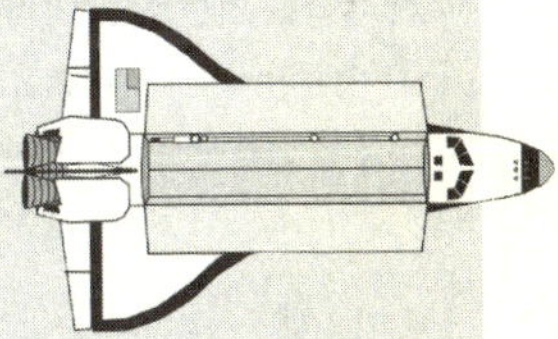

③ Der Raumkreuzer *Adventure* wurde im Sternjahr 3114 entworfen.

④ Der Konstrukteur Hewilens entwickelte seinen Raumkreuzer im Sternjahr 3115.

⑤ Der Konstrukteur Flogger ist für den Raumkreuzer *Spacelight* verantwortlich.

⑥ Das Sternjahr, in dem der Raumkreuzer *Dreamboat* entwickelt wurde, liegt genau zwischen dem Jahr, in dem der Konstrukteur Dowing seinen Raumkreuzer entwarf, und dem, in dem der Raumkreuzer entworfen wurde, der zu störanfällig war.

Sternjahr	Konstrukteur	Modell	Fehler

11 Country-Music

Die U.S.-Soldaten haben nach dem Krieg außer Coca-Cola und Hamburgern auch die Country-Music mit nach Deutschland gebracht. Die Fangemeinde dieser Stilrichtung hat sich immer weiter vergrößert, und auch deutsche Gruppen, wie die hier vorgestellten *Flying Horses,* spielen diese Musik. Wie lauten die vollständigen Namen der Musiker, welche Instrumente spielen sie, und welche besonderen Kleidungsstücke tragen sie?

	Borck	Crohn	Hutter	Prehm	Banjo	Dobrogitarre	Geige	Mundharmonika	Blouson	Cowboyhut	Lederhemd	Patchworkweste
David	–	–	–	+	–	–	+	–	–	–	–	+
Jennifer	–	+	–	–	–	–	–	+	–	+	–	–
Rainer	+	–	–	–	+	–	–	–	+	–	–	–
Tanja	–	–	+	–	–	+	–	–	–	–	+	–
Blouson	+	–	–	–	+	–	–	–				
Cowboyhut	–	+	–	–	–	–	–	+				
Lederhemd	–	–	+	–	–	+	–	–				
Patchworkweste	–	–	–	+	–	–	+	–				
Banjo	+	–	–	–								
Dobrogitarre	–	–	+	–								
Geige	–	–	–	+								
Mundharmonika	–	+	–	–								

Hinweise

- Dies ist eine besonders einfache Aufgabe für Einsteiger. »Profis« sollten diese Aufgabe »gegen die Zeit« lösen. Unter 10 Minuten ist super!
- Der Begriff »Musiker« erlaubt keinen Rückschluss auf das Geschlecht.

① Der Name des Musikers, der den Blouson trägt, steht in der Liste der Vornamen direkt nach dem des Mundharmonikaspielers.

② Davids Nachname lautet nicht Crohn.

③ Rainer Borck spielt ein Saiteninstrument.

④ Der Musiker mit der Patchworkweste ist bekannt für seine Geigensolos.

⑤ Jennifer trägt bei ihren Auftritten immer einen Cowboyhut.

⑥ Das Instrument der Musikerin namens Hutter ist die Dobrogitarre.

Vorname	Nachname	Instrument	Kleidungsstück

12 Das Gruselkabinett

Das Obergeschoss im Haus der Familie Enders hat sich in ein Gruselkabinett verwandelt. Aus jedem der Zimmer klingt schauriges Ächzen und Stöhnen, denn die vier Kinder haben sich für ein großes Kostümfest als Gruselgestalten aus alten Filmen verkleidet und üben jetzt für ihre Rollen. Welches Kind ist wie alt, bewohnt welches Zimmer (Nummer) und hat sich in welches Monster verwandelt?

	11 Jahre	12 Jahre	13 Jahre	14 Jahre	1	2	3	4	*Dracula*	*Frankenstein*	*Godzilla*	*King Kong*
Astrid	−	−	+	−	−	+	−	−	+	−	−	−
Birgit	−	+	−	−	−	−	+	−	−	−	−	+
Kirsten	−	−	−	+	+	−	−	−	−	+	−	−
Martina	+	−	−	−	−	−	−	+	−	−	+	−
Dracula	−	−	+	−	−	+	−	−				
Frankenstein	−	−	−	+	+	−	−	−				
Godzilla	+	−	−	−	−	−	−	+				
King Kong	−	+	−	−	−	−	+	−				
1	−	−	−	+								
2	−	−	+	−								
3	−	+	−	−								
4	+	−	−	−								

Hinweise

- Dies ist eine besonders einfache Aufgabe für Einsteiger. »Profis« sollten diese Aufgabe »gegen die Zeit« lösen. Unter 10 Minuten ist super!

① Das 14 Jahre alte Mädchen hat sich in *Frankenstein* verwandelt. Birgit will als *King Kong* auftreten.

② In Raum 4 wohnt das 11-jährige Kind.

③ Kirstens Zimmer trägt die Nummer 1. In dem *Godzilla*-Kostüm steckt nicht Astrid.

④ Die Zimmernummer des Mädchens, das sich als *Dracula* verkleidet hat, ist um eins kleiner als die des 12-jährigen Kindes.

⑤ In keinem Fall stimmt die zweite Ziffer im Alter eines Mädchens mit der Nummer ihres Zimmers überein.

⑥ Martina ist nicht 12 Jahre alt.

Name	Alter	Zimmer	Monster

13 Grand Prix der Narren

Die Bedeutung eines Herrschers konnte man oft auch an den Fähigkeiten seines Hofnarren ablesen. Je besser dieser sein Handwerk verstand, desto höher war das Ansehen seines Dienstherren. Deshalb veranstalteten einige Regenten sogar einen Wettbewerb, um andere Adelige mit der Kunst ihrer Narren zu beeindrucken. Welcher Narr in wessen Diensten hatte welche Spezialität und belegte welchen Platz?

		Baron von Arnst	Fürst von Halbach	Graf von Norlan	Prinz von Tristis	Bauchreden	Imitation	Pantomime	Zauberei	Erster	Zweiter	Dritter	Vierter
Narr	Gerardo Gold	+	−	−	−	+	−	−	−	+	−	−	−
	Hans Junker	−	−	−	+	−	−	−	+	−	+	−	−
	Ricardo Palkes	−	+	−	−	−	+	−	−	−	−	−	+
	Till Spiegel	−	−	+	−	−	−	+	−	−	−	+	−
	Erster	+	−	−	−	+	−	−	−				
	Zweiter	−	−	−	+	−	−	−	+				
	Dritter	−	−	+	−	−	−	+	−				
	Vierter	−	+	−	−	−	+	−	−				
	Bauchreden	+	−	−	−								
	Imitation	−	+	−	−								
	Pantomime	−	−	+	−								
	Zauberei	−	−	−	+								

Hinweise

- Dies ist eine besonders einfache Aufgabe für Einsteiger. »Profis« sollten diese Aufgabe »gegen die Zeit« lösen. Unter 10 Minuten ist super!

① Hans Junker stand im Dienst des Prinzen von Tristis.

② Der zweite Platz wurde dem Hofnarren zuerkannt, der mit seinen Zauberkünsten begeisterte.

③ Die Spezialität von Ricardo Palkes war die Imitation bekannter Personen. Er gehörte nicht zum Hofstaat des Grafen von Norlan.

④ Der Narr in Diensten des Barons von Arnst belegte den ersten Platz.

⑤ Till Spiegel erreichte eine Position, die zwei Plätze hinter der des Narren lag, der als Bauchredner auftrat.

Narr	Adeliger	Spezialität	Platz

14 Schiff Ahoi!

Bei einer Rundfahrt im Hamburger Hafen berichtet uns der Fremdenführer Verschiedenes über die vor Anker liegenden Schiffe. Einige der Kapitäne kennt er sogar persönlich, und so erzählt er Anekdoten und Geschichten aus dem Leben dieser alten »Seebären«. Welcher Kapitän führt welches Schiff (Name, Schiffstyp), und wie lange fährt er schon zur See?

	Albatros	*Diamant*	*Meridian*	*Sirius*	Containerschiff	Frachter	Kühlfrachter	Tanker	15 Jahre	20 Jahre	25 Jahre	30 Jahre
Bernhard Becker	–	–	–	+	–	–	–	+	–	–	+	–
Erich Voigt	–	–	+	–	–	+	–	–	–	+	–	–
Klaus Melling	+	–	–	–	+	–	–	–	+	–	–	–
Rudolf Senger	–	+	–	–	–	–	+	–	–	–	–	+
15 Jahre	+	–	–	–	+	–	–	–				
20 Jahre	–	–	+	–	–	+	–	–				
25 Jahre	–	–	–	+	–	–	–	+				
30 Jahre	–	+	–	–	–	–	+	–				
Containerschiff	+	–	–	–								
Frachter	–	–	+	–								
Kühlfrachter	–	+	–	–								
Tanker	–	–	–	+								

Hinweise

- Dies ist eine besonders einfache Aufgabe für Einsteiger. »Profis« sollten diese Aufgabe »gegen die Zeit« lösen. Unter 10 Minuten ist super!

① Klaus Melling führt die *Albatros*.

② Der Kommandant des Containerschiffes – es ist nicht die *Meridian* – fährt schon 15 Jahre zur See.

③ Erich Voigt ist der Kapitän des Frachters.

④ Bernhard Becker fährt seit 25 Jahren zur See.

⑤ Der Kapitän der *Meridian* – sein Name lautet nicht Rudolf Senger – fährt fünf Jahre weniger zur See als sein Kollege von der *Sirius*.

⑥ Der Kapitän der *Diamant* – bei diesem Schiff handelt es sich nicht um den Tanker – ist seit 30 Jahren auf allen Meeren zu Hause.

Kapitän	Schiffsname	Typ	Jahre

15 Ski und Rodel gut!

Während der Winterferien herrscht auf den Bahnsteigen reger Betrieb. Viele wollen in die Berge zum Skifahren und versuchen nun, sich und ihre Koffer in die Züge zu bugsieren. Da die dicken Pullover und warmen Stiefel viel Platz wegnehmen, ist das Gepäck der meisten Urlauber ziemlich umfangreich. Welche Familie aus welcher Stadt will wohin fahren, und wie viele Gepäckstücke hat sie dabei?

	Bonn	Hildesheim	Marburg	Wiesbaden	Chamonix	Davos	Kitzbühel	Zermatt	3	4	5	6
Breuer				–	–	–	+	–		–		
Domers	–	–	–	+			–	–	–			
Handling				–			–					
Vickers			–	–			–					
3	+	–	–	–		–						
4	–				–	+	–	–				
5	–					–						
6	–	–				–						
Chamonix	–	–	+	–								
Davos	–		–									
Kitzbühel			–									
Zermatt			–	–								

Hinweise

- Dies ist eine besonders einfache Aufgabe für Einsteiger. »Profis« sollten diese Aufgabe »gegen die Zeit« lösen. Unter 10 Minuten ist super!

① Die Familie aus Hildesheim reist nicht mit sechs Gepäckstücken.

② Familie Breuer will nach Kitzbühel.

③ Die Familie, die nach Davos will, muss vier Koffer schleppen.

④ Das Ehepaar aus Bonn hat drei Gepäckstücke dabei.

⑤ Die Marburger Familie will nach Chamonix. Ihr Nachname lautet nicht Vickers.

⑥ Die Domers' kommen aus Wiesbaden. Sie haben ein Gepäckstück mehr dabei als die Familie, deren Ziel Zermatt ist.

Name	Stadt	Urlaubsort	Gepäckstücke

16 Wer, wo, was?

In der Fernsehshow »Der kleine Preis« treten diese Woche vier Kandidaten gegeneinander an. In der ersten Runde werden Fragen aus dem Bereich Allgemeinwissen gestellt. Erst in der zweiten Runde geht es um die von den Kandidaten gewählten Themen. Wer mit welchem Beruf hat sich welches Spezialgebiet ausgesucht, und wie viele Punkte erhält der- oder diejenige in der ersten Runde?

	Bauzeichner	Goldschmied	Innenarchitekt	Lektor	Albert Schweitzer	Astronomie	Insekten	Paläontologie	27 Punkte	29 Punkte	31 Punkte	33 Punkte
Eva Jalke												
Karl Lang												
Marlies Nolte												
Olaf Pracht												
27 Punkte												
29 Punkte												
31 Punkte												
33 Punkte												
Albert Schweitzer												
Astronomie												
Insekten												
Paläontologie												

Hinweise

- Dies ist eine besonders einfache Aufgabe für Einsteiger. »Profis« sollten diese Aufgabe »gegen die Zeit« lösen. Unter 10 Minuten ist super!
- Die männlichen Berufsbezeichnungen erlauben keinen Rückschluss auf das Geschlecht.

① Eva Jalke ist nicht Innenarchitektin.

② Olaf Pracht erreicht in der ersten Runde 31 Punkte.

③ Der Goldschmied, dessen Spezialgebiet die Insekten sind, hat einen längeren Vornamen als jene Person, die in der ersten Runde 27 Punkte erzielt.

④ Marlies Noltes Spezialgebiet ist nicht die Paläontologie.

⑤ Der Name des Lektors – dieser erhält 29 Punkte – lautet nicht Karl Lang.

⑥ Die Person, deren Spezialgebiet Astronomie ist, erreicht in der ersten Runde 33 Punkte.

Name	Beruf	Spezialgebiet	Punkte

17 Winnetous Brüder

Blankenberge liegt mitten im Wilden Westen, so wirkt es zumindest für die Besucher des Dorfes. In liebevoller Kleinarbeit haben hier die Mitglieder des Tombstone e.V. außerhalb des Ortes eine Westernstadt und ein Indianerdorf nachgebaut. Nach Feierabend kommt dann Leben in die Tipis und Saloons. Wer (vollständiger Name) mit welchem Beruf hat sich im Wilden Westen welche Identität zugelegt?

	Hecker	Jäger	Licher	Noltke	Bäcker	Musiklehrer	Optiker	Sozialarbeiter	Büffeljäger	Indianerhäuptling	Saloonbesitzer	Sheriff
Arnold	–	+	–	–	–	–	+	–			–	–
Egon	–	–	–	+	–	+	–	–	–	–	–	+
Georg	+	–	–	–	+	–	–	–	–	–	+	–
Michael	–	–	+	–	–	–	–	+			–	–
Büffeljäger	–			–	–	–						
Indianerhäuptling	–			–	+	–	–	–				
Saloonbesitzer	+	–	–	–	–	–	–					
Sheriff	–	–	–	+	–	+	–	–				
Bäcker	+	–	–	–								
Musiklehrer	–	–	–	+								
Optiker	–	+	–	–								
Sozialarbeiter	–	–	+	–								

Hinweise

- Dies ist eine besonders einfache Aufgabe für Einsteiger. »Profis« sollten diese Aufgabe »gegen die Zeit« lösen. Unter 10 Minuten ist super!

① Georg ist der Saloonbesitzer.

② Herrn Heckers Vorname ist länger als der des Mannes, dessen Name in der alphabetischen Liste der Vornamen direkt vor seinem steht. Keiner von beiden ist Sozialarbeiter.

③ Der Vorname desjenigen, der als Sheriff für Ordnung sorgt, steht in der Liste der Vornamen direkt zwischen dem von Herrn Jäger und dem des Bäckers. Der Bäcker schlüpft nach Feierabend in die Rolle des Indianerhäuptlings.

④ Der Vorname des Musiklehrers ist kürzer als der von Herrn Licher.

Vorname	Nachname	Beruf	Identität

18 Wie ein Albatros

Bei dem Jahrestreffen eines Pilotenverbandes geht es hoch her. Besonders gelacht wird über vier der älteren Anwesenden, die während ihrer aktiven Zeit als Unglücksraben galten. In der Luft waren sie sichere Piloten, nur bei der Landung gab es oft Probleme. Wie lauten die vollständigen Namen der Herren, welche Spitznamen bekamen sie, und wie viele Bruchlandungen hatte jeder?

	Frankenthal	Preußler	Tillmann	Wagner	*Der Furchtlose*	*Der Gnadenlose*	*Der Vernichter*	*Der Zerstörer*	3	4	5	6
Albrecht												
Franz												
Gottfried												
Richard												
3												
4												
5												
6												
Der Furchtlose												
Der Gnadenlose												
Der Vernichter												
Der Zerstörer												

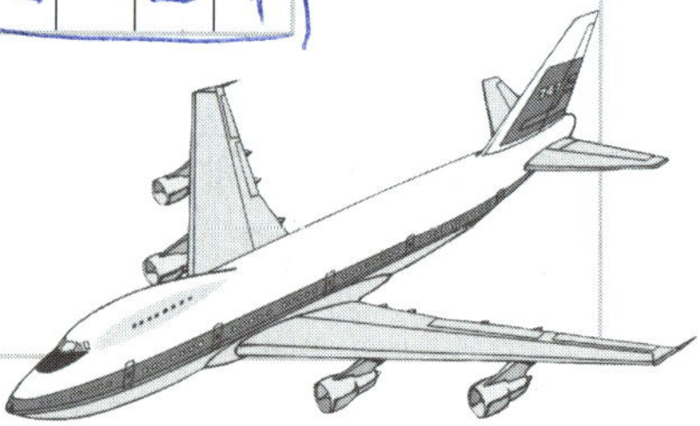

Hinweise

- Dies ist eine besonders einfache Aufgabe für Einsteiger. »Profis« sollten diese Aufgabe »gegen die Zeit« lösen. Unter 10 Minuten ist super!

① Herr Tillmann – bei ihm gingen sechs Flugzeuge zu Bruch – bekam nicht den Spitznamen *Der Furchtlose*.

② Die Zahl der Bruchlandungen des Piloten mit dem Vornamen Albrecht war um eins größer als die des Herrn mit dem Spitznamen *Der Vernichter*.

③ Gottfried verwandelte fünf Flugzeuge zu Schrott und der mit dem Spitznamen *Der Gnadenlose* drei.

④ Herr Preußler heißt mit Vornamen Richard.

⑤ Herrn Frankenthals Zahl an Bruchlandungen ist um zwei größer als die seines Kameraden Franz.

Vorname	Nachname	Spitzname	Bruchlandungen

19 Sportlich!

Der Betriebsarzt der Stahlhuber AG hat für die Mitarbeiter ein Programm aufgestellt, um sie zu mehr Sport zu animieren. Seine Beratungen tragen mittlerweile erste Früchte. So haben sich zum Beispiel die Angestellten, die in der Nähe des Betriebes wohnen, neue Verkehrsmittel gesucht. Wer arbeitet in welcher Abteilung, womit kam er oder sie früher zur Arbeit, und womit kommt die Person jetzt?

					früher				jetzt			
	Buchhaltung	Sekretariat	Verkauf	Versand	Auto	Bus	Mofa	S-Bahn	Fahrrad	Inline Skates	Skateboard	zu Fuß
Frau Dachs	−	+	−	−	−	−	+	−	−	+	−	−
Frau Haller	−	−	+	−	−	−	[illegible]	+	+	−	−	−
Herr Lingen	−	−	−	+	−	+	−	−	−	−	−	+
Herr Richter	+	−	[illegible]	−	+	−	−	−	−	−	+	−
Fahrrad	−	−	+	−	−	−	−	+				
Inline Skates	−	+	−	−	−	−	+	−				
Skateboard	+	−	−	−	+	−	−	−				
zu Fuß	−	−	−	+	−	+	−	−				
Auto	+	−	−	−								
Bus	−	−	−	+								
Mofa	−	+	−	−								
S-Bahn	−	−	+	−								

Hinweise

- Dies ist eine besonders einfache Aufgabe für Einsteiger. »Profis« sollten diese Aufgabe »gegen die Zeit« lösen. Unter 10 Minuten ist super!

① Herr Richter – er arbeitet nicht in der Versandabteilung – benutzt jetzt ein Skateboard.

② Bei der Person, die ihr Mofa gegen Inline Skates getauscht hat, handelt es sich nicht um Frau Haller.

③ Herr Lingen fuhr bis jetzt mit dem Bus zur Arbeit. Bei ihm handelt es sich nicht um die Person aus dem Verkauf, die jetzt ein Fahrrad benutzt.

④ Sowohl bei der Person, die im Sekretariat arbeitet, als auch bei jener, die vorher immer die S-Bahn benutzte, handelt es sich um eine Frau.

Name	Abteilung	früher	jetzt

20 Schwarze Witwe

Die römische Kaiserin Poppaea war berüchtigt für ihre zahllosen Affären. Einige davon endeten für ihre Liebhaber auf eine etwas unangenehme Weise, denn wenn ein Mann ihr zu anhänglich wurde, brachte Poppaea ihn einfach um. Welcher Liebhaber hatte welchen Beruf, als er die Aufmerksamkeit der Kaiserin erregte, welchen Posten im Palast gab sie ihm, und wie entledigte sie sich seiner?

	Akrobat	Diener	Gladiator	Soldat	Berater	Leibdiener	Masseur	Sekretär	erdolcht	vergiftete Eier	vergiftetes Fleisch	vergifteter Wein
Gaius	−	−	+	−	−	+	−	−	+	−	−	−
Julius	−	+	−	−	−	−	+	−	−	−	−	+
Octavian	−	−	−	+	+	−	−	−	−	−	+	−
Tiberius	+	−	−	−	−	−	−	+	−	+	−	−
erdolcht	−	−	+	−	−	+	−	−				
vergiftete Eier	+	−	−	−	−	−	−	+				
vergiftetes Fleisch	−	−	−	+	+	−	−	−				
vergifteter Wein	−	+	−	−	−	−	+	−				
Berater	−	−	−	+								
Leibdiener	−	−	+	−								
Masseur	−	+	−	−								
Sekretär	+	−	−	−								

Hinweise

- Dies ist eine besonders einfache Aufgabe für Einsteiger. »Profis« sollten diese Aufgabe »gegen die Zeit« lösen. Unter 10 Minuten ist super!

① Octavian, dem Poppaea den Posten eines Beraters gab, war vorher nicht Akrobat.

② Julius war ein einfacher Diener, als er das Interesse der Kaiserin erregte. Er wurde weder zum Sekretär ernannt, noch handelt es sich bei ihm um jenen Liebhaber, der durch vergiftetes Fleisch ums Leben kam.

③ Da Gaius immer die Reste von Poppaeas Mahlzeiten bekam, konnte sie bei ihm kein Gift verwenden.

④ Den Gladiator machte Poppaea zu ihrem Leibdiener.

⑤ Dem Akrobaten wurden vergiftete Eier zum Verhängnis.

Liebhaber	Beruf	Posten	Todesursache

21 Gute Vorsätze

Die Geschwister Bleibtreu hatten sich vom Papa überreden lassen, feste Vorsätze für das neue Jahr zu fassen, um Mama eine große Freude zu machen. Und sie wollten sie auch durchhalten. Ganz, ganz ehrlich ... Nach einigem Grübeln nannte jeder eine eigene Schwachstelle, die der Mama bisher gar keine Freude machen wollte. Gerade solche Schwachstellen haben's aber in sich ... Wie lange hielt wer (Name, Alter) welchen Vorsatz durch?

	vier	sechs	acht	zehn	zwölf	nicht brüllen	nicht triezen	Ohren waschen	Ordnung halten	Violine üben	drei Stunden	einen Tag	zwei Tage	drei Tage	vier Tage
Gerd															
Katrin															
Kurt															
Lore															
Markus															
drei Stunden															
einen Tag															
zwei Tage															
drei Tage															
vier Tage															
nicht brüllen															
nicht triezen															
Ohren waschen															
Ordnung halten															
Violine üben															

Hinweise

① Markus dachte sich, dass Mama Freude daran hätte, wenn er in Zukunft nicht mehr bei jeder Gelegenheit seine Schwester triezen würde. Er brach seinen guten Vorsatz früher als Gerd, der allerdings nicht am Tag nach Markus rückfällig wurde.

② Das zwei Tage lang durchgehaltene Versprechen betraf nicht das Violine-Üben.

③ Der achtjährige Kurt hielt länger durch als jenes Kind, das täglich seine Ohren waschen wollte.

④ Lores Schwachstelle kam später wieder ans Tageslicht als die ihres zehnjährigen Bruders, der nicht als Erster seinen guten Vorsatz vergaß.

⑤ Das älteste Kind der Bleibtreus hatte sich vorgenommen, in seinem Zimmer immer Ordnung zu halten.

⑥ Das zweitjüngste Kind hielt sein Versprechen drei Tage lang.

⑦ Das Kind, das nicht immer losbrüllen wollte, wenn ihm etwas nicht passt, stieß schon drei Stunden später markerschütterndes Geheul aus.

Name	Alter	Vorsatz	Dauer

22 Geheime Gesellschaft

Eine der geheimsten Geheimgesellschaften ist der so genannte Besondere Orden der Schreiner. In verschiedenen Orten treffen sich Männer jeder Herkunft, um merkwürdige Riten auszuführen und höchst verborgene Dinge zu tun. Wir konnten Namen und Detailinformationen zu den Mitgliedern von Butzbach ergattern. Welches Mitglied hat welchen »Zivilberuf«, Ordensrang und welche Ordensuniform?

	Zivilberuf					Ordensrang									
	Anwalt	Banker	Buchhalter	Direktor	Mediziner	Chefintarseur	Großer Furnierer	Hilfshobler	Passer	Zinker	blaue Schürze	gelbe Hose	grüne Haube	schwarze Robe	weiße Weste
Dieter B.															
Herbert E.															
Robert H.															
Rudolf M.															
Sebastian V.															
blaue Schürze															
gelbe Hose															
grüne Haube															
schwarze Robe															
weiße Weste															
Chefintarseur															
Großer Furnierer															
Hilfshobler															
Passer															
Zinker															

Hinweise

① Chefintarseur Sebastian wendet sich ganz besonders gegen Gäste bei den Zusammenkünften, denn »was wir hier tun, geht keinen Fremden was an«.

② Der Banker Rudolf M., der kein Hilfshobler ist, trägt bei den Zeremonien entweder eine grüne Haube oder er ist der Schreiner in der schwarzen Robe.

③ Der Mediziner, der als Passer keine grüne Haube trägt, fühlt sich unter seinen Mit-Schreinern sehr wohl, denn »Toleranz und Humanität spielen bei uns die erste Geige«, sagte er kürzlich.

④ Dieter B. und der Anwalt sind beide nicht im Range des Zinkers, der traditionell die gelbe Hose trägt.

⑤ Herbert E. nimmt eine blaue Schürze mit, wenn er zu den Ordenstreffen geht.

⑥ Der Direktor in seiner weißen Weste und der Hilfshobler sind beide der Auffassung, dass der Umgang mit den Insignien und die Pflege des Brauchtums mehr als Spielerei und Mummenschanz bedeuten.

Name	Zivilberuf	Ordensrang	Ordensuniform

23 Hallo, Herr Nachbar

Am »schönsten Ende der Welt«, wie Neuseeland häufig genannt wird, leben auf 270 000 Quadratkilometern nur 3,4 Millionen Einwohner. Schafzucht, Woll- und Fleischproduktion stellen die wichtigste Lebensgrundlage der Landbevölkerung dar. Die Farmer in diesem Rätsel sind »Nachbarn«, wohnen also »nur« 20 oder 30 Kilometer voneinander entfernt. Wer (Vor- und Nachname) lebt wo und besitzt wie viele Schafe?

							Farm								
	Campbell	Emerson	Grady	McWilliam	Rowlands	Avanatta	Billabong	Burke's Bend	Rusty Springs	Woollagong	2500 Schafe	3000 Schafe	3500 Schafe	4000 Schafe	4500 Schafe
Bruce															
Graeme															
Ian															
Jack															
Rodney															
2500 Schafe															
3000 Schafe															
3500 Schafe															
4000 Schafe															
4500 Schafe															
Farm: Avanatta															
Farm: Billabong															
Farm: Burke's Bend															
Farm: Rusty Springs															
Farm: Woollagong															

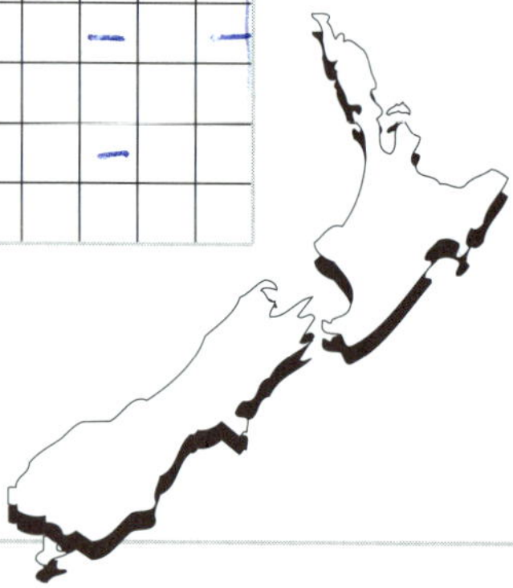

Hinweise

① Farmer Jack hat 1000 Schafe weniger zu versorgen als Grady. Beide leben nicht auf Rusty Springs.

② Mr. Emerson, dessen Familie schon seit drei Generationen auf Burke's Bend Schafe züchtet, besitzt keine mit drei Nullen endende Anzahl Tiere.

③ Als Neuseeland im Jahre 1893 als erstes Land der Welt das Wahlrecht für Frauen einführte, bewirtschafteten die Vorfahren von Bruce bereits Avanatta.

④ Die 3000 hungrige Mäuler zählende Herde gehört nicht dem Eigentümer von Woollagong.

⑤ Graeme, der einen längeren Nachnamen als Rodney hat, besitzt rund 3500 Schafe.

⑥ Die kleinste Herde lebt auf einer Farm, deren Namen aus einem Wort besteht. Ihr Eigentümer ist nicht Mr. Campbell.

⑦ Ian heißt nicht Rowlands und hat nicht die meisten Schafe.

⑧ Auf der Farm von Mr. McWilliam sind 500 Schafe mehr zu versorgen als auf Billabong.

Vorname	Nachname	Farm	Anzahl der Schafe

24 Bettenschlacht

Eine Bande von Jungen, die frisch ins Internat gekommen sind, steht vor der Wahl der Betten in ihrem gemeinsamen Schlafzimmer. Schon ist die Schlacht um die besten Lagen voll entbrannt, da kommen ein paar von den größeren Buben herein und machen dem Streit ein Ende, indem sie den Neuankömmlingen ihre Bettenaufteilung einfach bekannt geben. Allerdings verschlüsselt. Finden auch Sie heraus, wer, wann geboren, in welchem Bett schlafen soll?

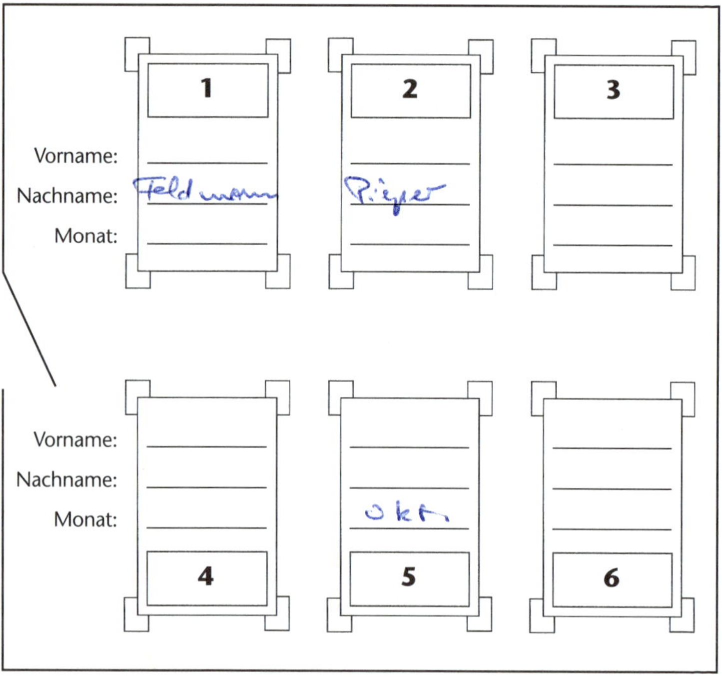

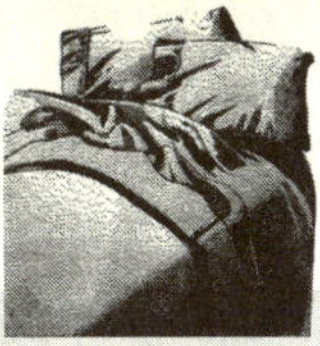

Hinweise

① »Pieper, ab, Marsch in Bett Nr. 2! Wann hast du Geburtstag?« Pieper, trotzig: »In keinem Monat, der direkt nach einem Geburtsmonat von einem der anderen hier kommt.«

② »Wer ist im Oktober geboren?« »Hier«, tönt es, leicht eingeschüchtert, aus einer der hinteren Ecken. »Na, dann ab in das Bett, das vier Nummern höher als Feldmanns ist.«

③ »Metz!« »Ja!« »Bernd Metz, im ersten Halbjahr geboren?« »Ja.« »Du liegst nicht bei der Tür!«, kommandiert einer der älteren Schüler.

④ »Jörg und Reiner, eure Betten stehen mit dem Kopfende an der gleichen Wand.« Jörg daraufhin: »Wendler hat genau einen Monat vor mir Geburtstag.«

⑤ »Hartmut, hör auf, mit Burg zu streiten, und geh in eines von den mittleren Betten. Rechts und links neben dir schlafen Kolb und der mit dem Geburtstag im Dezember.«

⑥ »Philipp, neben dir schläft nicht der Neuling, der im April geboren ist.«

⑦ »Wir kommen später nochmal und schauen nach. Falls wir dann feststellen sollten, dass in Bett Nr. 4 einer liegt, der im März geboren ist, gibt's großen Ärger«, rufen die älteren Jungen noch beim Hinausgehen.

Vornamen: Bernd, Hartmut, Jörg, Michael, Philipp, Reiner

Nachnamen: Burg, Feldmann, Kolb, Metz, Pieper, Wendler

Monate: März, April, Juni, Juli, Oktober, Dezember

Starthilfe: Finden Sie zunächst die Nummer von Feldmanns Bett und dann den Nachnamen des Buben in Bett Nr. 5 heraus.

25 Wo ist die Braut?

In dem unten dargestellten Fotoalbum sind die Seiten mit den Hochzeitsfotos aufgeschlagen. Die vier Bilder zeigen je ein Paar, und zwar die Braut und den Bräutigam, die Trauzeugin und den Trauzeugen, die Eltern der Braut und die Eltern des Bräutigams. Finden Sie heraus, welche Person (Name und Rolle) in welcher Position (a oder b) auf welchem Foto zu sehen ist?

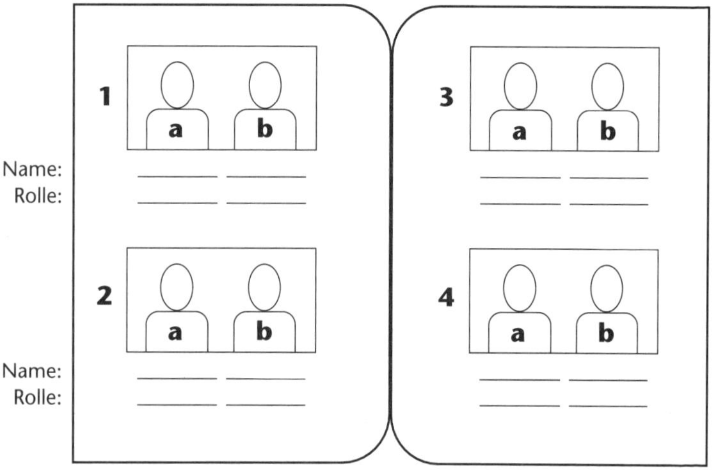

Hinweise

① Das Foto, das die Eltern des Bräutigams zeigt, ist direkt über dem Bild von Jakob und Petra eingeklebt.

② Auf dem Foto 3 ist links ein Mann abgebildet.

③ Jana und Michael sind auf derselben Seite des Albums zu sehen. Außerdem haben sie den gleichen Kennbuchstaben.

④ Die Mutter der Braut ist auf der entsprechenden Aufnahme in Position a dargestellt.

⑤ Das Foto, das den Trauzeugen Hans zeigt, sowie die besonders schöne Aufnahme von dem glücklichen, jung vermählten Paar sind auf gleicher Höhe im Album eingeklebt. Die beiden Männer auf diesen Bildern sind allerdings auf verschiedenen Bildpositionen dargestellt.

⑥ Die Positionen von Gunda und dem Bräutigam sind mit unterschiedlichen Buchstaben gekennzeichnet.

Namen: David, Gunda, Hans, Jakob, Jana, Johanna, Michael, Petra

Starthilfe: Finden Sie zunächst die Rollen von Petra und Jakob heraus.

26 Hexerei mit Pannen

»Zum großen Kostümball der Hexen und Zauberer bist Du herzlich eingeladen. Bitte bringe etwas zu essen mit. Wenn Du irgendein Kunststück kannst, mit dem Du an unserem Zauber- und Trickwettbewerb teilnehmen willst, dann nimm die Requisiten dafür mit.« Dieser Einladung folgten die jungen Frauen unseres Rätsels gerne. Auf dem Nachhauseweg passierte jeder »Hexe« ein kleines Malheur. Finden Sie alle Details des Abends heraus?

	Beerenauflauf	Kraftpunsch	Kürbistorte	Löwenzahnsuppe	Risotto	Bauchrednerei	Geldzauber	Hutzauber	Kartentrick	Wahrsagerei	Autopanne	Radarfalle	verlief sich	verlor Hut	verlor Kater
Annie Mosität															
Bella Donna															
Evi Gübel															
Frauke Hraus															
Heidi Abolo															
Autopanne															
Radarfalle															
verlief sich															
verlor Hut															
verlor Kater															
Bauchrednerei															
Geldzauber															
Hutzauber															
Kartentrick															
Wahrsagerei															

Hinweise

① Bella Donna führte – mit ihrem Kater Stanislaus auf dem Schoß – eine sehr komische Bauchrednernummer vor. Sie hatte später keine Autopanne.

② Annie Mosität, ständig nach dem Rezept für ihre Löwenzahnsuppe gefragt, ist nicht die Hobby-Wahrsagerin. Letztere sah keineswegs voraus, dass sie noch am gleichen Abend in eine Radarfalle geraten würde.

③ Evi Gübel versuchte vergebens, hinter den Trick mit den Karten zu kommen.

④ Auf dem Weg nach Hause irrte Frauke Hraus lange im Nebel umher.

⑤ Kater Kasimir stibitzte vom Risotto seines Frauchens, bevor er auf dem Heimweg das Weite suchte. Er gehört nicht Heide Abolo.

⑥ Die »Hexe«, die den köstlichen Beerenauflauf mitgebracht hatte, zauberte einen Geldschein nach dem anderen herbei.

⑦ Die junge Frau, die auf dem Heimweg ihren Hut verlor, hatte nicht den Kraftpunsch mitgebracht.

»Hexe«	Speise	Kunststück	Malheur

27 Tanz der Vampire

In einem entlegenen Tal Transsilvaniens liegt das einsame Dorf Vulcaseni. Um dorthin zu gelangen, beschreitet der unerschrockene Reisende düstere Wege durch verwunschene Wälder, die fremdartigen und gefährlichen Wesen als schauerliche Heimstatt dienen. Nur selten wagen sich Einheimische in die Wälder, Fremde fast nie. Welcher Wald heißt auf Deutsch wie, beherbergt welche Wesen und ist wie weit von Vulcaseni entfernt?

Wald: ____________

Wesen: ____________

Entfernung: ____________

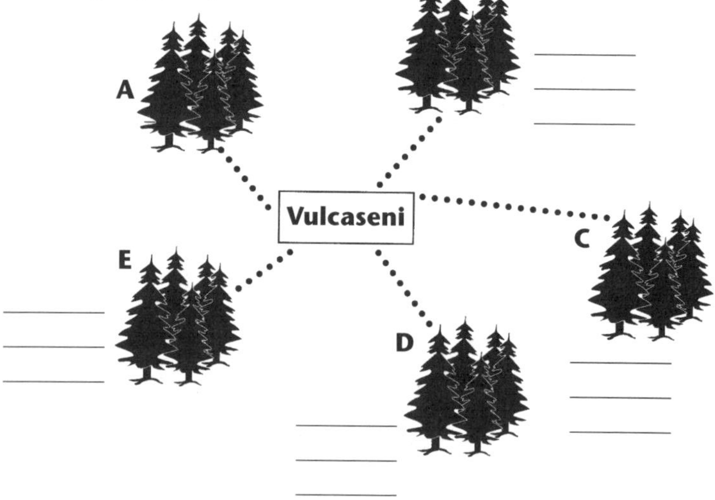

Hinweise

- Die Zeichnung ist nicht maßstäblich.

① Der drei Kilometer von Vulcaseni entfernte Wald liegt im Uhrzeigersinn gesehen direkt nach Greulich, der Behausung der Drachen.

② Schon seit Menschengedenken treiben Hexen im Wald E ihr Unwesen.

③ Für den, der den Wald Finster durchquert hat, sind die anschließenden fünf Kilometer bis Vulcaseni eine Kleinigkeit.

④ Selbst Trolle wagen sich nicht nach Pesthauch bei C.

⑤ Am weitesten von Vulcaseni entfernt ist der Wald, der Nacht für Nacht vom schauerlichen Geheul der Werwölfe widerhallt.

⑥ Der Wald B ist vier Kilometer von Vulcaseni entfernt.

⑦ Mehr als zwei Kilometer liegen zwischen Vulcaseni und dem Wald D.

⑧ Der Wald Verflucht ist weder der Wald A noch liegt er im Uhrzeigersinn gesehen direkt hinter dem Wald, in dem die Vampire ihre Tanzrituale abhalten.

⑨ Der Wald D heißt nicht Übel.

Wälder: Finster, Greulich, Pesthauch, Verflucht, Übel

Wesen: Drachen, Hexen, Trolle, Vampire, Werwölfe

Entfernungen: 2 km, 3 km, 4 km, 5 km, 6 km

Starthilfe: Finden Sie zunächst die Position des Waldes Greulich.

28 Arme Vogelscheuchen

Bauer Gustav ist stolzer Besitzer von sechs Feldern. Auf jedem seiner Äcker steht eine Vogelscheuche. Weil ihm die stummen Wächter ans Herz gewachsen sind, hat Gustav ihnen Namen gegeben. Nachdem er zwei Wochen in Urlaub war, stellt er fest, dass sie alle beschädigt sind.
Welcher Scheuche (Position des Ackers, Name, Feldfrucht) widerfuhr welches »Schicksal«?

	Janno	Jock Stroh	Krähi	Mango	Schlee	Tunichtgut	Bohnen	Gerste	Hafer	Kartoffeln	Kohl	Mais	angeschmiert	angezündet	ausgezogen	umgeweht	vom Blitz getroffen	von Mäusen bewohnt
A																		
B																		
C																		
D																		
E																		
F																		
angeschmiert																		
angezündet																		
ausgezogen																		
umgeweht																		
vom Blitz getroffen																		
von Mäusen bewohnt																		
Bohnen																		
Gerste																		
Hafer																		
Kartoffeln																		
Kohl																		
Mais																		

Hinweise

① Schlee bewacht das Kohlfeld, das nicht direkt an den Bauernhof grenzt.

② Mango ist umgeweht worden; diese Figur stand nicht auf Feld C.

③ Der Vogelschreck vom Bohnenfeld ist von Kopf bis Fuß angeschmiert worden.

④ Die Scheuche in Feld F ist vom Blitz getroffen worden. Sie heißt nicht Krähi. F ist nicht der Kartoffelacker.

⑤ Gerste wächst auf Feld D. Jock Stroh steht auf einem der beiden Felder, die eine Grenze mit Feld D bilden.

⑥ Der Buchstabe von Tunichtguts Feld, auf dem keine Kartoffeln angebaut werden, kommt im Alphabet direkt vor dem von Jannos Feld.

⑦ Mäuse hausen in der Vogelscheuche, die auf dem Feld direkt östlich des Haferfeldes steht.

⑧ Die Vogelscheuche in Feld A wurde nicht angezündet.

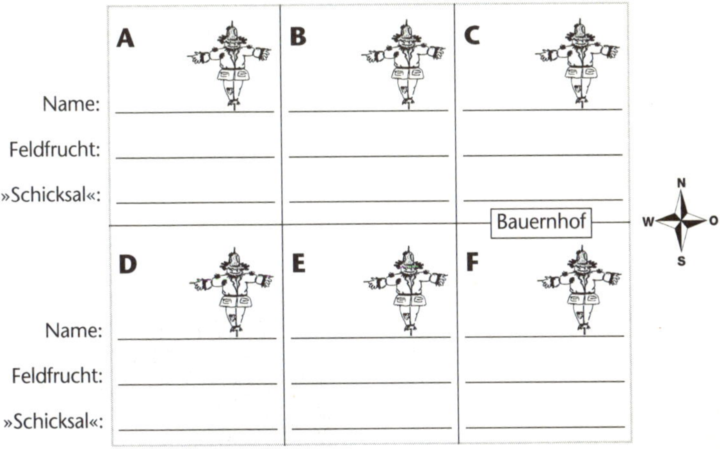

29 Jeden Tag ein Missgeschick

Andrea hatte eine Rundtour durch Teneriffa gebucht. Die Ferienwoche auf den Kanarischen Inseln hätte eigentlich eine Entspannung vom Arbeits-Stress sein sollen. Aber weit gefehlt! An jedem Wochentag stieß ihr ein anderes Unglück zu, so dass ihr am Ende der Heimflug wie eine Rückkehr ins Paradies erschien. Welches missliche Schicksal erlitt Andrea an welchem Tag und in welcher Ortschaft?

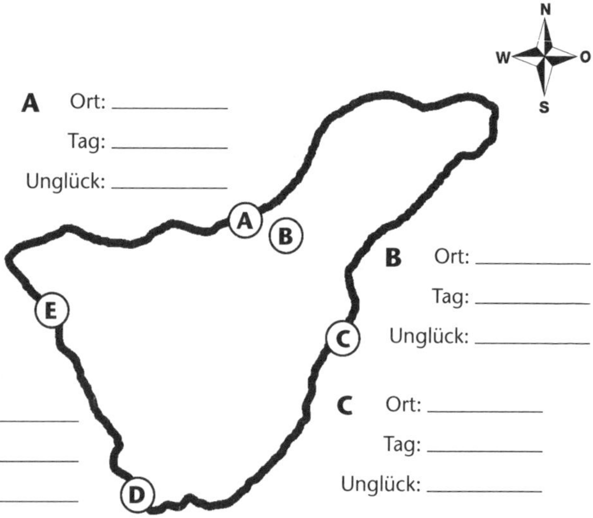

A Ort: ____________
Tag: ____________
Unglück: ____________

B Ort: ____________
Tag: ____________
Unglück: ____________

C Ort: ____________
Tag: ____________
Unglück: ____________

D Ort: ____________
Tag: ____________
Unglück: ____________

E Ort: ____________
Tag: ____________
Unglück: ____________

Hinweise

① Ort A ist Puerto de la Cruz. Hier wurde Andrea nicht von einer Wespe gestochen.

② Andrea besuchte Ort C am Dienstag.

③ Am Strand von Ort E schlief Andrea vormittags ein und wachte Stunden später mit einem kräftigen Sonnenbrand auf.

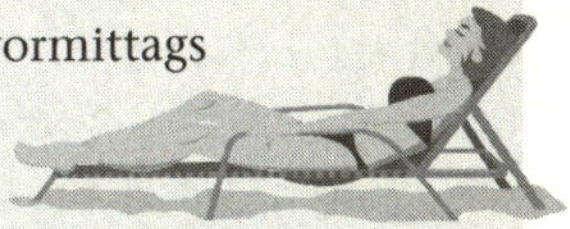

④ Der Ort, in dem Andrea bei einem Marktbesuch ihren Geldbeutel verlor, liegt sowohl weiter südlich als der Ort, an dem sie freitags war, als auch weiter westlich als Güimar. Am Tag, bevor sie Ort D besuchte, hatte sie zwar auch Pech, verlor aber nicht ihren Geldbeutel.

⑤ Andrea fiel beim Fotografieren auf der Hafenmauer von Los Christianos die Kamera aus der Hand und prallte laut klappernd auf die Felsen, bevor sie in der schäumenden Brandung auf Nimmerwiedersehen verschwand. Als Andrea bei einem Bootsausflug am nächsten Tag selbst ins Meer fiel und ihr geliebtes Seidenkostüm ruinierte, beschloss sie, dem Wasser für eine Weile fern zu bleiben.

⑥ Mittwochs fuhr Andrea nach Puerto de Santiago. Ort B besuchte sie nicht am Donnerstag.

Orte: Güimar, La Orotava, Los Christianos, Puerto de la Cruz, Puerto de Santiago

Tage: Montag, Dienstag, Mittwoch, Donnerstag, Freitag

Unglücke: fiel ins Meer, Sonnenbrand, verlor Geldbeutel, verlor Kamera, Wespenstich

Starthilfe: Finden Sie zunächst heraus, was Andrea in Ort A widerfuhr.

30 Der Liebesschwur

Nach ein paar Tagen in ihrer Gesellschaft war er bis über beide Ohren in sie verliebt. Nur – wie es ihr zeigen? Schon beim Gedanken daran, es ihr direkt zu sagen, lief er rot an. Er wusste, er würde stottern. Also musste er schreiben. Doch welche Anrede sollte er wählen, welches Ende? Wie sollte er ihr Lächeln beschreiben, wie ihre Augen? Die ersten Versuche landeten alle im Papierkorb. Welche Formulierungen hatte er verwendet?

		Augen					Lächeln					Ende				
		Fenster zur Ewigkeit	sanfte Funken	Smaragde	Sonnenstrahlen	Sterne	Frühlingsmorgen	Licht des Mondes	Morgenröte	Rosenblüte	sternengleich	Auf ewig Dein	Für immer Dein	In Liebe	Viele Küsse	Von Herzen
	Geliebte															
	Geliebte Freundin															
	Mein Engel															
	Mein Liebling															
	Süßeste															
Ende	Auf ewig Dein															
	Für immer Dein															
	In Liebe															
	Viele Küsse															
	Von Herzen															
Lächeln	Frühlingsmorgen															
	Licht des Mondes															
	Morgenröte															
	Rosenblüte															
	sternengleich															

Hinweise

① »Süßeste, Deine Augen sind wie Sterne«, begann ein Brief. Einen anderen fing er mit »Geliebte, Dein Lächeln ist wie das Licht des Mondes« an. Dieser Brief endete nicht mit »Viele Küsse«.

② Ein anderer Versuch endete mit »Dein Lächeln ist wie eine Rosenblüte. Für immer Dein«. Noch eine Variation war »Deine Augen sind wie sanfte Funken. In Liebe«. Weder verglich er in letzterem Brief ihr Lächeln mit den Sternen noch begann er ihn mit dem Wort »Geliebte«.

③ Der Brief, in dem er von Smaragden schrieb, endete nicht mit »Von Herzen«.

④ »Deine Augen sind wie Sonnenstrahlen, Dein Lächeln wie die Morgenröte«. Gar nicht so schlecht, landete aber trotzdem im Papierkorb.

⑤ »Mein Engel«, begann einer seiner Versuche. Er beendete ihn mit »Auf ewig Dein«, verglich in diesem Brief das Lächeln der Geliebten aber nicht mit der Morgenröte.

Anrede	Augen	Lächeln	Ende

31 Mit der Zeitmaschine ...

Man hatte Milliarden Dollar investiert, das Weiße Haus hatte höchste Geheimhaltung angeordnet. Es war das ehrgeizigste Projekt, das die Vereinigten Staaten nach dem Mondflug gestartet hatten: die Zeitmaschine. Klar, dass es keinen Mangel an Freiwilligen gab, die den Sprung in frühere Jahrhunderte wagen wollten. Finden Sie Vor- und Nachnamen, die Heimatstaaten und die Berufe der Teilnehmer des Experiments heraus?

	Lacroix	Lorenz	Rizzo	Rojas	Salkowski	Kalifornien	Idaho	Massachusetts	New York	Texas	Anthropologe	Astronaut	Ingenieur	Physiker	Psychologe
Chuck															
Eddie															
Joanne															
Maggie															
Scott															
Anthropologe															
Astronaut															
Ingenieur															
Physiker															
Psychologe															
Kalifornien															
Idaho															
Massachusetts															
New York															
Texas															

Hinweise

- Alle Berufe sind stets männlich angegeben.

① Eddie Lorenz war der Erste, der sich freiwillig gemeldet hatte, noch bevor durchgesickert war, um welche Art von Experiment es sich handelte.

② Chuck genoss schon lange den Ruf, ein erstklassiger Ingenieur zu sein.

③ Scott, der aus Massachusetts stammt, ist nicht der Physiker namens Dr. Salkowski.

④ Lacroix, der in Idaho geboren wurde, ist kein Astronaut.

⑤ Der Nachname des Psychologen aus Kalifornien beginnt mit dem gleichen Buchstaben wie der Nachname von Joanne.

⑥ Der Freiwillige aus Texas, der schon immer davon geträumt hatte, eine einflussreiche Stellung am Hofe berühmter Herrscher einzunehmen, heißt weder mit Vornamen Maggie noch mit Nachnamen Rizzo.

Vorname	Nachname	Heimatstaat	Beruf

32 ... in die Vergangenheit

Die strenge Nachrichtensperre musste nach Beendigung der ersten Experimente gelockert werden, und so wurden die Ergebnisse des Versuchs bald einer breiten Öffentlichkeit bekannt. Bitte beantworten Sie mit Hilfe der Lösung des vorherigen Rätsels und folgender Hinweise diese Fragen: In welches Jahr sollte welcher Freiwillige geschickt werden, welche Rolle sollte er spielen, und welches Ende nahm seine Zeitreise?

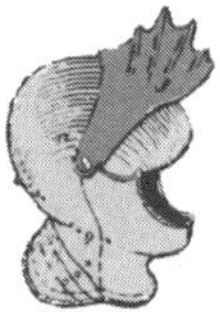

	1710	1740	1770	1785	1845	Astrologe	Hofnarr	Knecht	Musiker	Soldat	kam nicht zurück	nur bis 1900 zurück	totaler Misserfolg	voller Erfolg	zurück im 2.Versuch
Lacroix															
Lorenz															
Rizzo															
Rojas															
Salkowski															
kam nicht zurück															
nur bis 1900 zurück															
totaler Misserfolg															
voller Erfolg															
zurück im 2.Versuch															
Astrologe															
Hofnarr															
Knecht															
Musiker															
Soldat															

Hinweise

① Derjenige, der die Rolle des Astrologen übernehmen sollte, wurde in ein Jahr geschickt, das 30 Jahre vor dem Zeitraum lag, in den der gebürtige New Yorker »gebeamt« wurde.

② Der Freiwillige, der als Hofnarr verkleidet war, schaffte erst im zweiten Anlauf und unter größten Anstrengungen den Weg zurück in unsere Zeit.

③ Leider wurde die geplante Zeitreise des Astronauten ein Flop. Wegen technischer Defekte misslang sein Absprung in die Vergangenheit völlig. So blieb er, wo er immer gewesen war: in der Gegenwart.

④ Der Texaner sollte 30 Jahre später in die Vergangenheit eintreten als derjenige, der die Rolle des Knechts zu spielen hatte.

⑤ Gar nicht zurück kam derjenige, der 75 Jahre vor Lorenz in die Vergangenheit eintrat.

⑥ Derjenige, der ins Jahr 1770 gereist war, schaffte es auf seinem Weg zurück nur bis zum Jahr 1900. Er war nicht als Soldat verkleidet, und er hieß nicht Maggie.

Nachname	Jahr	Rolle	Ergebnis

33 Zeitlos

Verschiedene defekte Uhren stehen beim Uhrmacher in Reih und Glied auf dem Regal in der Werkstatt, denn er hatte noch keine Zeit, mit ihrer Reparatur anzufangen. Jede der vier Uhren ist an einem anderen Tag und einer anderen Uhrzeit stehen geblieben und sofort von ihrem jeweiligen Besitzer in den Laden getragen worden. Finden Sie heraus, welche Uhr (Position, wann stehen geblieben) wem gehört?

Hinweise

① Herr Stop brachte seine Uhr einen Tag, bevor jemand die Uhr in Reparatur gab, die um 10.15 Uhr stehen geblieben war. Beide Uhren stehen nebeneinander.

② Frau Blatts Uhr steht direkt links von der, die am Dienstag zur Reparatur gebracht wurde.

③ Frau Feders Uhr C ist nachmittags stehen geblieben.

④ Die Zeiger der Uhr vom Donnerstag stehen auf 17.45 Uhr.

⑤ Uhr B hat nicht um 15 Uhr zu ticken aufgehört. Herr Zeiger kam nicht am Montag ins Geschäft.

Besitzer: Frau Blatt, Frau Feder, Herr Stop, Herr Zeiger
Uhrzeiten: 10.15 Uhr, 13.30 Uhr, 15 Uhr, 17.45 Uhr
Tage: Montag, Dienstag, Mittwoch, Donnerstag

Starthilfe: Finden Sie zunächst heraus, wer der Besitzer von Uhr D ist.

Links

Rechts

Eigentümer: __________ __________ __________ __________

Uhrzeit: __________ __________ __________ __________

Tag: __________ __________ __________ __________

34 Paradies auf Erden

Die wunderschöne Insel Neu-Kaleidonien ist ein vollkommen unberührtes Paradies, vom Tourismus gänzlich verschont – deshalb verraten wir auch nicht, wo sie liegt. Eine historisch bedingte Besonderheit ist die Tatsache, dass sie in vier Regionen aufgeteilt ist, in denen jeweils eine andere Sprache gesprochen wird und jeweils eine andere Religion vorherrscht. Wie heißen die Gegenden, und welche Sprache und Religion bestimmen dort das Leben?

Hinweise

① Kalamar liegt an der nordwestlichen Küste der Insel.

② Die Morulianer sind Buddhisten. Der Buchstabe ihrer Region steht näher am Anfang des Alphabets als der Buchstabe der christlichen Region, in der Tuji gesprochen wird.

③ In Gebiet D – nicht in Bazania – wird Kuji gesprochen.

④ Direkt im Norden der Hindus wird Guji gesprochen.

Regionen: Bazania, Kalamar, Morulia, Tolutu
Religionen: Buddhismus, Christentum, Hinduismus, Islam
Sprachen: Guji, Kuji, Muji, Tuji

Starthilfe: Finden Sie zunächst die kalamarische Religion heraus.

Gebiet: ____________
Religion: ____________
Sprache: ____________

Gebiet: ____________
Religion: ____________
Sprache: ____________

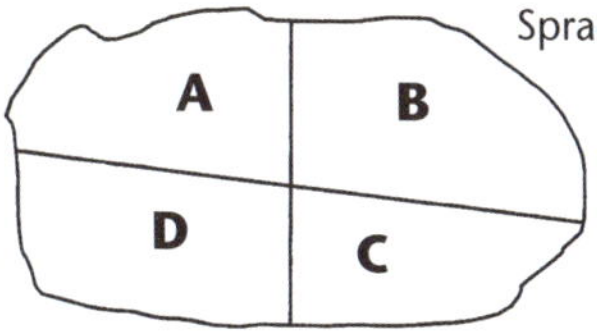

Gebiet: ____________
Religion: ____________
Sprache: ____________

Gebiet: ____________
Religion: ____________
Sprache: ____________

35 Baby-Puzzle

Es ist zwar länger nicht mehr vorgekommen – aber es bleibt der größte Schrecken auf jeder Neugeborenenstation: das Risiko, zwei Säuglinge zu verwechseln. Obwohl vom Personal in der Klinik alle normalen Vorsichtsmaßnahmen getroffen werden, schwört Schwester Berta auf ihr ganz privates Merksystem. Finden Sie heraus, welche der Frauen an welchem Tag mit welchem Baby niederkam und wie viel es dabei wog?

	Carola	Felicitas	Georg	Susanne	Wilhelm	Montag	Dienstag	Mittwoch	Donnerstag	Freitag	3260 Gramm	3370 Gramm	3630 Gramm	3710 Gramm	3830 Gramm
Frau Bellack															
Frau Caspar															
Frau Crei															
Frau Stark															
Frau Wachol															
3260 Gramm															
3370 Gramm															
3630 Gramm															
3710 Gramm															
3830 Gramm															
Montag															
Dienstag															
Mittwoch															
Donnerstag															
Freitag															

Hinweise

- Alle Frauen blieben nach der Geburt noch zwei Tage lang in der Klinik.

① Der Name keines der Babys fängt mit dem gleichen Buchstaben an wie der Name seiner Mutter.

② Susanne wurde einen Tag nach Frau Caspars Baby und einen Tag vor dem Baby, das 3630 Gramm wog, geboren.

③ Frau Crei hatte die Klinik bereits verlassen, als Frau Bellack glücklich niederkam. Beide Frauen bekamen eine Tochter.

④ Einen Tag nach Felicitas' Geburt entband Frau Wachol von einem gesunden Baby, das allerdings weniger als 3630 Gramm wog.

⑤ Wilhelm ist einen Tag jünger als Georg: Georg wog bei seiner Geburt mehr als Felicitas.

⑥ Das Baby vom Mittwoch wog nicht 3710 Gramm.

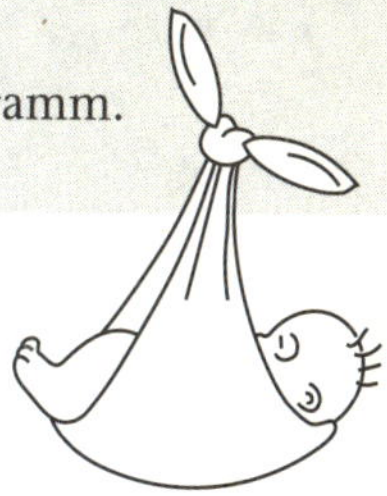

Mutter	Baby	Tag	Gewicht

36 Raumfahrer unter sich

Wir schreiben das Jahr 2109. Auf dem größten Raumflughafen der Erde sind einige Raumtransporter gelandet, die von einem menschlichen Kapitän und einem Robot (auch Crewbot genannt) geflogen werden. Die Kapitäne sitzen schon in der Raumhafenkneipe beim lang ersehnten Bier und erzählen sich von ihren jeweiligen Schiffen, während die Crewbots an Bord die Arbeit tun. Wer befehligt welches Schiff (Name, Heimat, Fracht, Robot)?

		Kapitän					Robot					Heimat					Fracht				
		Dodge	Foden	Hotchkiss	Renault	Steyr	Austin	Dennis	Guy	Morris	Walter	Gethen	Luna	Mars	Pyrrus	Worlorn	antike Kunstwerke	Brennstoffzellen	Eisenerz	exotische Früchte	Trockennahrung
Schiff	*Bantam*																				
	Clydestar																				
	Frachtstar																				
	Monarch																				
	Raumzug																				
Fracht	antike Kunstwerke																				
	Brennstoffzellen																				
	Eisenerz																				
	exotische Früchte																				
	Trockennahrung																				
Heimat	Gethen																				
	Luna																				
	Mars																				
	Pyrrus																				
	Worlorn																				
Robot	Austin																				
	Dennis																				
	Guy																				
	Morris																				
	Walter																				

Hinweise

① Kapitän Renault und sein Robot Walter fliegen ein Schiff, das weder auf Luna noch auf dem Mars registriert ist.

② Die *Clydestar* ist auf Luna beheimatet.

③ Kapitän Steyr befördert Erze.

④ Die *Raumzug* hat wenige, dafür aber sehr wertvolle antike Kunstwerke geladen.

⑤ Dennis arbeitet auf einem Schiff, dessen Heimathafen Worlorn ist.

⑥ Die *Frachtstar* ist das Schiff von Kapitän Dodge.

⑦ Guy ist der Robot an Bord des Schiffes, das Trockennahrung zur Erde befördert hat.

⑧ Der Laderaum des Frachters aus Pyrrus ist mit Brennstoffzellen voll geladen.

⑨ Austin ist der Robot auf der *Monarch,* die nicht die exotischen Früchte befördert.

⑩ Fodens Schiff ist in Gethen registriert.

Schiff	Kapitän	Robot	Heimat	Fracht

37 Im Pfadfinderlager

Den Kids vom letzten Pfadfinderlager hatte der Kurs im Sich-Orientieren besonders gut gefallen. Zum Schluss wurde sogar ein Wettbewerb im Fährtensuchen veranstaltet. Jeder Teilnehmer musste Umschläge einer bestimmten Farbe finden, in denen sich dann ein Hinweis auf den jeweils nächsten Umschlag befand. Obwohl jeder an irgendeiner Stelle Probleme hatte, kamen alle an. Wer hatte welche Route (Farbe, Ort des Problems, Dauer)?

	braun	gelb	grün	orange	weiß	Anhöhe	Bach	Ruine	Senke	Zaun	75 Minuten	85 Minuten	95 Minuten	100 Minuten	110 Minuten
Janna															
Peter															
Sigismund															
Tom															
Wilma															
75 Minuten															
85 Minuten															
95 Minuten															
100 Minuten															
110 Minuten															
Anhöhe															
Bach															
Ruine															
Senke															
Zaun															

Hinweise

① Peter hatte die weiße Route.

② Die grüne Route wurde nach 95 Minuten beendigt.

③ Wilma konnte die Ruine, die in einem kleinen Wäldchen verborgen lag, zuerst nicht finden. Sie benötigte zehn Minuten mehr als Sigismund, der nicht der orangen Route folgte.

④ Janna kam schon nach 85 Minuten glücklich ans Ziel.

⑤ Die Anhöhe machte der Person mit der braunen Route Schwierigkeiten – sie konnte sie lange nicht finden, weil sie mitten darauf stand.

⑥ Tom hatte mit dem Zaun – der nicht zur gelben Route gehörte – keine Probleme.

⑦ Nachdem sie endlich den Bach gefunden hatte, holte sich die betreffende Person in nur 75 Minuten den Sieg.

Teilnehmer	Farbe	Ort des Problems	Dauer

38 Familiengalerie

Zu ihrem Namenstag schenkte ich meiner Großmutter in den vergangenen Jahren jeweils ein Bild, auf dem je eines ihrer anderen vier Enkelkinder mit je einem seiner Elternteile abgebildet ist (das sind zwei Tanten und zwei Onkel). Die vier Bilder stehen nebeneinander auf dem Sims über ihrem offenen Kamin. Welches der Enkelkinder ist wann geboren und mit welchem seiner Eltern wo abgebildet?

Hinweise

① Marias Sohn wurde ein Jahr vor dem Kind auf Position 2 geboren.

② Doris, die nicht die Tochter von Carl ist, kam 1966 zur Welt.

③ Wilhelm wurde nach Johannas Tochter Sarah geboren.

④ Roberts Kind ist auf Foto 4 zu sehen, auf Foto Nummer 1 grinst nicht Andreas.

Enkel: Andreas, Doris, Sarah, Wilhelm
Jahre: 1964, 1965, 1966, 1967
Eltern: Carl, Johanna, Maria, Robert

Starthilfe: Finden Sie zunächst heraus, wie das Elternteil von Doris heißt.

	1	2	3	4
Enkelkind:	______	______	______	______
Jahr:	______	______	______	______
Elternteil:	______	______	______	______

39 Zufriedene Trinker

In einer Kneipe um die Jahrhundertwende unterhalten sich vier Männer beim Bier. Hinter dem Tresen stehen vier Fässer mit den edelsten Produkten der heimischen Kleinbrauerei. Da sie zur selben Zeit angeliefert worden waren, enthalten die Fässer nun umso weniger, je beliebter ihr Inhalt ist. Finden Sie heraus, welcher der Genießer welches Bier bevorzugt, in welchem Fass sich sein Lieblingsgetränk befindet und wie voll dieses ist?

Hinweise

① Der Wirt schätzt eines der Biere so sehr, dass das entsprechende Fass nur noch zu einem Viertel gefüllt ist.

② In Fass C ist noch mehr Weizenbier als in dem Fass, dessen Inhalt sich der Junker zu Gemüte führt.

③ Das Lieblingsgetränk des Abtes ist in Fass B.

④ Das fast volle Fass enthält Helles. Es steht links von dem Fass mit Malzbier, das nicht halb voll ist.

Biersorten: Bock, Hell, Malz, Weizen
Füllung: ein Viertel voll, halb voll, drei Viertel voll, fast voll
Trinker: Abt, Gastwirt, Junker, Priester

Starthilfe: Finden Sie zunächst heraus, wie voll Fass C und das Fass des Junkers sind.

Bier: ________ ________ ________ ________
Füllung: ________ ________ ________ ________
Trinker: ________ ________ ________ ________

40 Meisterdetektive

Im zweiten Stock der »Continental Detective Agency« in New York sind die wirklichen Experten ihres Gewerbes zu finden. Sechs der weltbesten Privatdetektive haben dort ihr festes Büro, klären von dort aus schwierige Verbrechensfälle auf – freilich, ohne dabei selbst allzu oft ins Rampenlicht zu treten. Können Sie herausfinden, welcher Detektiv jeweils an welchem Fall arbeitet und wo auf der Etage er zu finden ist?

1	2	3
______	______	______
______	______	______
Gang		
4	5	6
______	______	______
______	______	______

Hinweise

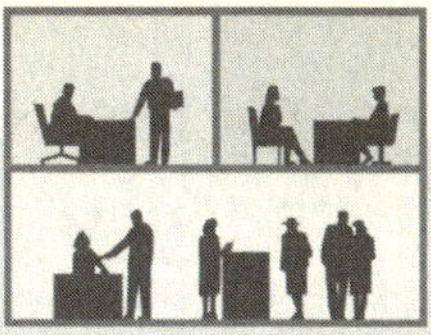

① Männer und Frauen sitzen immer in jeweils gegenüberliegenden Büros.

② Die Erpressung wird – im Gegensatz zu dem Betrugsfall – in einem der Büros 2 oder 5 untersucht. An den Betrugsfall wird direkt gegenüber Carol Holmes' Büro gearbeitet, das nicht am östlichen Ende des Ganges liegt.

③ Direkt gegenüber von Susan Poirot wird fieberhaft versucht, einen Schmuggler zu überführen. Direkt östlich neben dem letzteren Büro liegt der Raum von Bob Marlow.

④ Richard Thorndyke und die Person, die einen Kunstfälscherring untersucht, haben Büros mit geradzahliger Nummer.

⑤ Direkt östlich neben Jack Hammer sitzt die Person, die sich auf alle möglichen Arten von Diebstahl spezialisiert hat.

⑥ Der Detektiv, der den Kidnappingfall untersucht, ist eine Frau. Die beiden, die an der Erpressung und der Kunstfälschung arbeiten, sind von gleichem Geschlecht.

Detektive: Bob Marlow, Carol Holmes, Jack Hammer, Jane Dupin, Richard Thorndyke, Susan Poirot

Fälle: Betrug, Diebstahl, Erpressung, Kidnapping, Kunstfälschung, Schmuggel

Starthilfe: Finden Sie zunächst heraus, welches Geschlecht zu welchem Fall gehört. Bestimmen Sie dann den Namen der Frau, deren Büro am östlichen Ende des Ganges liegt.

41 Ein aktiver Anleger

Johannes Grau schwört auf Investment-Fonds. Obwohl er damit nicht nur gute Erfahrungen gemacht hat, ist sein Wahlspruch: Kein guter Monat ohne gute Investition. So sorgt er regelmäßig für Bewegung in seinem Portfolio. Mal schichtet er nur um, mal konzentriert er seine Mittel voll auf einen Fonds. Welchen Betrag investierte er in welchem Monat wo in der Welt, und wie hieß die jeweilige Gesellschaft?

						Gesellschaft									
	DM 2000	DM 4000	DM 8000	DM 12 000	DM 20 000	*Bondi*	*Go-Invest*	*Hibernia*	*Minster*	*Pegasus*	Australien	Europa	Südamerika	Japan	USA
Januar															
Februar															
März															
April															
Mai															
Australien															
Europa															
Südamerika															
Japan															
USA															
Gesellschaft *Bondi*															
Go-Invest															
Hibernia															
Minster															
Pegasus															

Hinweise

① Johannes zeichnete bei *Minster* einen um 4000 Mark höheren Betrag als bei dem Fonds, der ausschließlich in Japan anlegt. Erstere Entscheidung fällte er nicht genau zwei Monate vor seiner Kauforder bei *Go-Invest*.

② Im Februar gab er zweimal mehr Geld aus, als er bei *Hibernia* anlegte.

③ Zwei Monate, nachdem er Anteile bei *Pegasus* gekauft hatte, investierte er Geld in den Vereinigten Staaten.

④ Im März wählte Johannes Südamerika als sein bevorzugtes Ziel der Geldanlage. Dort investierte er nicht 2000 Mark.

⑤ *Bondi* arbeitet nur in Australien. Johannes überwies dieser Gesellschaft nicht die Summe von 8000 Mark.

⑥ 12 000 Mark vertraute Johannes Grau dem in Europa tätigen Fonds an.

⑦ Im April entschied sich der Anleger für eine Investition in Höhe von 4000 Mark.

Monat	Betrag	Gesellschaft	Gebiet

42 Quasimodos Nachfolger

Der große Erfolg des *Glöckners von Notre-Dame* schlug so hohe Wellen, dass sich mehrere französische Hobby-Autoren an mehr oder weniger geglückten Nachahmungen versuchten. Freilich war keinem Erfolg beschieden – dazu braucht es mehr als eine erfolgreiche Idee. Wir haben jedoch für Sie, verehrter Leser, die verschiedenen Titel der Nachahmer zusammengestellt. Welcher Autor (Vor-, Nachname) erschien in welchem Jahr mit welchem Titel?

	Hector	Hercule	Michel	Roland	Vincent	Bouleau	Gounod	Hulot	Michaud	Turgot	1860	1870	1880	1890	1900
Goblin de Grenelle															
Katakombengeist															
Metro Gnom															
Montmartremonster															
Terror der Tuilerien															
1860															
1870															
1880															
1890															
1900															
Bouleau															
Gounod															
Hulot															
Michaud															
Turgot															

Hinweise

① Die Erzählung *Métro Gnom* erschien im Jahr 1900 und spielte in der erst kurz zuvor eröffneten Metro, der Pariser Untergrundbahn. Ihr Autor hieß nicht Michel.

② Vincent Turgots kaum beachteter Roman kam genau zehn Jahre vor *Terror der Tuilerien* in den Buchhandel.

③ Michaud veröffentlichte sein Werk 1880. Er hieß nicht Hector mit Vornamen.

④ Kein Autor hat in seinem Vornamen und in seinem Nachnamen denselben Anfangsbuchstaben.

⑤ Hercule publizierte sein Plagiat als Erster der Nachahmer. Weder hieß er Gounod, noch war der Titel seines Buches *Goblin de Grenelle*.

⑥ Der *Katakombengeist* stammt aus der Feder von Hulot.

Titel	Autor		Jahr
	Vorname	Nachname	

43 Die Preisfrage

In einem Fernseh-Quiz gibt es für jede richtig beantwortete Frage einen Geldpreis zu gewinnen, wobei sich die Preisgelder von Frage zu Frage verdoppeln. Hat der Kandidat richtig geantwortet, leuchtet ein Feld in einem Quadrat auf und zeigt das Preisgeld an. Die 512 Mark sind genau in der Mitte, und drei der vier waagerecht und senkrecht angrenzenden Felder sowie weitere zehn Felder sind leer. Welcher Gewinn verbirgt sich in welchem Feld?

	A	B	C	D	E	
a						a
b						b
c						c
d						d
e						e
	A	B	C	D	E	

Hinweise

① Die Summe der Preise in Spalte **D** – nicht 42 – ist die kleinste Summe in einer Spalte. Die Summe in Reihe **e** – eine gerade Zahl unter 100 – ist höher.

② In Spalte **A** beträgt der höchste Preis 128 Mark, und der kleinste Preis – nicht in Feld **Ae** – 4 Mark. Ersterer Preis steht irgendwo über letzterem.

③ Im Feld direkt rechts neben den 2048 Mark sind die 2 Mark, direkt unter dem Spitzenpreis ist ein leeres Feld, und direkt darunter wieder ein Preis.

④ Der einzige Preis in Spalte **C**, der nur eine Ziffer hat, ist halb so viel wert wie der Preis in Feld **Da.**

⑤ In einer der Spalten oder Reihen beträgt die Summe der Preise 1057 Mark.

⑥ Die ersten zwei linken Felder in Reihe **d** sind leer.

⑦ In jeder Spalte und in jeder Reihe stehen wenigstens zwei, aber nie mehr als drei Preise.

⑧ Die 16 Mark und die 64 Mark stehen in derselben Spalte.

⑨ Rechts von den 8 Mark steht in derselben Reihe kein höherer Preis.

⑩ Keine drei senkrecht oder waagerecht benachbarten Felder sind leer; nur zwei der Ecken sind leer.

Preise: 1 Mark, 2 Mark, 4 Mark, 8 Mark, 16 Mark, 32 Mark, 64 Mark, 128 Mark, 256 Mark, 512 Mark, 1024 Mark, 2048 Mark

Starthilfe: Finden Sie zunächst den Platz der 2048 Mark und dann den Wert des Preises in Spalte C aus Hinweis ④.

44 Alles Joghurt

Eine Firma, deren fettarmer Joghurt sich nicht wie gewünscht verkauft, lässt einen Werbespot erstellen. Er soll vermitteln, dass man diesen Joghurt zu jeder beliebigen Tageszeit essen kann. Es werden Kinder verschiedenen Alters gezeigt, die morgens, mittags, abends einen Joghurt dieser Marke zu sich nehmen. Finden Sie heraus, welches Kind wie alt ist und zu welcher Tageszeit Joghurt mit welchem Geschmack verspeist?

	4	6	8	10	12	Ananas	Banane	Erdbeere	Kirsch	Rhabarber	Morgen	Vormittag	Mittag	Nachmittag	Abend
Andrea															
Bobby															
Judith															
Stefan															
Tina															
Morgen															
Vormittag															
Mittag															
Nachmittag															
Abend															
Ananas															
Banane															
Erdbeere															
Kirsch															
Rhabarber															

Hinweise

① Das Mädchen, das den Kirschjoghurt – nicht am Morgen – zu sich nimmt, heißt nicht Judith.

② Das Kind, das den Ananasjoghurt am Abend genießt, ist zwei Jahre älter als der älteste der Buben.

③ Das sechsjährige Kind wird nicht am Mittag gezeigt.

④ Das zehnjährige Kind verspeist einen Joghurt beim nachmittäglichen Sport.

⑤ Stefan, zwei Jahre jünger als Tina, isst am Vormittag einen Joghurt, der nicht nach Erdbeeren schmeckt.

⑥ Das achtjährige Kind isst einen Rhabarberjoghurt.

Name	Alter	Geschmack	Tageszeit

45 Unser »kleiner Struppi«

Vor wenigen Tagen haben wir einen jungen Hund geschenkt bekommen, einen süßen, aber für sein Alter schon sehr großen Kerl. Doch leider ist er noch längst nicht stubenrein, und vor seinem unbändigen Spieltrieb ist auch nichts sicher, was sich in seiner Reichweite befindet. Wann in der letzten Woche zerstörte er bei unserer abendlichen Abwesenheit was (Sache, Ort), und in welchem Zimmer »verewigte« er sich noch obendrein?

						Ort der Zerstörung					Ort des »Geschäfts«				
	Plüschtier	Papierkorb	Schuh	Teppich	Vorhänge	Eingang	Elternzimmer	Esszimmer	Kinderzimmer	Wohnzimmer	Eingang	Elternzimmer	Esszimmer	Kinderzimmer	Wohnzimmer
Montag															
Dienstag															
Mittwoch															
Donnerstag															
Freitag															
Ort des »Geschäfts«: Eingang															
Ort des »Geschäfts«: Elternzimmer															
Ort des »Geschäfts«: Esszimmer															
Ort des »Geschäfts«: Kinderzimmer															
Ort des »Geschäfts«: Wohnzimmer															
Ort der Zerstörung: Eingang															
Ort der Zerstörung: Elternzimmer															
Ort der Zerstörung: Esszimmer															
Ort der Zerstörung: Kinderzimmer															
Ort der Zerstörung: Wohnzimmer															

Hinweise

① An jedem Tag beging Struppi seine zwei Missetaten in zwei verschiedenen Zimmern – klar, macht ja auch mehr Spaß!

② Am Tag, bevor Struppi etwas im Kinderzimmer durchkaute, fanden wir ein zerfetztes Plüschtier und im Wohnzimmer ein »Geschäft«.

③ Am Mittwoch fanden wir sein »Geschäft« im Kinder- oder im Elternzimmer vor; die am selben Tag säuberlich zerkleinerten Vorhänge lagen allerdings in keinem dieser beiden Zimmer.

④ Das Esszimmer war am Donnerstag der Schauplatz einer lustvollen Zerreißprobe, die der Hund spielend bestand. An dem Tag, an dem er etwas im Kinderzimmer kurz und klein kaute, hinterließ er seine Geruchsbildner nicht im Esszimmer.

⑤ Das Opfer vom Montag – nicht der Papierkorb – fanden wir nicht im Elternzimmer.

⑥ Ein zerfetztes Ding – nicht den Schuh – fanden wir an dem Tag im Wohnzimmer vor, als er jene bewusste Vorrichtung im Eingang erledigte – Gott sei Dank ist der gefliest. Der Schuh wurde vor dem Freitag zerbissen.

Tag	Sache	Ort der Zerstörung	Ort des »Geschäfts«

46 Buchstaben-Puzzle

Die 25 Quadrate in unserer Zeichnung enthalten je einen anderen Buchstaben aus dem Alphabet, ohne das I.
Die waagrechten Reihen und senkrechten Spalten sind, wie in der Zeichnung angegeben, nummeriert. Vier Quadrate haben nur je einen Nachbarn, und sie stehen in alphabetischer Reihenfolge: oben – links – unten – rechts; keines der vier enthält das L. Können Sie aus den Hinweisen erarbeiten, in welchem Quadrat welcher Buchstabe steht?

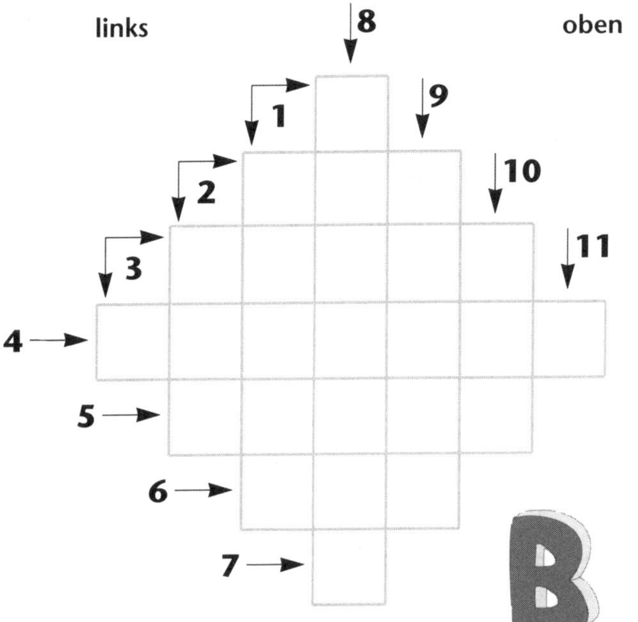

A	B	C	D	E	F	G	H	J	K	L	M	N	O	P	Q	R	S	T	U	V	W	X	Y	Z
1	2	3	4	5	6	7	8	10	11	12	13	14	15	16	17	18	19	20	21	22	23	24	25	26

Hinweise

① Die Buchstabenfolge DOF steht von links nach rechts in einer Reihe.

② Der oberste Buchstabe der Spalte 1 steht im Alphabet direkt vor dem mittleren Buchstaben in Spalte 2.

③ Das T steht direkt über dem V, das direkt rechts von dem J steht.

④ Die Buchstabenfolge SXE steht von oben nach unten irgendwo in Spalte 9.

⑤ Der erste Buchstabe in Reihe 5 steht an einer ungeraden Position im Alphabet, der Buchstabe direkt über ihm dagegen an einer geraden Position.

⑥ Das Z steht irgendwo über dem B und in derselben Spalte wie das B. Das Z steht zugleich in derselben Reihe wie das Y, und zwar irgendwo links von ihm.

⑦ Der dritte Buchstabe von oben in der Spalte 8 ist das N. Beide Buchstaben über ihm kommen im Alphabet vor ihm, und direkt rechts von ihm steht ein Vokal.

⑧ Das U steht direkt rechts neben dem H.

⑨ Keine zwei Vokale grenzen horizontal oder vertikal aneinander.

⑩ Das W und das P stehen in derselben Spalte, das R und das G sind direkte Nachbarn in einer Reihe.

Starthilfe: Finden Sie zunächst die Position von DOF heraus.

47 Captain's Dinner

Gerne lud Admiral Nelson nach einer erfolgreichen Schlacht seine wichtigsten Schiffskapitäne zum Abendessen ein. Zu ihnen einen persönlichen Kontakt zu halten war ja besonders schwer, denn sie versahen ihren Dienst an ganz verschiedenen Orten des Empires. Welche Kapitäne (Vor-, Nachname) lud er nach seinem letzten Sieg ein, wo waren sie jeweils hauptsächlich stationiert und wie hieß ihr jeweiliges Kriegsschiff?

		Nachname					**Schiff**									
		Ballad	Cymbalist	Fidder	Minstrel	Organist	*Cyclops*	*Kraken*	*Minotaurus*	*Phoenix*	*Unicorn*	Kuba	St. Vincent	Tasmanien	Tobago	Trinidad
Vorname	Cornelius															
	Ignazius															
	Mathias															
	Silvester															
	Valentin															
	Kuba															
	St. Vincent															
	Tasmanien															
	Tobago															
	Trinidad															
Schiff	*Cyclops*															
	Kraken															
	Minotaurus															
	Phoenix															
	Unicorn															

Hinweise

① Kapitän Valentin Fidders Schiff war nicht die HMS *Unicorn.*

② Kapitän Minstrel befehligte die ihm unterstellten Schiffe von der *Kraken* aus.

③ Weder Silvester, der die HMS *Phoenix* kommandierte, noch Kapitän Organist waren in Tasmanien stationiert.

④ Eines von Nelsons Schiffen im Gebiet um Kuba war die HMS *Minotaurus.*

⑤ Kapitän Cymbalist – nicht Cornelius – diente unter Nelson in der Schlacht von St. Vincent. Der Name seines Schiffes beginnt mit einem Buchstaben aus der ersten Hälfte des Alphabets.

⑥ Mathias befehligte sein Schiff bei den erbitterten Kämpfen im Seegebiet um Tobago.

Vorname	Nachname	Schiff	Region

48 Die Würfel sind gefallen

Anne und Thomas sind findige Köpfe. In ihrer Freizeit denken sie sich immer neue Spiele aus, die sie nach erfolgreichem Test dann im Freundeskreis populär machen. Ihre neueste Erfindung ähnelt dem Poker, funktioniert aber mit je fünf Würfeln, die auf einmal geworfen werden müssen. Wir zeigen Ihnen hier den ersten Wurf ihrer Testrunde: Finden Sie heraus, welcher Würfel auf dem Tisch wie viele Augen zeigt?

Thomas **Anne**

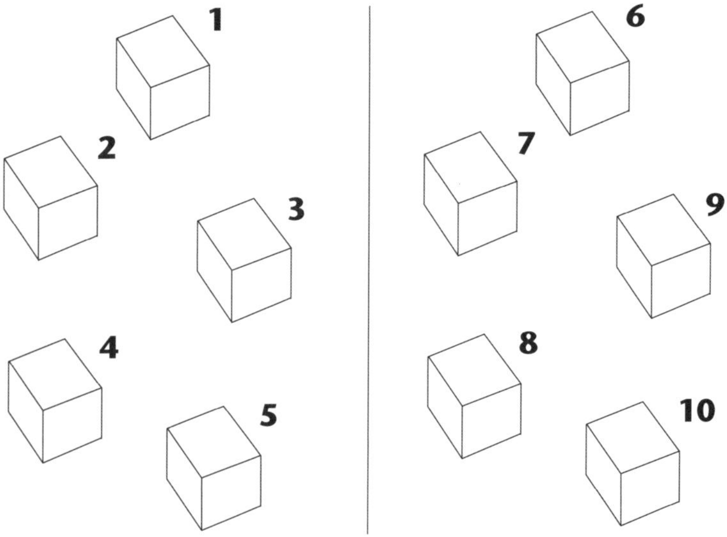

Hinweise

① Würfel Nr. 8 zeigt weniger Augen als Würfel Nr. 10, und keiner der beiden zeigt dieselbe Anzahl wie Würfel Nr. 3.

② Annes Wurf bescherte ihr eine »kurze Straße« (d. h. vier aufeinander folgende Augenzahlen). Unter Thomas' Würfeln befindet sich ein Paar mit gleichen Augenzahlen; diese beiden Würfel zeigen jeweils eine Augenzahl, die Anne nicht gewürfelt hat.

③ Auf Würfel Nr. 4 steht die einzige Zwei, die gewürfelt wurde. Auch liegt nur eine einzige Drei auf dem Tisch.

④ Auf keinem der Würfel mit ungeradzahliger Nummer sind sechs Augen zu sehen.

⑤ Die Zahl der Augen auf Würfel Nr. 3 abzüglich der Augenzahl auf Würfel Nr. 2 ergibt die Augenzahl auf Nr. 5. Letzterer Würfel hat die wenigsten Augen unter diesen dreien.

⑥ Nur die Würfel Nr. 1 und 6 haben die Augenzahl, die ihrer Nummer entspricht.

⑦ Annes fünf Würfel haben zusammengerechnet genau zehn Augen mehr als die Würfel von Thomas.

Starthilfe: Finden Sie zunächst heraus, aus welchen Augenzahlen Annes »kurze Straße« besteht.

49 Die Blumenvase

Flora liebt Blumen über alles. Ihr ganzes Haus dekoriert sie regelmäßig mit kleinen und großen Sträußen, und an vielen Stellen ihres Hauses hat sie Pflanzen stehen. Auf dem Kamin steht eine große, schöne Vase, die regelmäßig mit Blumen gefüllt wird: Jede Woche bringt ein anderes Familienmitglied einen neuen Strauß vorbei. Wer (Name, Verwandtschaft) stellte wann welche Blumen in die Vase?

Hinweise

① Johanna brachte ihren Strauß Blumen eine Woche, bevor die Vase mit Gladiolen gefüllt war.

② Undina kaufte ihrer Mutter keine Petunien.

③ Floras Schwester stellte ihr eine Woche, nachdem Carla die Vase gefüllt hatte, einen Strauß Astern auf den Kamin.

④ Ruth kaufte Dahlien in einer Woche mit ungerader Zahl.

⑤ Die Mutter brachte ihre Blumen nicht in der Woche nach der älteren Tochter, die ihrerseits nicht in der vierten Woche Blumen in die Vase stellte.

Namen: Carla, Johanna, Ruth, Undina
Blumen: Astern, Dahlien, Gladiolen, Petunien
Verwandtschaft: ältere Tochter, jüngere Tochter, Mutter, Schwester

Starthilfe: Finden Sie zunächst heraus, wer die letzten Blumen kaufte.

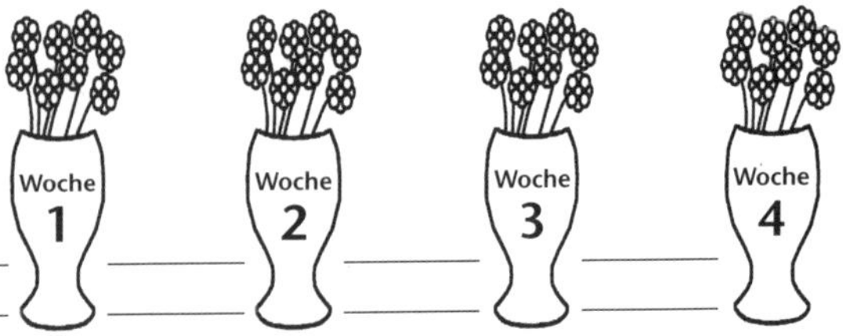

Name: ________ ________ ________ ________
Blumen: ________ ________ ________ ________
Verwandt: ________ ________ ________ ________

50 Wer wird Meister?

Da am Ende der letzten Fußballsaison sechs Teams die gleiche Anzahl an Punkten hatten, musste das Torverhältnis über die Meisterschaft entscheiden. Bewertet wurde also die Differenz der erzielten Tore und der Treffer, die das jeweilige Team hinnehmen musste. Noch einmal für Nicht-Fußballer: Je größer die Tordifferenz ist, umso höher ist der Platz in der Tabelle. Können Sie die Abschlusstabelle korrekt ausfüllen?

Hinweise

① Die niedrigste Tordifferenz war 10 und die höchste 17; kein Team hatte eine Tordifferenz von 16, und in keinem Fall hatten zwei Teams die gleiche Tordifferenz

② *Athletico Dorfenhausen* hatte ein Gegentor mehr kassiert als *Wacker Stollen.* Letzterer Traditionsverein hatte nicht die geringste Zahl der Gegentore hinnehmen müssen.

③ Der *FC Gestrecktes Bein* erreichte eine bessere Tordifferenz als *Dynamo Acker.*

④ Das Team, das 51 Tore in der Saison geschossen hatte, musste weniger Tore einstecken als die *Roten Teufel.*

⑤ Die elf Freunde vom Verein *VfL Dungsbach* hatten mehr Tore geschossen als das Team, das die meisten Gegentore kassiert hatte.

Erzielte Tore: 51, 50, 48, 47, 45, 39
Gegentore: 38, 36, 35, 31, 30, 29

Starthilfe: Finden Sie zunächst heraus, wie viele Gegentore das Team einstecken musste, das selbst 39 Treffer erzielte.

	erzielte Tore	Gegentore	Tordifferenz	Position in Tabelle
Athletico Dorfenhausen				
Dynamo Acker				
FC Gestrecktes Bein				
TV Rote Teufel				
VfL Dungsbach				
Wacker Stollen				

51 Anatomie: ungenügend

Die Professoren im Prüfungsausschuss schüttelten die Köpfe. Wie würde das wohl ausgehen, wenn man diese Medizinstudenten auf die Menschheit losließe? Keiner der Kandidaten im Fach Anatomie hatte es geschafft, auf den Knochen des menschlichen Skeletts zu zeigen, nach dem er gefragt worden war. Welcher Student musste welche Partie des Skeletts identifizieren und hatte stattdessen auf welchen Knochen gedeutet?

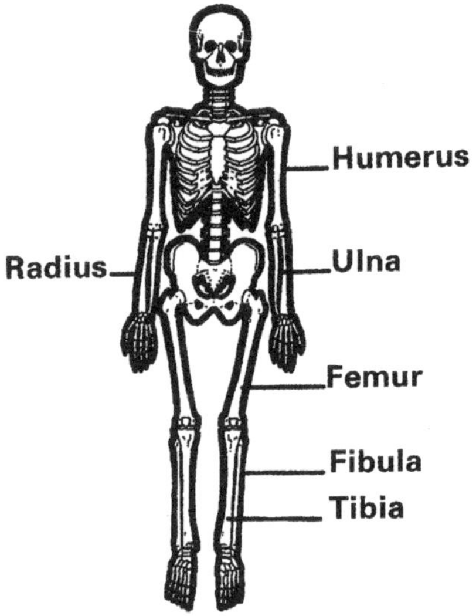

	Hätte zeigen sollen auf ...	Zeigte stattdessen auf ...
Brand		
Harrge		
Hart		
Leggner		
Schindel		
Tempel		

Hinweise

① Der Student, der nach Femur gefragt worden war, zeigte stattdessen auf einen anderen Beinknochen. Ebenfalls auf einen Beinknochen zeigte derjenige, der die Ulna hätte identifizieren sollen. Der wiederum, der auf die Ulna deutete, hätte korrekterweise einen anderen Knochen des Arms angeben müssen.

② Schindel war aufgefordert worden, den Knochen zu identifizieren, den Brand irrtümlich angab. Dieser Knochen befindet sich an einer höheren Stelle des menschlichen Skeletts als der, auf den Tempel hätte zeigen sollen.

③ Die Aufgabe von Hart war es, den Knochen anzugeben, auf den Schindel gezeigt hatte. Auch Hart versagte, zeigte er doch fälschlicherweise auf den Knochen, den eigentlich Brand hätte identifizieren sollen.

④ An den Angaben von zwei Studenten stimmte wenigstens eines: die Anzahl der Buchstaben.

⑤ Tempel verwechselte zwei Armknochen miteinander, während Harrge auf einen Bein- statt wie verlangt auf einen Armknochen deutete.

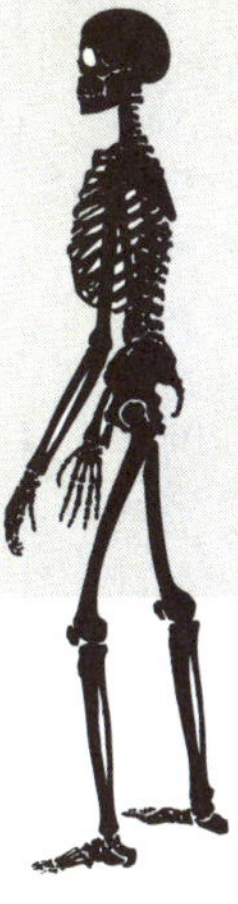

Namen: Brand, Harrge, Hart, Leggner, Schindel, Tempel

Knochen: Femur, Fibula, Humerus, Radius, Tibia, Ulna

Starthilfe: Finden Sie zunächst heraus, auf welchen Knochen Brand zeigte.

52 Zu den Perlen der Karibik

Es herrscht Hochbetrieb im Hafen Port Elizabeth auf der wunderschönen karibischen Insel Bequia. Im 10-Minuten-Takt legen die Vergnügungsdampfer mit ihren durchsichtigen Böden von der kleinen Betonpier ab, um Touristen zu den Sehenswürdigkeiten rund um die Insel zu befördern. Welche Ziele laufen die Schiffe an, wie lauten ihre Namen, um welche Uhrzeit legen sie ab, und wie viele Passagiere haben sie an Bord?

	14 Uhr	14 Uhr 10	14 Uhr 20	14 Uhr 30	14 Uhr 40	Cormorant	Lady Linda	Merry Mermaid	Sally May	Sea Nymph	10	14	20	25	32
Highdown Klippen															
Puffin Island															
Sandy Lighthouse															
Seal Island															
Schmugglerhöhle															
10															
14															
20															
25															
32															
Cormorant															
Lady Linda															
Merry Mermaid															
Sally May															
Sea Nymph															

Hinweise

① Die Sally May legt um 14 Uhr ab, das bedeutet 10 Minuten vor dem Schiff, dessen Ziel Sandy Lighthouse ist.

② Die Cormorant befördert die meisten Passagiere. Sie verlässt Port Elizabeth 10 Minuten vor dem Schiff, das die einst so gut versteckte Schmugglerhöhle anläuft.

③ Der Ausflug zu der romantischen Insel Puffin beginnt 10 Minuten, nachdem die Lady Linda ihre Leinen losgemacht hat.

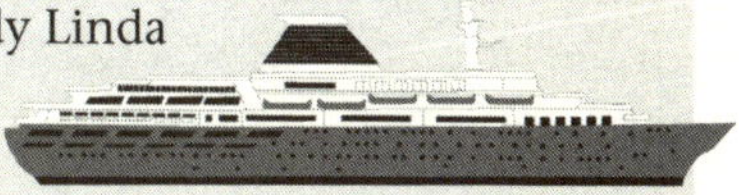

④ Die Merry Mermaid hat mehr als 14 Passagiere an Bord. Das Schiff mit der kleinsten Zahl an Passagieren läuft Seal Island an.

⑤ Der Dampfer, von dem aus man einen atemberaubenden Blick auf die Highdown Klippen haben soll – es ist nicht die Sea Nymph –, legt irgendwann nach dem Schiff ab, das 20 Passagiere an Bord hat. Letzteres ist weder das Schiff, das um 14 Uhr 20 ausläuft noch die Lady Linda.

⑥ Der Vergnügungsdampfer, der als Letzter ausläuft, hat 14 Passagiere an Bord.

Ziel	Abfahrt	Name	Passagiere

53 Knapp vorbei …

Obwohl die Kritiker sagen, er habe etwa so viel Charme und Ausstrahlung wie ein Stück Holz, ist Phil Mactor schon zum wiederholten Mal Hauptdarsteller in einem Film, der Hollywoods begehrte Auszeichnung – den Oskar – errang. Anlass für die Ehrung war allerdings in keinem Fall Phil, sondern jeweils ein anderer Aspekt oder ein anderer Mitwirkender. Finden Sie heraus, welcher Film (Titel, Typ) in welchem Jahr aus welchem Grund den Oskar erhielt?

	Kostüme	Musik	Nebendarsteller	Regisseur	Special Effects	*Drachenfels*	*Glückszahl*	*Richard IV.*	*Skyrocket*	*Tiger-Gold*	Action	Historienfilm	Komödie	Science-Fiction	Kriegsfilm
1982															
1985															
1988															
1991															
1994															
Action															
Historienfilm															
Komödie															
Science-Fiction															
Kriegsfilm															
Drachenfels															
Glückszahl															
Richard IV.															
Skyrocket															
Tiger-Gold															

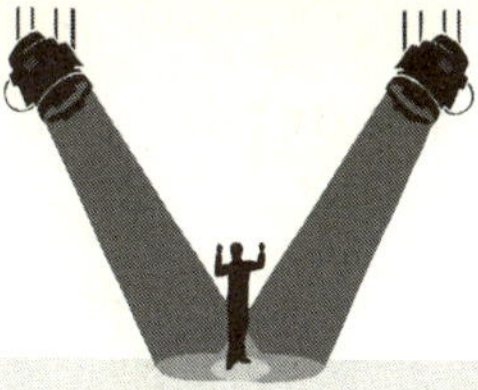

Hinweise

① *Drachenfels* erhielt seinen Oskar drei Jahre vor dem Kriegsfilm, in dem Phil einen unbezwingbaren Kämpfer mimte.

② *Tiger-Gold* wurde 1982 ausgezeichnet.

③ 1985 wurde der Actionfilm mit einem Oskar bedacht.

④ Der Historienfilm *Richard IV.* wurde mit einem Oskar noch vor dem Film geehrt, in dem Rye Sandemann als bester Nebendarsteller einen Oskar erhielt.

⑤ Die Special Effects in dem Science-Fiction-Film waren wirklich hervorragend. Wohlverdient war dann auch der dafür verliehene Oskar.

⑥ 1991 erhielt einer der Filme wegen seiner erstklassigen Kostüme die begehrte Auszeichnung.

⑦ Als der Regisseur von *Glückszahl* seinen zweiten Oskar erhielt, schrieb man nicht das Jahr 1988.

Jahr	Grund	Titel	Art

54 Der Londoner Detektiv...

Schon bald, nachdem Sherlock Holmes als berühmtester Privatdetektiv der Welt durch Dr. Watsons Veröffentlichung seiner Fälle zu Ruhm gelangt war, begannen zahlreiche Nachahmer in London, das erfolgreiche Vorbild zu kopieren. Auch die Epigonen hatten einen Partner, der ihre Fälle aufzeichnete. In welcher Straße lebten die Sherlock-Holmes-Nachahmer, wie hießen ihre Partner, und in welchem Jahr begannen sie ihre Tätigkeit?

	Brompton Road	Charing Cross Road	Drury Lane	Middlesex Street	Strand Street	Partner: Commander Lee	Partner: Dr. Sancroft	Partner: Father Smythe	Partner: Hugh Pike	Partner: Major Hobbs	1892	1893	1894	1895	1896
Artemus Elliot															
Dryden Herries															
Ludovic Pincot															
Quentin Upshaw															
Wyatt Yeadon															
1892															
1893															
1894															
1895															
1896															
Partner: Commander Lee															
Partner: Dr. Sancroft															
Partner: Father Smythe															
Partner: Hugh Pike															
Partner: Major Hobbs															

Hinweise

① Der Detektiv, dessen Abenteuer von Major Hobbs festgehalten wurden, unternahm seine ersten Nachforschungen nicht in den Jahren 1893 oder 1894. Ebenfalls nicht im Jahr 1893 eröffnete Ludovic Pincot, dessen Partner nicht Hugh Pike war, sein Büro als Privatdetektiv.

② In einem Jahr mit ungerader Zahl bezog einer der Detektive seine Kanzlei in der Middlesex Street.

③ Quentin Upshaw, dessen Räume in der Strand Street lagen, begann seine Tätigkeit als Detektiv vor seinen beiden späteren Kollegen, deren Fälle von Dr. Sancroft und Hugh Pike aufgezeichnet wurden.

④ Wyatt Yeadon ließ sich ein Jahr nach jenem anderen Holmes-Nachahmer nieder, der sein Büro in der Brompton Road hatte und dessen Erlebnisse von Commander Lee niedergeschrieben wurden.

⑤ Artemus Elliot, dessen Partner Father Smythe war, begann seine Tätigkeit zwei Jahre nach demjenigen, der in der Drury Lane arbeitete. Letzterer war nicht Dryden Herries.

Privatdetektiv	Adresse	Partner	Jahr

55 ...und sein Epigonen

Sherlock Holmes war aber nicht nur für seine erstaunliche Spürnase bekannt, sondern auch für seinen einzigartigen Hut, seine riesige Meerschaum-Pfeife und für seine Fähigkeit, Geige zu spielen. So versuchten seine Nachahmer, sich ebenso originell zu geben. Welcher der Detektive des vorigen Rätsels machte welches Kleidungsstück, welche Art des Tabakgenusses und welches Musikinstrument zu seinem Markenzeichen?

Achtung: Für die Lösung dieses Rätsels müssen Sie auch die Lösungen des vorigen Rätsels verwenden.

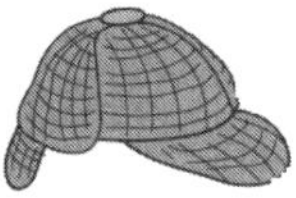

	Gamaschen	grauer Umhang	Opernhut	Schlapphut	zimtfarbene Weste	Rosenholz-Pfeife	Tonpfeife	Schnupftabak	Zigarre	Zigarillo	Klavier	Laute	Mundharmonika	Querflöte	Trommel
Artemus Elliot															
Dryden Herries															
Ludovic Pincot															
Quentin Upshaw															
Wyatt Yeadon															
Klavier															
Laute															
Mundharmonika															
Querflöte															
Trommel															
Rosenholz-Pfeife															
Tonpfeife															
Schnupftabak															
Zigarre															
Zigarillo															

Hinweise

① Der Detektiv, der von sich verbreitete, er sei ein Meister der Mundharmonika, war nicht derjenige, der sich durch einen braunen Schlapphut ein besonders lässiges Image geben wollte. Letzterer hatte sein Büro nicht ein Jahr vor dem Kollegen eröffnet, der Zigarillos rauchte.

② Der Klavierspieler, der sich mit seinen dicken Havanna-Zigarren als Mann von Welt ausweisen wollte, begann seine Detektivlaufbahn ein Jahr vor demjenigen, der das Haus niemals ohne seine zimtfarbene Weste verließ und leidenschaftlich Trommel spielte.

③ Der Freund von Father Smythe trug stets eine ausgefallene Kopfbedeckung – er spielte aber nicht Querflöte.

④ Der Detektiv, der eine edle Rosenholz-Pfeife rauchte, trug stets einen Opernhut aus schwarzer Seide. Der Mann aus der Brompton Road pflegte Schnupftabak zu konsumieren.

⑤ Der Holmes-Nachahmer, der sein Büro 1895 eröffnete, hüllte sich gewöhnlich in einen grauen Umhang. Er rauchte nicht Tonpfeife. Der Laute spielende Detektiv erhielt viele Komplimente von seinen Nachbarn aus der Drury Lane.

Detektiv	Kleidungsstück	Tabakgenuss	Instrument

56 Kalorienzählen

Seitdem Peter Bohnenstang die Fünfzig überschritten hat, fürchtet er noch mehr als früher, er könne sein Idealgewicht von 73 Kilogramm nicht auf Dauer halten. Nur durch Kontrolle glaubt er dem vorbeugen zu können, und daher notiert sich Peter die Angaben, die auf den Nahrungsmitteln abgedruckt sind, immer ganz genau. Wie viel Kalorien, Eiweiß und Fett enthalten die Dinge, die er heute zum Frühstück isst?

		Kalorien					Eiweiß					Fett				
		350	355	360	365	370	6 Gramm	7 Gramm	8 Gramm	9 Gramm	10 Gramm	3 Gramm	5 Gramm	7 Gramm	9 Gramm	10 Gramm
	Bergschinken															
	Frucht-Schokomüsli															
	Knusperkorn-Brot															
	Streichkäse															
	Zimtecken															
Fett	3 Gramm															
	5 Gramm															
	7 Gramm															
	9 Gramm															
	10 Gramm															
Eiweiß	6 Gramm															
	7 Gramm															
	8 Gramm															
	9 Gramm															
	10 Gramm															

Hinweise

- *Alle Mengenangaben in den folgenden Hinweisen beziehen sich jeweils auf 100 Gramm.*

① Das Frucht-Schokomüsli eines bekannten Herstellers enthält die meisten Kalorien auf Peters Frühstückstisch. Der Fettgehalt des Müslis beträgt nicht 7 Gramm. Dieser Wert trifft auf das Produkt zu, das den größten Eiweißgehalt aufweist.

② Die Kalorienangabe auf der Streichkäse-Packung lautet nicht 360 kcal. Das Produkt mit diesem Nährwert enthält nicht 7 Gramm Eiweiß.

③ Das Lebensmittel mit der geringsten Kalorienmenge enthält auch den geringsten Fettanteil. Hingegen weist der Bergschinken den größten Anteil Fett auf.

④ 200 Gramm Zimtecken enthalten 12 Gramm Eiweiß.

⑤ Das Knusperkorn-Brot enthält ein Gramm weniger Eiweiß als das Produkt, dessen Fettanteil 5 Gramm beträgt.

⑥ Eines der Produkte enthält 355 Kalorien und 9 Gramm Eiweiß.

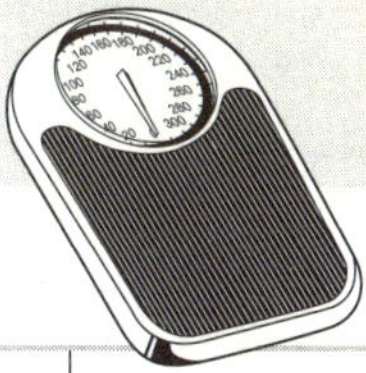

Lebensmittel	Kalorien	Eiweiß	Fett

57 Die gedruckte Zukunft

Peter Nolling ist freier Journalist und für die Bücherseite eines vierteljährlich erscheinenden Science-Fiction-Magazins verantwortlich. Momentan liegen auf seinem Schreibtisch vier Neuerscheinungen, die er für die nächste Ausgabe der Zeitschrift noch rezensieren muss. Finden Sie heraus, welches Buch (von A bis D) welchen Titel trägt, von wem es verfasst wurde und in welchem Verlag es erschienen ist?

Hinweise

① Kurt Azimovs Buch ist beim Leviathan-Verlag erschienen.

② In großen goldenen Buchstaben prangt auf dem Cover von Buch A der Titel *Robot Invaders*. Der Titel von Buch C lautet nicht *Es kam von den Sternen*.

③ Der Schmöker des amerikanischen Erfolgsautors Zenna Smith mit dem Titel *Space-Würmer* liegt in dem Stapel direkt oberhalb von dem Buch, das im Ostrich-Verlag erschienen ist.

④ Das im Tetrach-Verlag erschienene Buch *Die Katze vom Mars* wurde nicht von Larry McCaffrey verfasst.

Titel: *Es kam von den Sternen; Robot Invaders; Space-Würmer; Die Katze vom Mars*

Autoren: Kurt Azimov, Larry McCaffrey, Ray Dickson, Zenna Smith

Verlage: Leviathan, Mythos, Ostrich, Tetrach

Starthilfe: Finden Sie zunächst den Titel des Buches aus dem Ostrich-Verlag heraus.

58 Siegreiche Sportlerinnen

Einige Abiturientinnen des Viktoria-Gymnasiums in Ballstadt sind für ihre universelle sportliche Begabung bekannt geworden. Jede von ihnen ist nicht nur in einer bestimmten Einzeldisziplin ein Ass, sondern auch in einem Mannschaftswettbewerb. Quasi als Ausgleich zu diesen Aktivitäten betreiben die jungen Frauen auch noch einen »Freizeit-Sport«. Welche drei Sportarten werden jeweils von welchem Mädchen ausgeübt?

		Einzelwettbewerb					Mannschaftssport					Freizeitsport				
		100-Meter-Lauf	1500-Meter-Lauf	Kugelstoßen	Speerwurf	Weitsprung	Basketball	Fußball	Hockey	Völkerball	Volleyball	Fechten	Golf	Kanufahren	Schwimmen	Tennis
	Anita Bach															
	Gisela Heuer															
	Michaela Nurmi															
	Sandra Ross															
	Yvonne Weiss															
Freizeitsport	Fechten															
	Golf															
	Kanufahren															
	Schwimmen															
	Tennis															
Mannschaftssport	Basketball															
	Fußball															
	Hockey															
	Völkerball															
	Volleyball															

Hinweise

① Die Anführerin des Hockeyteams, die nicht gerne schwimmt, heißt nicht Michaela Nurmi.

② Eine wirft alles mit »links«: den Speer und den Basketball.

③ Die Kugelstoßerin sitzt in ihrer knappen Freizeit am liebsten im Kanu.

④ Michaela spielt in der Freizeit Golf. Yvonne gewann ihre Goldmedaille nicht im 100-Meter-Lauf.

⑤ Gisela Heuer führt die Fußballelf an. Mit dem Sportgerät, das sie für ihre Einzeldisziplin benötigt, kann sie »schwerlich« ihre Mannschaftssportart betreiben. Anita Bach, die in ihrer Freizeit nicht Tennis spielt, erspringt sich ihre Medaillen.

⑥ Sandra Ross erreicht eher das Ziel als diejenige, die für ihr Gold weit laufen muss, die Volleyballmannschaft anführt und zum Ausgleich auch noch fechtet.

Name	Einzeldisziplin	Mannschaftssport	Freizeitsport

59 Dunkelgrüne Männchen

Die Bewohner der verschiedenen Planeten, die zur Balusischen Föderation gehören, gelten als Humanoiden. Mit anderen Worten: Sie verfügen über bestimmte Eigenschaften, die den menschlichen ähneln. Allerdings unterscheiden sie sich doch in manchen Details von den Bewohnern der Erde. Können Sie die durchschnittliche Körpergröße, die Hautfarbe und andere Merkmale der Bewohner der jeweiligen Planeten angeben?

	121 cm	143 cm	162 cm	187 cm	236 cm	blau	dunkelgrün	grau	orange	purpur	drei Augen	Fangarme	Horn	senkrechter Mund	skelettähnlich
Aniphos															
Gebiam															
Nahomis															
Pekash															
Shazara															
drei Augen															
Fangarme															
Horn															
senkrechter Mund															
skelettähnlich															
blau															
dunkelgrün															
grau															
orange															
purpur															

Hinweise

① Die blauhäutigen Planetenbewohner sind durchschnittlich 121 cm groß.

② Die grauen Humanoiden sind kleiner als die skelettähnlichen, aber größer als die Bewohner von Shazara.

③ Die Pekashians sind durchschnittlich 162 cm groß. Man würde sie aber kaum mit den Humanoiden des Planeten Erde verwechseln.

④ Die purpurfarbigen Wesen haben Fangarme und bewohnen nicht Gebiam.

⑤ Die dreiäugigen Aniphosians sind nicht grauhäutig. Sie sind auch nicht die größten oder kleinsten Bewohner eines der Planeten der Föderation.

⑥ Die Planetarier mit dem senkrechten Mund haben eine Durchschnittsgröße von 187 cm.

⑦ Die Nahomisaner sind an ihrer dunkelgrünen Haut zu erkennen.

Planet	Größe	Hautfarbe	Besonderheit

60 Kamele gegen Mädchen

Zu Scheich Achmed kam letzte Woche ein junger Prinz, der auf der Suche nach schönen Mädchen war, um einen Harem zu eröffnen. Nach zähen Verhandlungen verkaufte der Scheich tatsächlich seine hübschesten Töchter. Wie heißen die jungen Schönheiten, wie alt sind sie, wie viele Kamele musste der Prinz für jede von ihnen bezahlen, und welche Mitgift erhielten sie von ihrem Vater?

	Alter					Kamele									
	14	15	16	18	20	8	10	12	12	15	Diamanten	Gold	Luxusyacht	Oase	Ölfeld
Ahlam															
Farah															
Scheherazade															
Sulaika															
Zainab															
Diamanten															
Gold															
Luxusyacht															
Oase															
Ölfeld															
Kamele 8															
10															
12															
12															
15															

Hinweise

① Scheherazade ist die älteste der Schwestern.

② Der Scheich gab Sulaika weder eine Oase noch ein Ölfeld als Mitgift.

③ Einer Tochter, für die Achmed zwölf Kamele erhielt, überreichte er eine Schatulle mit Diamanten.

④ Die Tochter, die als Dritte geboren wurde, erhielt die Oase als Brautgeschenk. Der Prinz gab für sie nur acht seiner Kamele.

⑤ Von Farah war der Prinz besonders angetan. Er gab ihrem Vater mehr als zehn Kamele für sie. Ihre Mitgift bestand aber weder aus Diamanten noch aus Gold.

⑥ Zainab ist ein Jahr jünger als die Schwester, die die Oase erhielt. Sulaika ist nicht die zweitälteste der Schwestern.

⑦ Die Tochter, für die der Scheich zehn Kamele bekam, erhielt eines seiner Ölfelder. Für die fünfzehnjährige Tochter gab der Prinz fünfzehn Kamele.

Vorname	Alter	Kamele	Mitgift

Dieses Rätsel basiert auf einer Idee des Lesers Norbert Schöfel aus Heiligenkreuz in Österreich.

61 30 Meter unter dem Grab

Eine der Kammern im Grab des alten ägyptischen Seefahrers Akrosdases enthält eine Falltür, von der aus eine Treppe in einen sechseckigen Raum führt, der 30 Meter tiefer liegt. Fünf der Wände dieses Raumes zeigen verschiedene Episoden von den Reisen des Akrosdases, die sechste Wand besteht aus einer versiegelten Tür. Wann startete Akrosdases welche Reise (Ziel, Länge im Monaten), und welche Wertgegenstände brachte er von dort mit?

	4 Monate	6 Monate	7 Monate	9 Monate	10 Monate	Benita	Lanka	Soloma	Tanza	Zanzia	Bronzewaffen	Edelsteine	Elfenbein	Goldbarren	Perlen
1550 v. Chr.															
1542 v. Chr.															
1534 v. Chr.															
1524 v. Chr.															
1514 v. Chr.															
Bronzewaffen															
Edelsteine															
Elfenbein															
Goldbarren															
Perlen															
Benita															
Lanka															
Soloma															
Tanza															
Zanzia															

Hinweise

① Das Land, das Akrosdases Tanza nannte, entdeckte er auf einer Reise, die länger dauerte als die, von der er die Goldbarren mitbrachte. Keine dieser beiden Reisen war die um 1550 v. Chr. begonnene, die länger dauerte als die, auf der Akrosdases Soloma fand, aber kürzer als die, bei der er Benita entdeckte.

② Bei der Expedition, die er 1534 unternahm – sie dauerte nicht zehn Monate –, entdeckte er weder Zanzia, noch war es die Reise, von der er die Bronzewaffen mit nach Hause brachte. Letztere Reise hatte er mehr als zehn Jahre später unternommen als die nach Zanzia, auf der er mehr als vier Monate unterwegs war.

③ Die Reise, die sieben Monate dauerte, war nicht die erste oder die letzte seiner Reisen. Sie begann früher als die Expedition, die sechs Monate dauerte. Auf der letztgenannten Reise entdeckte er nicht Tanza.

④ Die Perlen fand er vor den Edelsteinen. Zwischen beiden Reisen lag eine Pause von genau zehn Jahren. Keine dieser beiden Reisen führte ihn nach Lanka.

⑤ Die Reise, auf der er Soloma entdeckte, fand direkt vor der statt, die zehn Monate dauerte.

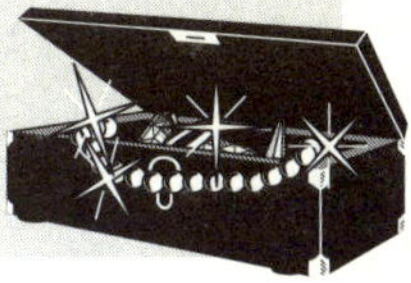

Jahr	Dauer	Land	Gegenstände

62 Rick's Café

Wir befinden uns in Casablanca, im Jahr 1941, in Rick's Café. Hierher geht man nicht nur, um einen Drink zu nehmen, hier werden allerlei dubiose Geschäfte besprochen, hier wird Politik gemacht – natürlich meist inkognito. Können Sie den Aufzeichnungen von Rick entnehmen, welcher seiner Stammgäste (Beschreibung des Typs und der Kleidung) seine wahre Identität durch welche falsche Identität zu tarnen versuchte?

							falsche Identität					wahre Identität				
		blauer Anzug	graues Sakko	Lederjacke	rotes Hemd	weißer Pullover	amerik. Maler	irischer Ingenieur	portug. Journalist	schwed. Spion	span. Geologe	deutscher Fälscher	deutscher Spion	engl. Agent	engl. Waffenhändler	italienischer Spion
Beschreibung	dick															
	mit Bart															
	mit Narbe															
	schlank															
	sehr groß															
wahre Identität	deutscher Fälscher															
	deutscher Spion															
	engl. Agent															
	engl. Waffenhändler															
	italienischer Spion															
falsche Identität	amerik. Maler															
	irischer Ingenieur															
	portug. Journalist															
	schwed. Spion															
	span. Geologe															

Hinweise

① Über einen seiner Gäste schrieb Rick: »Der falsche portugiesische Journalist hat eine Narbe am Kinn.«

② Weiter heißt es in Ricks Notizbuch: »Derjenige im blauen Anzug – er gibt sich nicht als amerikanischer Maler aus – ist sicher ein englischer Geheimagent.«

③ Den Gast, der ein graues Sakko trug und sich als schwedischer Spion ausgab, hielt Rick nicht für einen deutschen Spion.

④ Nachdem Rick einen Gast an der Bar bedient hatte, notierte er unauffällig: »Ungewöhnlich – der fast zwei Meter große Mann ist ein italienischer Spion.«

⑤ Eine Seite später finden wir die Notiz über einen anderen Gast: »Er hat einen Bart und trägt eine Lederjacke. Er ist Deutscher, und sein gefälschter Pass weist ihn nicht als Amerikaner aus.«

⑥ Und am 14. Februar 1941 hielt der aufmerksame Rick fest: »Der englische Waffenhändler gibt sich als irischer Ingenieur aus. Er versucht so, seine geheimen Verhandlungen zu führen. Man kann ihn, aber auch denjenigen, der stets ein rotes Hemd trägt, nicht gerade als schlank bezeichnen.«

Beschreibung	Bekleidung	falsche Identität	wahre Identität

63 Gute Karten

Nicht, um etwas über ihre Zukunft zu erfahren, sondern um Logik und Gedächtnis zu trainieren, legt sich Valerie Baumann regelmäßig ihre Karten. Gestern dachte sie sich eine kreisförmige Anordnung aus, die wir unten verdeckt abgedruckt haben. Einer Freundin stellte sie die Aufgabe, die verschiedenen Karten auf den Positionen 1 bis 8 zu identifizieren. Hier die Hinweise, die Valerie ihrer Freundin gab:

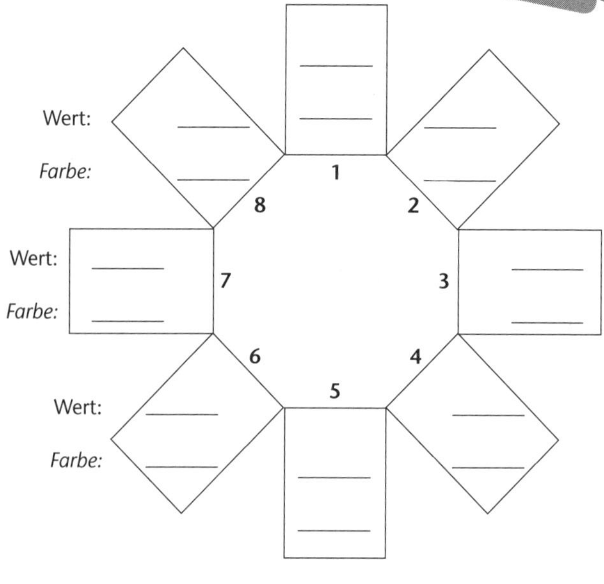

Hinweise

- Für alle, die mit Kartenspielen nicht vertraut sind: Die Bezeichnung »Farbe« bedeutet sowohl die Art der Karte (Herz, Karo, Kreuz, Pik) – in diesem Fall kursiv gedruckt – als auch tatsächlich die Farbe der Karte (Herz = rot, Karo = rot, Kreuz = schwarz, Pik = schwarz). Bildkarten sind hier Bube und Dame.

① »Ich habe von jeder *Farbe* zwei Karten ausgelegt.«

② »In keinem Fall liegen zwei Karten einer *Farbe* direkt nebeneinander.«

③ »Beide Karokarten sind zwei Plätze von der Herz 9 entfernt.«

④ »Die Pikkarten liegen einander direkt gegenüber. Eine davon hat den Wert 8.«

⑤ »Ich habe einen Buben ausgelegt. Es ist nicht der Kreuzbube.«

⑥ »Die Farbe der Karten auf den Plätzen zwei und drei ist schwarz, und eine dieser Karten ist eine Bildkarte.«

⑦ »Auf Platz sieben liegt eine Karte mit dem Wert 5.«

⑧ »Die Dame und die Karte mit Wert 2 sind von der gleichen *Farbe*.«

⑨ »Die 3 liegt auf einem Platz mit ungerader Nummer.«

⑩ »Die Karte auf Platz 8 hat einen höheren Wert als die auf Platz 4.«

Wert: 2, 3, 5, 6, 8, 9, Bube, Dame

Farbe: Herz, Karo, Kreuz, Pik

Starthilfe: Finden Sie zunächst heraus, auf welchem Platz die Herz 9 liegt.

64 Literarisches Quintett

Auf der letzten Frankfurter Buchmesse stellte der Meerkump Verlag die neuesten Erzählungen einiger bekannter deutscher Intellektueller vor. Die Kritiker waren geteilter Meinung: Während die einen von »literarischen Meisterstücken« sprachen, bezeichneten andere die Novellen schlicht als »unlesbaren Unfug«. Wie lauten die vollen Namen der Autoren, welche Berufe haben sie, und unter welchen Titeln erschienen ihre Bücher?

	Croon	Dellmann	Lund	Opitz	Vollmer	Dramaturg	Kunstkritiker	Philosoph	Politologe	Soziologe	*Am Tag danach*	*Der Grenzweg*	*Jugendzeit*	*Sturmwind*	*Wahrheiten*
Alfred															
Cornelia															
Ellen															
Gunda															
Harald															
Am Tag danach															
Der Grenzweg															
Jugendzeit															
Sturmwind															
Wahrheiten															
Dramaturg															
Kunstkritiker															
Philosoph															
Politologe															
Soziologe															

Hinweise

- Männliche Berufsbezeichnungen erlauben keinen Rückschluss auf das Geschlecht.

① Gunda bezeichnet sich nicht als Dramaturgin.

② Der Kunstkritiker gab seiner Neuerscheinung den Titel *Jugendzeit.*

③ *Am Tag danach* wurde von der Frau geschrieben, deren Nachname Vollmer lautet. Sie ist nicht Soziologin.

④ Cornelias Novelle mit dem Titel *Wahrheiten* bekam keine guten Kritiken.

⑤ Alfred, der mit Nachnamen nicht Dellmann heißt, ist als Philosoph bekannt; weder er noch der Soziologe haben das Buch geschrieben, das unter dem Titel *Sturmwind* erschienen ist.

⑥ Harald Lund wurde von den Kritikern bestätigt, dass er zu den großen Meistern dieses Jahrhunderts zu zählen sei. Der Politologe heißt mit Nachnamen Croon.

Vorname	Nachname	Beruf	Buchtitel

65 Kein altes Eisen

Im Seniorenheim Hohenfels trifft sich jeden Freitagabend eine illustre Runde zum Pokern. Die Damen und Herren verwenden zwar nur Spielgeld, aber der allgemeinen Stimmung tut dies keinen Abbruch. Da wird geflucht und gelacht, gewonnen und verloren. Frau Helmers vergisst ihre Arthritis, und auch die anderen denken nicht mehr an ihre Beschwerden. Wer (Vor- und Nachname) ist wie alt und leidet woran?

	Falkner	Helmers	Mainke	Uhlmann	Zenker	80 Jahre	81 Jahre	82 Jahre	83 Jahre	84 Jahre	Arthritis	Bluthochdruck	Gicht	grauer Star	Rheuma
Agnes															
Gretel															
Hubert															
Jakob															
Marianne															
Arthritis															
Bluthochdruck															
Gicht															
grauer Star															
Rheuma															
80 Jahre															
81 Jahre															
82 Jahre															
83 Jahre															
84 Jahre															

Hinweise

① Die älteste Person in dieser Runde heißt mit Nachnamen Uhlmann.

② Hubert leidet nicht an Gicht.

③ Eine der Damen heißt Zenker.

④ Jakob ist 80 Jahre alt.

⑤ Agnes – ihr Nachname lautet nicht Falkner – hat Rheuma. Sie ist zwei Jahre älter als die Person namens Mainke.

⑥ Die Person, die unter ihrem hohen Blutdruck leidet, ist 83 Jahre alt.

Vorname	Nachname	Alter	Beschwerden

66 Spannende Liga

Auch in der Fußball-Regionalliga wird hart um jeden Punkt gekämpft. Werfen wir einen Blick auf den oberen Teil der Tabelle vor Beginn der zweiten Saisonhälfte. Nur fünf Punkte trennen den bestplatzierten Verein von dem an achter Position in der Tabelle. Bei gleicher Punktezahl entscheidet das Torverhältnis über den Tabellenplatz.
Wie lauten die vollen Namen der Vereine, wie viele Punkte haben sie erreicht, und welchen Tabellenplatz nehmen sie ein?

	Mannschaftsname	Ortsname	Punkte
1			
2			
3			
4			
5			
6			
7			
8			

Hinweise

① Keine andere Mannschaft hat die gleiche Punktezahl wie die Spitzenmannschaft oder wie die auf Platz 8.

② Das Team aus Crensberg hat 22 Punkte.

③ Kickers Dammburg hat drei Punkte mehr als der Verein aus Mittelfurt und der andere Verein namens Hansa.

④ Kein Verein hat zu seinem nächsten Verfolger einen Abstand von genau zwei Punkten.

⑤ Zwei Mannschaften haben jeweils 19 Punkte. Ihre Tabellenplätze liegen irgendwo hinter dem von Victoria – diese sind nicht dritte – und dem von Atlas.

⑥ Phönix hat 17 Punkte erkämpft. Dieser Verein kommt weder aus Winkelstein noch aus Buxfeld. Die Winkelsteiner haben einen schlechteren Tabellenplatz als die Buxfelder.

⑦ Fortuna steht auf einem Tabellenplatz mit gerader Positionsnummer. Die Mannschaft aus Hennau steht einen Platz tiefer.

⑧ Olympia – nicht auf Platz 7 – hat zwei Punkte weniger als die Mannschaft aus Ronskirchen.

Mannschaftsname: Atlas, Concordia, Fortuna, Hansa, Kickers, Olympia, Phönix, Victoria

Ort: Buxfeld, Crensberg, Dammburg, Frensdorf, Hennau, Mittelfurt, Ronskirchen, Winkelstein

Punkte: Die Punkte sind aus den Hinweisen zu ermitteln.

Starthilfe: Finden Sie zunächst den Ort heraus, dessen Mannschaft auf dem ersten Platz steht.

67 Magische Pyramide

Pyramiden hatten schon immer etwas Geheimnisvolles. Die unten abgebildete Pyramide enthält allerdings nicht die Grabkammer eines Pharaos, sondern nur 16 kleine Dreiecke, in die die Zahlen von 1 bis 16 einzutragen sind. Jede dieser Zahlen kommt genau einmal vor. Ein Hinweis zur Bezeichnung: Die Position etwa des Dreiecks A bezeichnen wir als »aufrecht stehend«, die des Dreiecks C als »umgedreht«. Und nun: Lüften Sie das Geheimnis!

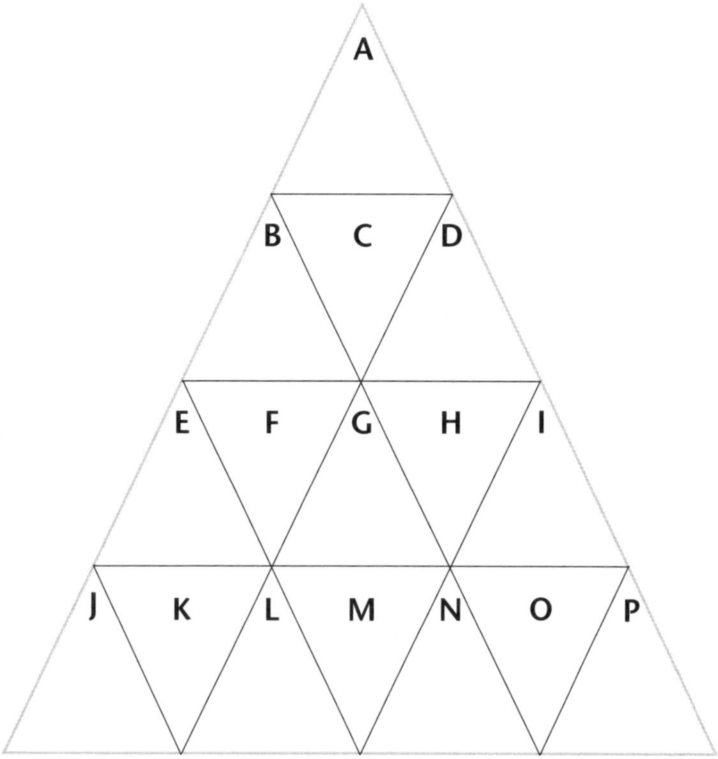

Hinweise

① Die Zahl 3 oder eines ihrer Vielfachen steht jeweils in einem der Dreiecke A, B, D, I, K.

② Die 1 und die 16 stehen in der gleichen waagerechten Reihe, und zwar jeweils in umgedrehten Dreiecken.

③ Die Zahl 14 steht in Dreieck G. Die 10 ist nicht für Dreieck N vorgesehen.

④ Das Dreieck für die Zahl 13 liegt direkt links neben dem für die 6 in der gleichen waagerechten Reihe. Die 13 ist auch der höchste Wert dieser Reihe.

⑤ Die 8 steht direkt über der 12.

⑥ In zwei von drei Eck-Dreiecken stehen Zahlen, deren Summe die Zahl 7 ergibt; diese wiederum steht nicht im dritten dieser Dreiecke.

⑦ Im Dreieck P steht eine ungerade Zahl.

⑧ Die Zahlen 2 und 5 stehen in Dreiecken der Reihe E bis I.

⑨ Die Zahl für Dreieck M ist um eins kleiner als die Zahl für Dreieck F.

Starthilfe: Finden Sie zunächst heraus, in welchem Dreieck die Zahl 12 stehen muss.

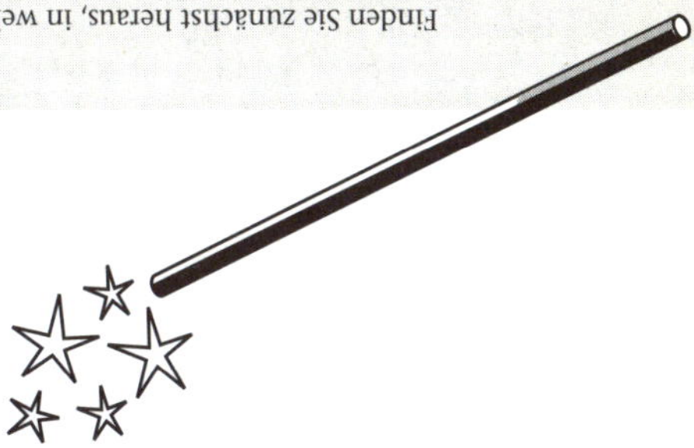

68 Gubos Stehcafé

Ich bin fast jeden Tag hier, weil sie hier wirklich eine »gute Bohne« brühen. Außerdem sind es die Kleinigkeiten, die Gubos Stehcafé so beliebt machen – etwa die hübschen Untersetzer mit verschiedenen bunten Motiven. Gestern beobachtete ich zwei Ehepaare an der Bar. Aus ihrem Gespräch konnte ich ihre Vornamen entnehmen und erkannte auch die Farben und Motive ihrer Untersetzer. Finden Sie die Details heraus?

Hinweise

① Marita hatte eine Kamillenblüte auf ihrem Untersetzer.

② Auf dem weißen Untersetzer war das Holstentor abgebildet. Dieser befand sich direkt links neben Norberts Tasse.

③ Ruperts Untersetzer, auf dem nicht die Borgward Isabella abgebildet war, befand sich auf Platz D.

④ Der rote Untersetzer befand sich bei Position B; auf dem blauen Untersetzer war nicht die Gorch Fock zu sehen.

Vornamen: Gerlinde, Marita, Norbert, Rupert
Farben: blau, grün, rot, weiß
Motive: Borgward Isabella, Gorch Fock, Holstentor, Kamillenblüte

Starthilfe: Finden Sie zunächst heraus, auf welchem Platz sich der weiße Untersetzer befand.

links

rechts

Vorname: ____________ ____________ ____________ ____________

Farbe: ____________ ____________ ____________ ____________

Motiv: ____________ ____________ ____________ ____________

69 Bowlingfreunde

Vier jung verheiratete Pärchen trafen sich gestern im Bowlingcenter. Unsere Grafik zeigt die aneinander grenzenden Bahnen, kurz bevor der erste Spieler eines Paares seine Kugel abrollte. Wer eröffnete jeweils die Partie, und wie viele Pins (= Bezeichnung für Kegel in der Bowling-Sprache) fielen dabei? Finden Sie ferner heraus, wie der Name des Partners lautet?

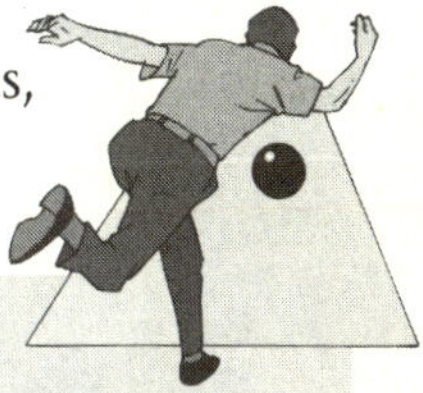

Hinweise

- Jedes Team spielte als »gemischtes Doppel«.

① Auf Günters Bahn wurde beim ersten Wurf ein Strike (alle zehn) geworfen. Seine Bahn liegt direkt links neben der, auf der Robert der erste Werfer war.

② Gitte warf mehr Pins als die Person, die auf Bahn 3 die Partie eröffnete.

③ Sonja spielte auf Bahn 1. Auf dieser Bahn wurden beim ersten Wurf nicht neun Pins erzielt.

④ Birgit warf eine gerade Anzahl an Pins. Sie spielte nicht auf Bahn 2.

Erster Spieler: Birgit, Gitte, Joachim, Robert
Anzahl der erzielten Pins: 7, 8, 9, 10
Partner: Eva, Günter, Marco, Sonja

Starthilfe: Finden Sie zunächst heraus, wie der Partner von Sonja heißt.

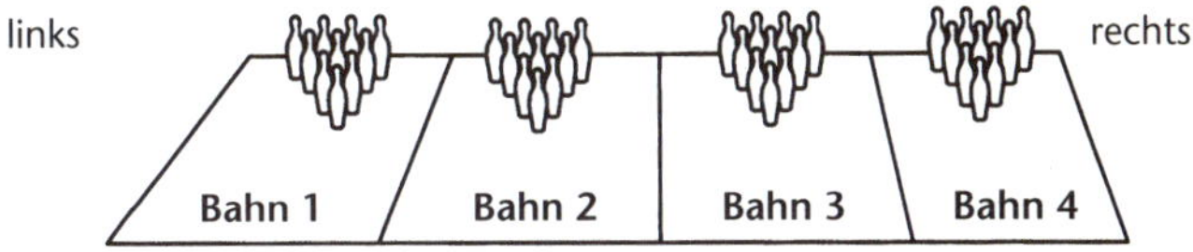

erster Spieler: ____________ ____________ ____________ ____________

Anzahl/Pins: ____________ ____________ ____________ ____________

Partner: ____________ ____________ ____________ ____________

70 Das Zahlenrad

Jedes der unten abgebildeten Kreissegmente (von A bis H) enthält zwei Sektoren – einen inneren und einen äußeren. In jedem dieser Sektoren befindet sich eine Ziffer zwischen 1 und 16. Keine Zahl kommt mehr als einmal vor. Können Sie unser Zahlenrad komplett ausfüllen?

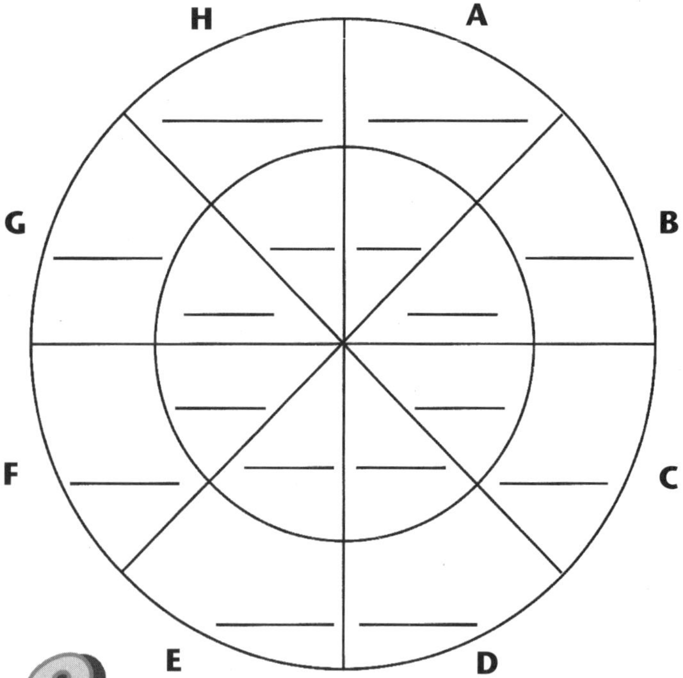

Zahlen: 1; 2; 3; 4; 5; 6; 7; 8; 9; 10; 11; 12; 13; 14; 15; 16

Hinweise

① Die Addition der Zahlen im Segment B ergibt eine ungerade Zahl, die größer als 21 ist. Eine dieser Zahlen von Segment B ist die 13. Nur in einem einzigen Segment beträgt die Summe 14.

② Die 5 steht im äußeren Sektor von Segment H. Die Zahl im inneren Sektor dieses Segments ist um vier größer als die Zahl im äußeren Sektor des Segments E.

③ Die 15 als höchste Zahl der inneren Sektoren – sie steht nicht im Segment D – grenzt an andere innere Sektoren an, die jeweils eine einstellige Zahl enthalten.

④ Die 11 folgt im Uhrzeigersinn direkt nach der 6. Die Form der beiden Sektoren ist gleich.

⑤ Im inneren Sektor des Segments F steht die 12.

⑥ Die 10 und die 14 stehen sich direkt gegenüber. Die Form ihrer Sektoren ist gleich.

⑦ Die Addition der Zahlen im Segment A ergibt 9. Die größere von beiden Zahlen steht im äußeren Sektor.

⑧ Beide Zahlen von Segment G sind höher als die entsprechenden Zahlen von Segment C.

⑨ Die 2 und die 7 stehen jeweils direkt zwischen zwei zweistelligen Zahlen.

⑩ Die Sektoren für die 3 und die 4 haben die gleiche Form und liegen nicht direkt nebeneinander.

Starthilfe: Finden Sie zunächst heraus, in welchem Sektor die 15 steht.

71 Nach dem Sturm

Das war eine Nacht! Gegen zwei Uhr morgens hatte das Unwetter unser Viertel voll erwischt. Die Bäume ächzten, die Straße war vom Schneesturm völlig verweht. Von überall hörte man brechende Äste und splitterndes Glas. Am Morgen dann die Schadensmeldungen: Welches Ehepaar in unserer Nachbarschaft (Vornamen, Hausnummer) beklagte welche Schäden an seinem Anwesen?

	Elke	Inge	Lore	Margot	Stefanie	1	2	3	4	5	Baum entwurzelt	Dach abgedeckt	Garage zerstört	Mast abgeknickt	Zaun umgerissen
Christian															
Gerd															
Lutz															
Mario															
Roland															
Baum entwurzelt															
Dach abgedeckt															
Garage zerstört															
Mast abgeknickt															
Zaun umgerissen															
1															
2															
3															
4															
5															

Hinweise

① Die Hausnummer von Christian und Elke ist um eins höher als die des Ehepaares, dessen Garage zerstört wurde.

② Stefanie hatte einen abgeknickten Mast zu beklagen. Ihre Hausnummer ist nicht 5.

③ Bei Hausnummer 4 riss der Sturm den gesamten Zaun um. Inge wohnt nicht in diesem Haus.

④ Gerd bewohnt mit seiner Frau das Haus Nummer 3.

⑤ Marios Hausnummer ist um zwei größer als die des Hauses, dessen Dach teilweise abgedeckt wurde.

⑥ In Rolands Garten wurde ein Baum entwurzelt. Rolands Frau hat einen kürzeren Vornamen als die Ehefrau von Lutz.

Ehemann	Ehefrau	Hausnummer	Schaden

72 Großraum-Studien

Sparmaßnahmen betreffen nicht nur die Wirtschaft und den Öffentlichen Dienst, sie wirken sich auch in Kultur und Bildung deutlich aus. Ein Blick in die Studienräume eines großen interdisziplinären Universitätsinstituts belegt dies: Während früher jeder seinen eigenen Studienraum zur Verfügung hatte, müssen sich heute mehrere Mitarbeiter einen Raum teilen. Welcher Wissenschaftler (Name, Fachgebiet) arbeitet an welchem Tisch?

hinten

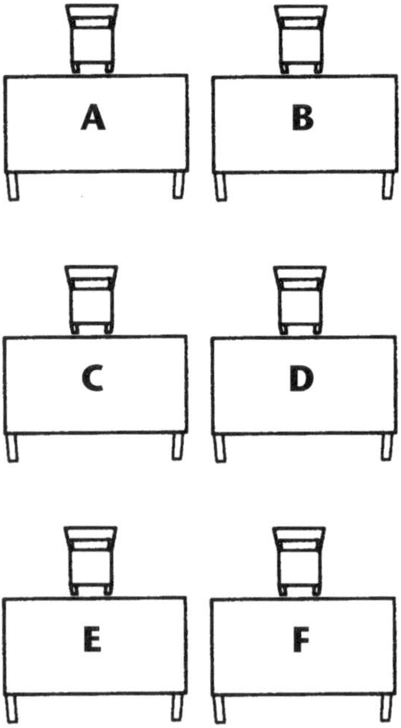

Name: ____________ (A) ____________ (B)

Fachgebiet: ____________ (A) ____________ (B)

Name: ____________ (C) ____________ (D)

Fachgebiet: ____________ (C) ____________ (D)

Name: ____________ (E) ____________ (F)

Fachgebiet: ____________ (E) ____________ (F)

vorne

Hinweise

- Die Bezeichnung »Wissenschaftler« erlaubt keinen Rückschluss auf das Geschlecht.

① Keine der beiden Wissenschaftlerinnen befasst sich mit dem Fachgebiet Staatslehre. Ihre Tische stehen nicht direkt nebeneinander.

② Der Tisch, auf dem juristische Fachbücher liegen, steht direkt hinter dem, an dem Leo Kuppers arbeitet. Der Tisch, an dem Klaus Prehm tätig ist, steht direkt vor dem, auf dem ein anderer männlicher Wissenschaftler seine Unterlagen über Informatik ausgebreitet hat.

③ Der Nachname des Wissenschaftlers an Tisch A ist kürzer als der Nachname der Person, die Bücher über Psychologie studiert. Letzterer Wissenschaftler hat einen kürzeren Vornamen als der männliche Wissenschaftler an Tisch C.

④ Ralf Bering arbeitet an dem Tisch, der direkt vor dem steht, an dem ein Wissenschaftler neue Publikationen über die Biologie der Ameise durchsieht.

⑤ Der Tisch des Wissenschaftlers, dessen Fachgebiet die Astrophysik ist, steht direkt neben einem Tisch, der von einer Frau besetzt wird.

Name: Gunda Mingert, Klaus Prehm, Leo Kuppers, Hans Rahn, Ralf Bering, Wilma Lirk

Fachgebiet: Astrophysik, Biologie, Informatik, Psychologie, Staatslehre, Jura

Starthilfe: Finden Sie zunächst heraus, wer an Tisch C arbeitet.

73 Rund um die Stadt

Unsere Grafik zeigt den Rundkurs um die Innenstadt, den alle Buslinien in beide Richtungen befahren. Für dieses Rätsel betrachten wir aber nur die Fahrtrichtung gegen den Uhrzeigersinn. Im Moment befinden sich sechs Busse, die in dieser Fahrtrichtung unterwegs sind, an verschiedenen Stellen der Strecke (A bis F). Können Sie ihre Positionen identifizieren und angeben, welcher Fahrer (Name, Liniennummer) sich an welcher Position befindet?

	Bahnhof	Karlsplatz	Marienkirche	Nordertor	Rathaus	Stadion	Benno	Christian	Georg	Leo	Martin	Rainer	21	39	46	85	100	103
A																		
B																		
C																		
D																		
E																		
F																		
21																		
39																		
46																		
85																		
100																		
103																		
Benno																		
Christian																		
Georg																		
Leo																		
Martin																		
Rainer																		

Hinweise

① Der Bahnhof liegt beim Kennbuchstaben A. Hier befindet sich nicht Christian.

② Der Bus der Linie 85 befindet sich an einem Kennbuchstaben, der im Alphabet einen Platz nach dem von Leo steht. Letzterer überquert gerade den Karlsplatz.

③ Der Bus der Linie 39 befindet sich am Rathaus. Dieses liegt in Fahrtrichtung weiter von Punkt A entfernt als das Nordertor. Benno fährt gerade bei C vorbei.

④ Der Buchstabe von Rainers Position ist im Alphabet zwei Stellen nach dem der Linie 100.

⑤ Der Bus der Linie 46 befindet sich bei Punkt E. Hier steht nicht die Marienkirche. Martin fährt den Bus der Linie 103. Seine Position ist nicht Punkt A.

⑥ Die Summe aus den einzelnen Ziffern der Liniennummer des Busses, der sich bei F befindet, ist kleiner als 10.

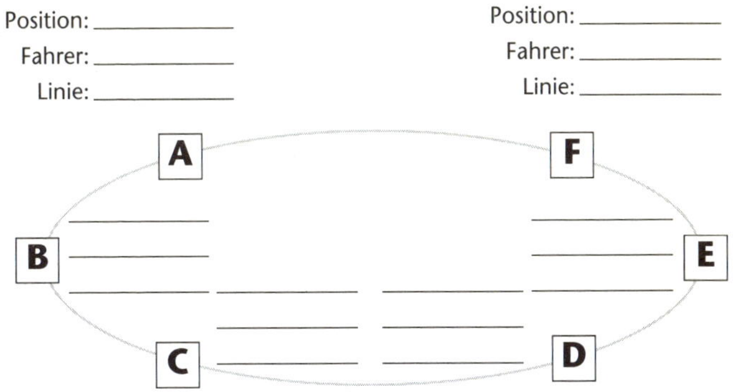

74 Haarig, haarig

Im New Yorker Künstlerviertel Soho haben im vergangenen Jahr einige neue Friseursalons eröffnet. Ihre Inhaber verstehen sich in erster Linie als Designer und Künstler. Entsprechend ausgefallen sind ihre speziellen Stile und Kreationen. Welcher Salon hat welche neue Haarkreation erfunden, auf welchem Stil beruht sie, und welche Haarfarben werden dafür normalerweise verwendet?

		Kreation					Stil									
		Hell's Bells	*Hendrix*	*Kiddo*	*Punk Pleasure*	*Samson*	Crew Cut	Full Afro	Rats Tail	Shaved Bald	Tight Curls	gelb und blau	grau und purpur	grün und orange	schwarz und rot	schwarz und weiß
Salon	A Cut Above															
	Blow Your Top															
	Cut Or Thrust															
	Ed Masters															
	Hair Razors															
	gelb und blau															
	grau und purpur															
	grün und orange															
	schwarz und rot															
	schwarz und weiß															
Stil	Crew Cut															
	Full Afro															
	Rats Tail															
	Shaved Bald															
	Tight Curls															

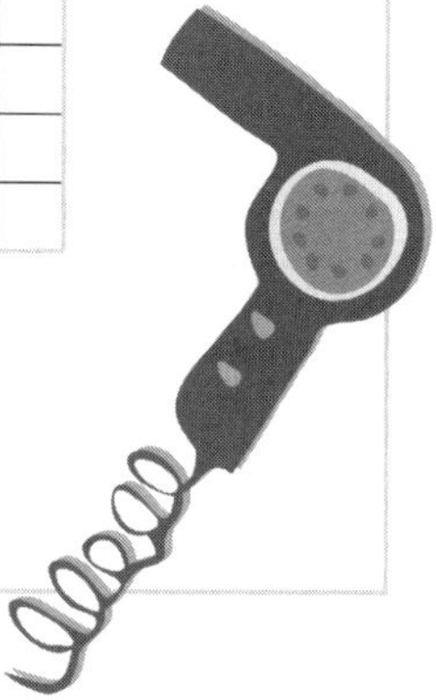

Hinweise

① Keiner der Anfangsbuchstaben im Namen eines Salons stimmt mit einem der Anfangsbuchstaben in der Bezeichnung des von ihm verwendeten Stils überein.

② Der Salon Hair Razors nennt seine Kreation *Kiddo*. Kein Buchstabe der Bezeichnung *Kiddo* kommt in einer der dafür verwendeten Farben vor.

③ Die Kreation *Punk Pleasure* – sie hat nichts mit dem Rats-Tail-Stil zu tun – wird schwarz und weiß eingefärbt.

④ *Hendrix* ist eine Kreation im Full-Afro-Stil. Die Kreation des Salons Ed Masters – hier werden die Farben gelb und blau verwendet – trägt eine andere Bezeichnung.

⑤ Die Kreation *Samson* wird im Shaved-Bald-Stil frisiert. Kein Anfangsbuchstabe der verwendeten Farben für diesen Stil stimmt mit einem Anfangsbuchstaben für die Stilbezeichnung überein.

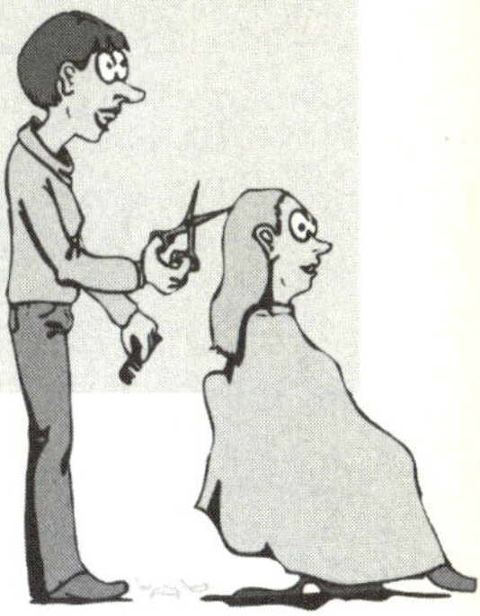

Salon	Kreation	Stil	Farben

75 Alle Lichter aus

Ist es Ihnen nicht auch schon einmal so ergangen? Jahrelang hat man kein Problem mit den Glühbirnen, und dann fallen sie alle kurz hintereinander aus. Dies erlebte auch Frau Ballhaus in der vergangenen Woche. An fünf aufeinander folgenden Tagen gaben die Lichter im Wohnzimmer ihren Geist auf. Welche Lampe (A bis E) hat welche Wattzahl und brannte an welchem Wochentag durch?

C

Vitrinenlampe

Tag: __________

Wattzahl: __________

B

Schreibtischlampe

Tag: __________

Wattzahl: __________

E

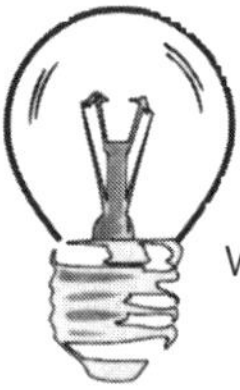

Deckenlampe

Tag: __________

Wattzahl: __________

A

Stehlampe

Tag: __________

Wattzahl: __________

D

Leselampe

Tag: __________

Wattzahl: __________

Hinweise

① Die 100-Watt-Birne ging einen Tag später kaputt als die 150-Watt-Birne. Die 75-Watt-Birne brannte zwei Tage nach derjenigen durch, die in Lampe C eingeschraubt war.

② Die Wattzahl der Glühbirne in Lampe E war höher als die der Lampe D und höher als die der Birne, die am Mittwoch durchbrannte. Die Wattzahlen der beiden letztgenannten Glühbirnen waren wiederum höher als die derjenigen, die am Freitag ihren Geist aufgab.

③ Die Glühbirne in Lampe A ging einen Tag vor der in Lampe D kaputt. Die Wattzahl der letztgenannten Birne war höher als die der erstgenannten.

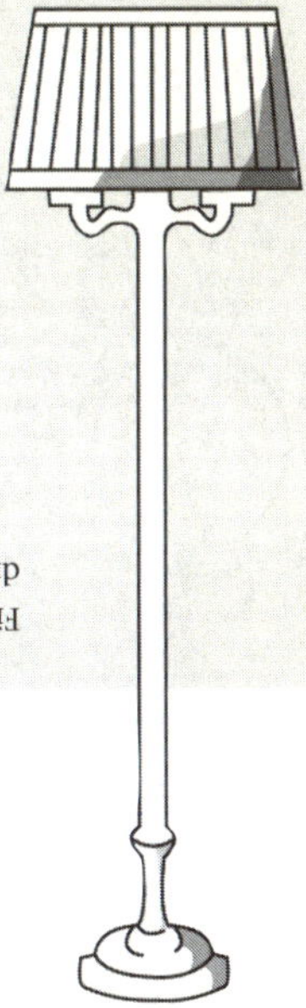

Wattzahl: 40, 60, 75, 100, 150

Wochentag: Montag, Dienstag, Mittwoch, Donnerstag, Freitag

Starthilfe: Finden Sie zunächst heraus, an welchem Tag die Glühbirne in Lampe B durchbrannte.

76 Buchstabensuppe

Hier haben wir wieder eine Tüftelaufgabe mit Buchstaben für Sie. In die erste Spalte in unserer Grafik sollen die ersten zehn Buchstaben des Alphabets eingetragen werden und in die zweite Spalte die letzten zehn. Bitte beachten Sie: Die Anordnung der Buchstaben in Spalte I und II entspricht nicht ihrer Reihenfolge im Alphabet. Welche beiden Buchstaben gehören in welche Zeile?

	I	II
1		
2		
3		
4		
5		
6		
7		
8		
9		
10		

Hinweise

① Die Zahl der Reihe, in der die Kombination H und X stehen soll, ist gerade und einstellig.

② Der Buchstabe in Spalte II der Reihe 9 steht näher zum Anfang des Alphabets als der in Reihe 7 der gleichen Spalte.

③ Die Folge E, A und J steht direkt untereinander.

④ Die Kombination in Reihe 4 besteht aus dem Buchstaben F und einem Konsonanten.

⑤ Die Reihe mit dem Buchstaben W hat eine gerade Zahl. Das Y steht nicht direkt über dem genannten Buchstaben.

⑥ Das Z soll in Reihe 6 eingetragen werden.

⑦ Die Kennziffer der Reihe für das V ist um genau fünf größer als die für das T.

⑧ Die Zahl der Reihe für das D ist größer als die für den Buchstaben C und kleiner als die für das G.

⑨ Der Buchstabe I steht direkt über dem B.

⑩ Das Q steht direkt unter dem U. Keiner der beiden genannten Buchstaben wird in irgendeiner Reihe mit den Buchstaben E, A und J kombiniert.

Buchstaben in Spalte 1: A, B, C, D, E, F, G, H, I, J

Buchstaben in Spalte 2: Q, R, S, T, U, V, W, X, Y, Z

Starthilfe: Finden Sie zunächst heraus, in welcher Reihe die Kombination H und X steht.

77 Steiniges Geschenk

Droppos, der berüchtigte Kaiser der Republik Croto-Pommerasien, galt nicht gerade als vorbildlicher Ehemann. Dennoch zeigte er sich gelegentlich gegenüber seiner Gemahlin Droppinita großzügig. So schenkte er ihr zum 60. Geburtstag ein besonders schönes Collier, das sechs wertvolle Steine in farbigen Fassungen enthielt. An welcher Position (1 bis 6) befand sich welcher Stein, und in welcher Farbe war er eingefasst?

Hinweise

① Der Saphir war nicht in Blau eingefasst. Die Positionsnummer des in Rot gefassten Steines war ungerade.

② Der Stein in der purpurnen Fassung befand sich direkt links vom Diamanten. Direkt rechts von letzterem Juwel war der in Weiß gefasste Stein.

③ Der Saphir befand sich direkt links und der Amethyst direkt rechts von dem in Grün gefassten Stein. Die Farbe der Fassung des Amethysts war nicht weiß.

④ Der in Braun gefasste Stein befand sich an Position 1. Hierbei handelt es sich weder um den Saphir noch um den Turmalin. Der Rubin befand sich irgendwo rechts von dem in Purpur gefassten Stein.

Edelstein: Amethyst, Diamant, Rubin, Saphir, Smaragd, Turmalin
Farbe: blau, braun, grün, purpur, rot, weiß

Starthilfe: Finden Sie zunächst heraus, welcher Stein sich an Position 1 befand.

links

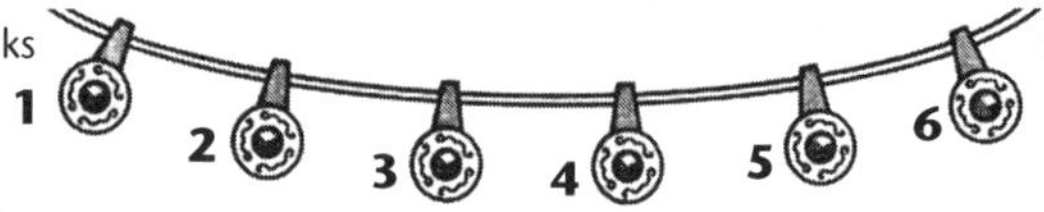

rechts

Stein: ______ ______ ______ ______ ______ ______

Farbe der Fassung: ______ ______ ______ ______ ______ ______

78 Stolze Eltern

Einmal pro Woche werden die silbernen Pokale auf dem Kaminbord im Wohnzimmer der Familie Scheich geputzt. Sie gehören den vier Sprößlingen der Scheichs. Jeder von ihnen hat in einer anderen Sportart Spitzenleistungen in seiner Altersgruppe erzielt. Welches Kind ist wie alt, und in welcher Disziplin hat es jeweils seinen Pokal errungen?

Hinweise

① Das Kind, das den henkellosen Tennis-Pokal errang, ist jünger als Tanja.

② Roger erhielt seinen Pokal bei einem Schwimmwettkampf.

③ Das jüngste Kind errang den Pokal mit dem Kennbuchstaben A.

④ Das älteste Kind gewann nicht den Pokal mit dem Kennbuchstaben D. Pokal B war nicht die Belohnung für einen erfolgreichen Diskuswettkampf.

⑤ Das zwölfjährige Kind – sein Vorname lautet nicht Jennifer – errang den Judo-Pokal.

Namen: Jennifer, Michael, Roger, Tanja
Alter: 10, 12, 14, 16
Sport: Diskuswerfen, Judo, Schwimmen, Tennis

Starthilfe: Finden Sie zunächst das Alter des Kindes heraus, das den Tennis-Pokal errang.

Name: ________	Name: ________	Name: ________	Name: ________
Alter: ________	Alter: ________	Alter: ________	Alter: ________
Sport: ________	Sport: ________	Sport: ________	Sport: ________

79 Robinsonaden

Im Museum für Schifffahrt und Ozeanographie gab es kürzlich eine Ausstellung unter dem Motto: »Robinsonaden«. Unter anderem wurden die Schicksale von Seeleuten dokumentiert, die während des 18. Jahrhunderts in verschiedenen Weltmeeren schiffbrüchig geworden waren und auf einsame Inseln verschlagen wurden. Welcher Seemann (Name, Schiff) erlitt in welchem Meer Schiffbruch und verbrachte wie viel Zeit auf »seiner« Insel?

	Albatros	*Corsair*	*Hermes*	*Logina*	*Solaris*	Indischer Ozean	Nordatlantik	Nordpazifik	Südatlantik	Südpazifik	3 Monate	9 Monate	2 Jahre	3 Jahre	5 Jahre
Adam Berger															
Berthold Claver															
Franz Gilges															
Gustav Heidel															
Konrad Litter															
3 Monate															
9 Monate															
2 Jahre															
3 Jahre															
5 Jahre															
Indischer Ozean															
Nordatlantik															
Nordpazifik															
Südatlantik															
Südpazifik															

Hinweise

① Gustav Heidel wurde im Nordatlantik schiffbrüchig. Er musste länger auf seine Rettung warten als der Seemann von der *Corsair.*

② Konrad Litter fuhr auf der *Hermes*. Er lebte kürzere Zeit auf »seiner« Insel – sie lag nicht im Indischen Ozean – als das Mannschaftsmitglied von der *Solaris,* dessen Name nicht Franz Gilges lautete.

③ Die Insel des Schiffbrüchigen, der drei Jahre auf seine Rettung warten musste, liegt in keinem der beiden nördlichen Meere.

④ Berthold Claver wurde nach zwei Jahren gerettet.

⑤ Der Matrose, der im Südpazifik schiffbrüchig wurde, verbrachte fünf Jahre auf einer Insel.

⑥ Die *Albatros* ging im Nordpazifik unter.

Name	Schiff	Meer	Zeit

80 See-Test

Unsere Skizze, die eines der größten Seengebiete der Welt zeigt, ist alles andere als maßstabsgetreu. Vor allem sind die Größenverhältnisse keineswegs korrekt wiedergegeben. An jedem der Seen (A bis E), die von einem Fluss in west-östlicher Richtung durchströmt werden, liegt eine Stadt (a bis e). Wie lauten die Namen der Seen, wie die der Städte? Und können Sie auch die Größenverhältnisse der Seen angeben?

		See					Stadt									
		Itchiwan	*Moron*	*Oratorio*	*Ulterior*	*Weyling*	Brightville	Motive	New Corinth	Radley	Surreytown	größter See	zweitgrößter See	drittgrößter See	viertgrößter See	kleinster See
	A															
	B															
	C															
	D															
	E															
	größter See															
	zweitgrößter See															
	drittgrößter See															
	viertgrößter See															
	kleinster See															
Stadt	Brightville															
	Motive															
	New Corinth															
	Radley															
	Surreytown															

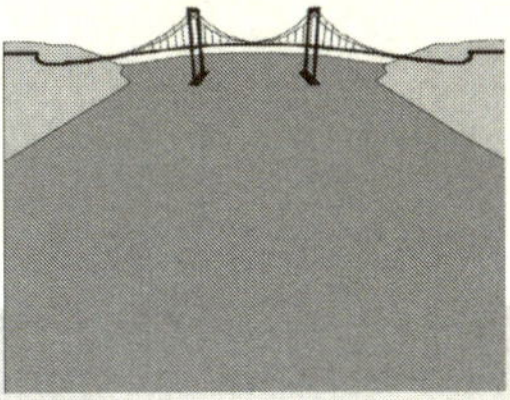

Hinweise

① Die Stadt Motive liegt am *Ulterior.* Dieser See liegt auf der südlichen Seite des Flusses.

② Surreytown liegt am kleinsten See.

③ Der drittgrößte See hat den Kennbuchstaben B.

④ Der See, an dem Brightville liegt, ist der nächstkleinere nach dem *Weyling*. Letzterer hat den Kennbuchstaben C.

⑤ Der *Oratorio* ist auf unserer Karte nicht der nördlichste See.

⑥ Der größte See hat nicht den Kennbuchstaben D.

⑦ New Corinth liegt nicht am *Moron*. Dieser See – er ist der viertgrößte – ist nicht mit dem Buchstaben A gekennzeichnet.

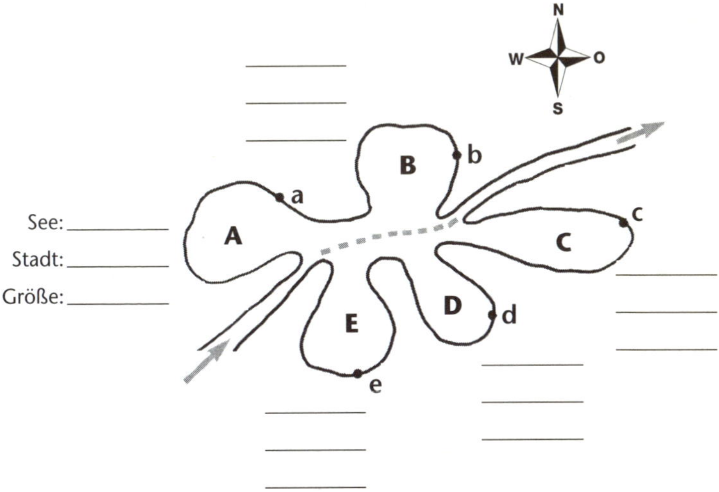

81 Verpatzte Prüfung

Im Büro der Fahrschule Meier sitzen einige Fahrschüler und warten auf ihren Prüfer. Die theoretische Prüfung haben sie alle schon bestanden, nur bei der praktischen machte beim ersten Versuch jeder von ihnen einen entscheidenden Fehler. Nun wollen sie es ein zweites Mal probieren. Welcher Schüler wurde beim ersten Mal von wem geprüft, und was machte er oder sie in welcher Straße falsch?

	Fahrprüfer														
	Herr Elling	Herr Haase	Herr Minke	Herr Piltz	Herr Tahler	fuhr zu schnell	rammte Laterne	übersah Ampel	vergaß Blinker	vergaß Rückspiegel	Engelsweg	Hügelstraße	Marktplatz	Mühlstraße	Sonnenallee
Fahrschüler Herr Fischer															
Frau Frey															
Frau Juhnke															
Herr Raulsen															
Frau Trimmel															
Engelsweg															
Hügelstraße															
Marktplatz															
Mühlstraße															
Sonnenallee															
fuhr zu schnell															
rammte Laterne															
übersah Ampel															
vergaß Blinker															
vergaß Rückspiegel															

Hinweise

- Der Begriff »Fahrschüler« erlaubt keinen Rückschluss auf das Geschlecht.

① Frau Frey wurde nicht von Herrn Piltz geprüft.

② Herr Fischer fuhr zu schnell.

③ Frau Juhnke machte im Engelsweg einen Fehler. Auch die Person, die sich am Marktplatz falsch verhielt, ist weiblich.

④ Der Name des Fahrschülers, der in der Mühlstraße eine Ampel überfuhr, lautet nicht Raulsen.

⑤ Herrn Minkes Fahrschüler rammte eine Laterne.

⑥ Frau Trimmel wurde von Herrn Tahler geprüft und einer der Männer von Herrn Haase.

⑦ Herrn Ellings Fahrschüler machte in der Sonnenallee einen Fehler.

⑧ Weder der Schüler von Herrn Piltz noch der Schüler eines anderen Prüfers, der etwas in der Hügelstraße falsch machte, vergaß, den Blinker einzuschalten.

Fahrschüler	Fahrprüfer	Fehler	Straße

82 Frühlingsgefühle …

Die Zahl der Singles in den Großstädten nimmt ständig zu. Gleichzeitig gibt es aber immer mehr Heirats- und Kontaktanzeigen in den Tageszeitungen. Wir betrachten einige Annoncen, in denen Männer nach einer geeigneten Partnerin Ausschau halten. Welcher Mann (Vorname) beschreibt sich wie (Alter, Größe und Hobby)?

	25 Jahre	30 Jahre	35 Jahre	40 Jahre	45 Jahre	170 cm	173 cm	175 cm	178 cm	180 cm	Bergsteigen	Holzschnitzerei	Jazz	Segeln	Theaterbesuche
Benno															
Edgar															
Jochen															
Manfred															
Roland															
Bergsteigen															
Holzschnitzerei															
Jazz															
Segeln															
Theaterbesuche															
170 cm															
173 cm															
175 cm															
178 cm															
180 cm															

Hinweise

① »Ich bin 30 Jahre alt und ein großer Jazzfan«, lautet eine Kontaktanzeige. Manfred – er ist 173 Zentimeter groß – hat diese Anzeige nicht aufgegeben.

② Derjenige, dessen Hobby das Bergsteigen ist, ist größer als Benno.

③ Der 40-jährige Mann ist 170 Zentimeter groß.

④ Edgars Hobby ist die Holzschnitzerei.

⑤ Derjenige, der in seiner Freizeit am liebsten Theater besucht, ist nicht 25 Jahre alt.

⑥ »Mein Hobby ist das Segeln. Ich bin 180 Zentimter groß, blauäugig und habe ein sicheres Einkommen«, steht in einer Kontaktanzeige. Sie stammt nicht von Jochen, der der älteste der hier vorgestellten Bewerber ist.

Vorname	Alter	Größe	Hobby

83 ... zu zweit?

Die knappen Angaben in den Kontaktanzeigen des vorigen Rätsels haben in allen Fällen ausgereicht, das Interesse einer Frau zu wecken. So erhält jeder Bewerber eine Zuschrift. Um herauszufinden, welche Frau welchem Mann antwortet, wo sie wohnt und wie sie sich beschreibt, müssen Sie nicht nur die Hinweise dieses Rätsels auswerten, sondern auch die Lösung des vorigen.

	Benno	Edgar	Jochen	Manfred	Roland	Burgdorf	Hannover	Lehrte	Sarstedt	Wunstorf	*ausgeglichen*	*humorvoll*	*lebenslustig*	*sportlich*	*weltoffen*
Christina															
Dagmar															
Rosemarie															
Sybille															
Ursula															
ausgeglichen															
humorvoll															
lebenslustig															
sportlich															
weltoffen															
Burgdorf															
Hannover															
Lehrte															
Sarstedt															
Wunstorf															

Hinweise

① Dagmar hat demjenigen geantwortet, dessen Hobby Theaterbesuche sind.

② Christina, die sich als *ausgeglichen* beschreibt, antwortet einem Mann, der jünger als 40 Jahre ist.

③ Der 178 Zentimeter große Mann erhält Post aus Burgdorf. Ursula wohnt nicht in diesem Ort.

④ Der 175 Zentimeter große Mann bekommt keine Zuschrift aus Hannover.

⑤ Die Frau, die dem 180 Zentimeter großen Mann antwortet, beschreibt sich als *sportlich*.

⑥ Rosemarie wohnt in Sarstedt. Sie beantwortet nicht die Anzeige des 170 Zentimeter großen Mannes.

⑦ Diejenige, die in Lehrte wohnt, beschreibt sich als *lebenslustig*. Sie antwortet auf die Anzeige des Mannes, der der nächstgrößere nach demjenigen ist, dem die *weltoffene* Frau schreibt.

Vorname	Antwort an	Ort	Beschreibung

84 Boris und sein »Orkestra«

Unter dem Dirigenten Boris Godunovsky ist das Moskauer Kammerorchester »Meschdunarodnaja Orkestra« weltberühmt geworden. Zur Zeit befindet sich das Ensemble auf einer Tournee durch Deutschland. Gestern gastierten die Künstler in unserer Stadt. Können Sie jeweils den Namen und das Alter der Musiker sowie ihre Positionen auf der Bühne angeben?

hinten

Name: ________ **7** **8** ________

Alter: ________ ________

Name: ________ **5** **6** ________

Alter: ________ ________

links rechts

Name: ________ **3** **4** ________

Alter: ________ ________

Name: ________ **1** **2** ________

Alter: ________ ________

vorne

Hinweise

① Einer der beiden Musiker in den »Vierzigern« saß auf der linken Seite, der andere auf der rechten Seite.

② Der 52-Jährige saß direkt vor Buchow auf der gleichen Seite wie dieser. Buchow saß direkt neben Felow.

③ Alnow saß direkt vor Problow. Letzterer ist mehr als zehn Jahre jünger als Alnow.

④ Sowohl Loggow als auch der 39-jährige und der 28-jährige Musiker befanden sich auf der gleichen Seite des Orchesters. Letzterer saß weiter vorne als die beiden zuvor erwähnten Musiker.

⑤ Seilow, der weder 52 Jahre alt ist noch auf Platz 2 saß, ist vier Jahre älter als der Musiker, der auf Platz 5 saß. Der Musiker auf Platz 1 hieß nicht Munow.

⑥ Auf Platz 3 saß der 35-jährige Musiker. Der 43 Jahre alte Musiker saß auf der rechten Seite direkt neben dem 32 Jahre alten Musiker.

Musiker: Alnow, Buchow, Felow, Krunow, Loggow, Munow, Problow, Seilow

Alter: 24, 28, 32, 35, 39, 43, 48, 52

Starthilfe: Finden Sie zunächst das Alter von Seilow heraus.

85 Edle Tropfen

Im Hause des Grafen Albert von Braunschwetzingen hat Butler Johann den Weinkeller in Ordnung gebracht und die zur Neige gehenden Vorräte aufgefüllt. Nach Sorten getrennt, lagern nun die Kisten mit den wertvollen Tropfen in jeweils eigenen Regalen des gräflichen Weinkellers. Finden Sie heraus, wie viele Kisten von welchem Wein (Name und Jahrgang) in welchem Regal (Kennziffer) lagern?

								Kisten					Regal		
	1988	1989	1991	1992	1993	6	8	9	10	12	2	3	4	5	7
Beaujolais															
Niersteiner															
Piesporter															
Trollinger															
Weißherbst															
Regal 2															
3															
4															
5															
7															
Kisten 6															
8															
9															
10															
12															

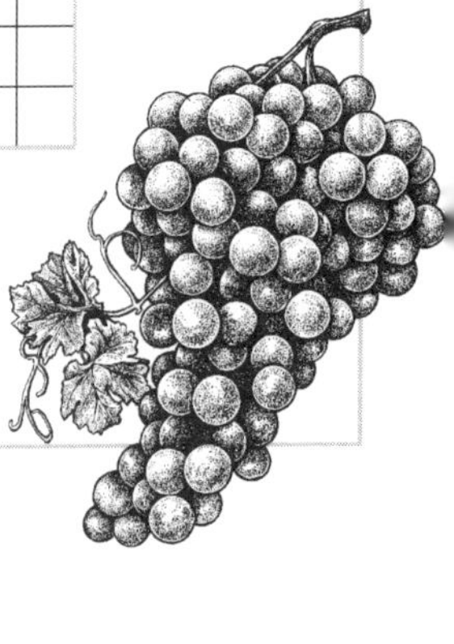

Hinweise

① In keinem Fall ist die Kennziffer des Regals halb so groß wie die Zahl der darin gelagerten Kisten.

② Der *Trollinger* ist genau ein Jahr jünger als der Wein, der in Regal 2 lagert. Außerdem ist der *Trollinger* mehr als ein Jahr jünger als der Wein, von dem zehn Kisten vorhanden sind.

③ Die Kennziffer des Regals, in dem der *Beaujolais* lagert, ist um eins höher als die des Regals, in dem acht Kisten liegen.

④ Der *Weißherbst* ist ein Jahr jünger als der Wein, dessen Regalnummer um zwei kleiner ist als die Zahl der darin gelagerten Kisten.

⑤ Von dem *Niersteiner* sind mehr Kisten gelagert als von dem 92er Jahrgang, aber weniger als von dem Wein, der in Regal 4 liegt. Der Wein im letztgenannten Regal ist ein Jahr jünger als der *Piesporter.*

⑥ Die Kennziffer des Regals, in dem der Jahrgang 1993 lagert, ist gerade.

Wein	Jahrgang	Kisten	Regal

86 Halloween

Ein Freund aus den USA, der kürzlich bei uns zu Besuch war, erzählte von Halloween und wie die Kinder dieses Fest feiern. An diesem Tag ziehen sie in Kostümen durch die Straßen, klingeln bei jedem Haus und betteln um Süßigkeiten. Wie hatten sich die Kinder unseres Freundes (ihr Name und Alter) im letzten Jahr verkleidet? Wer klopfte an welche Tür (Nummer, Bewohner) und erhielt welches Geschenk?

	9 Jahre	10 Jahre	11 Jahre	12 Jahre	Hexe	Rübezahl	Teufel	Zwerg	Nr. 2	Nr. 17	Nr. 29	Nr. 38	Mrs. Brown	Mr. Jaster	Mrs. Rade	Mr. Seven	Bonbons	Kekse	Schokolade	Zeichenblock
Christopher																				
Lisa																				
Mike																				
Sally																				
Bonbons																				
Kekse																				
Schokolade																				
Zeichenblock																				
Mrs. Brown																				
Mr. Jaster																				
Mrs. Rade																				
Mr. Seven																				
Nr. 2																				
Nr. 17																				
Nr. 29																				
Nr. 38																				
Hexe																				
Rübezahl																				
Teufel																				
Zwerg																				

Hinweise

① Christopher ist ein Jahr älter als das Kind, das von Mrs. Rade eine Tafel Schokolade erhielt.

② Sally klopfte nicht bei Haus Nummer 2 an.

③ Lisa hatte sich als Hexe verkleidet. Sie ist nicht das zwölf Jahre alte Kind, das eine große Packung Kekse erhielt.

④ Bei Mr. Jaster klopfte das Kind an, das sich als Teufel kostümiert hatte.

⑤ Das Kind, das bei Mr. Seven klopfte, erhielt nicht die Bonbons.

⑥ Das elfjährige Kind hatte sich als Zwerg verkleidet.

⑦ Das Kind, das bei Haus Nummer 29 anklopfte, erhielt einen Zeichenblock.

⑧ Mike ist zehn Jahre alt. Er bekam nicht die Bonbons. Ein anderes Kind, das sich als Rübezahl verkleidet hatte, klopfte bei Haus Nummer 17.

Vorname	Alter	Verkleidung	Haus	Bewohner	Geschenk

87 Telefonterror

Ist Ihre Telefonnummer schon einmal einer Telefonmarketing-Firma in die Hände gefallen? Einer Firma, die darauf spezialisiert ist, Sie zu unmöglichen Zeiten anzurufen und Ihnen vom Auto bis zur Zahnbürste alles Erdenkliche aufzuschwatzen? Mir ist es in der letzten Woche so ergangen: Jeden Abend belästigte mich ein anderer Anrufer – zu einer anderen Zeit – mit einem anderen Angebot. Finden Sie die Details heraus?

	Heimorgel	Kochtopf-Set	Telefaxgerät	Universalmixer	Videospiele	Montag	Dienstag	Mittwoch	Donnerstag	Freitag	18.20 Uhr	18.30 Uhr	18.40 Uhr	18.50 Uhr	19.00 Uhr
Frau Behr															
Frau Daniels															
Frau Huber															
Herr Jörn															
Herr Nielsen															
18.20 Uhr															
18.30 Uhr															
18.40 Uhr															
18.50 Uhr															
19.00 Uhr															
Montag															
Dienstag															
Mittwoch															
Donnerstag															
Freitag															

Hinweise

① Frau Huber wollte mir ein Telefaxgerät verkaufen. Ihr Anruf geschah nicht an dem Tag, an dem ich um 18.30 Uhr gestört wurde, sondern an einem der folgenden Wochentage.

② Die Person, die am Mittwoch anrief, versuchte, mich von den Vorzügen eines Kochtopf-Sets zu überzeugen.

③ Der Anruf am Donnerstag erfolgte um 18.50 Uhr.

④ Einen Tag nach dem Telefonat mit Herrn Nielsen wurde mir um 18.40 Uhr eine Heimorgel angeboten.

⑤ Frau Daniels wollte mir keinen Universalmixer verkaufen.

⑥ Herr Jörn störte mich um 18.20 Uhr.

⑦ Frau Behr rief mich am Freitag an, aber nicht um 19.00 Uhr.

Anruf von	Angebot	Tag	Zeit

88 Zielbewusst

Zum Räumungsverkauf eines Kaufhauses haben sich sechs Freundinnen verabredet. Sie stehen auf der Rolltreppe, um in den ersten Stock in die Damenbekleidungsabteilung zu gelangen. Zwei weitere Frauen, deren Namen uns nicht bekannt sind, haben sich zwischen die Freundinnen gedrängt. Au welcher Stufe der Treppe steht welche der Freundinnen (Vor- und Nachname), und wo befinden sich die unbekannten Kundinnen?

Vorname: Nachname:

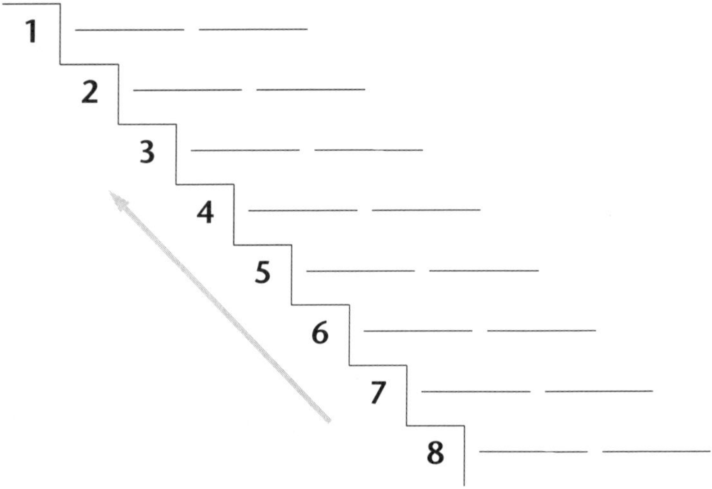

Hinweise

① Astrid steht zwei Stufen höher auf der Rolltreppe als Frau Sirkin, die wiederum höher steht als die beiden Unbekannten.

② Frau Wagner steht irgendwo über Frau Gloggner, jedoch nicht auf Stufe 1.

③ Eine der Unbekannten steht direkt vor Frau Labenz und direkt hinter Barbara, die nicht auf Stufe 3 steht.

④ Die Unbekannte, die weiter oben steht als die andere Unbekannte, befindet sich zwei Stufen unter Frau Tetzlaff, deren Vorname nicht Jutta lautet.

⑤ Christine steht drei Stufen höher als Sarah und eine Stufe tiefer als eine der beiden Unbekannten.

Vornamen: Astrid, Barbara, Christine, Jutta, Margot, Sarah

Nachnamen: Cordes, Gloggner, Labenz, Sirkin, Tetzlaff, Wagner

Starthilfe: Finden Sie zunächst heraus, auf welcher Stufe die Unbekannte steht, die sich weiter oben befindet.

89 Gruseln inbegriffen

Die Teilnehmer einer Reisegruppe freuten sich auf eine Übernachtung in einem berüchtigten Spukschloss in Schottland. Angst hatten sie nicht, denn wer glaubt schon an Gespenster! Am nächsten Morgen muss aber jeder gestehen, im Lauf der Nacht tatsächlich einem Geist begegnet zu sein. Welcher Gast hat welches Gespenst an welchem Ort getroffen, und wie hat er auf die unheimliche Begegnung reagiert?

	buckliger Glöckner	gesichtslose Nonne	kopfloser Ritter	tanzender Bär	wahnsinnige Frau	Balkon	Flur	Halle	Park	Treppe	bekam Migräne	benutzte Minibar	blieb wach	schlief unruhig	verriegelte Tür
Frau Arte															
Herr Bing															
Frau Delli															
Herr Frill															
Frau Witt															
bekam Migräne															
benutzte Minibar															
blieb wach															
schlief unruhig															
verriegelte Tür															
Balkon															
Flur															
Halle															
Park															
Treppe															

Hinweise

- Der Begriff »Gast« erlaubt keinen Rückschluss auf das Geschlecht.

① Der Gast, dem auf dem Flur die gesichtslose Nonne entgegentrat, bediente sich nicht aus der Minibar, um sich von seinem Schrecken zu erholen. Herr Bing hatte ein anderes Erlebnis.

② Herr Frill bekam den Schreck seines Lebens auf dem Balkon. Schuld war nicht der Glöckner.

③ Frau Witt, die ihr Gespenst nicht auf der Treppe traf, blieb die ganze Nacht lang wach.

④ Frau Delli wurde von einem tanzenden Bären erschreckt. Sie ist nicht der Gast, der eine unheimliche Begegnung im Park hatte und danach Migräne bekam.

⑤ Der Name des Gastes, der den kopflosen Ritter traf, steht in der Liste der Nachnamen direkt vor dem, dem die wahnsinnige Frau erschien.

⑥ Ein Gast – nicht Frau Arte – schlief den Rest der Nacht unruhig, nachdem er einem Geist begegnet war. Dabei handelte es sich nicht um den Ritter.

Gast	Geist	Ort	Reaktion

90 Spring in die Pause

Die Kinder sollen sich in den Schulpausen ruhig austoben, nur zu wild darf es nicht sein. Eine Lehrerin hat deshalb Springseile verteilt und zeigt den Kindern lustige Spiele. Ein paar Schülerinnen sind schon zu wahren Meistern im Synchronspringen geworden. Auf welchen Positionen stehen die Mädchen, wie lauten ihre Vor- und Nachnamen, und welche Farben haben ihre Kleider?

	Elke	Heidi	Iris	Julia	Nadine	Sandra	Block	Flick	Holst	Jahn	Rief	Wilke	blau	braun	gelb	grün	rot	weiß
1																		
2																		
3																		
4																		
5																		
6																		
blau																		
braun																		
gelb																		
grün																		
rot																		
weiß																		
Block																		
Flick																		
Holst																		
Jahn																		
Rief																		
Wilke																		

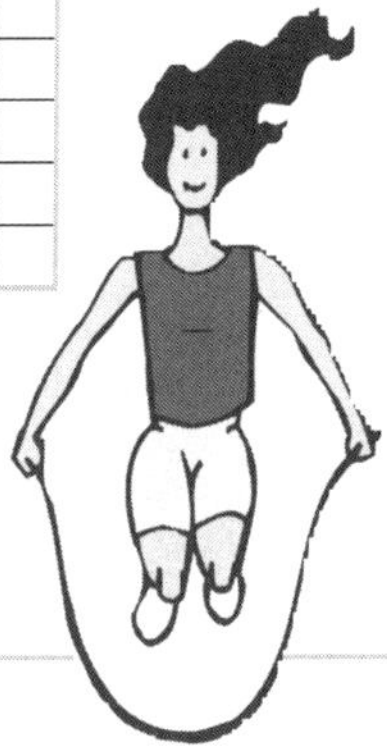

Hinweise

① Elke Rief und die Schülerin Flick gehören zur gleichen Gruppe.

② Das Mädchen namens Block befindet sich auf Position 2.

③ Auf Position 5 hüpft das Mädchen mit dem braunen Kleid. Sein Nachname lautet nicht Wilke. Auch Heidi, deren Platznummer ebenfalls ungerade ist, heißt nicht so.

④ Sandra und das Mädchen im grünen Kleid gehören zur gleichen Gruppe.

⑤ Julia, die nicht auf Position 4 steht, trägt ein rotes Kleid. Die Platznummer des Mädchens im blauen Kleid ist gerade und kleiner als die des Mädchens im gelben Kleid.

⑥ Die Positionsnummer des Mädchens namens Jahn – es trägt ein weißes Kleid – ist um zwei kleiner als die von Nadine. Beide sind nicht in der gleichen Gruppe.

⑦ Iris steht auf Position 3.

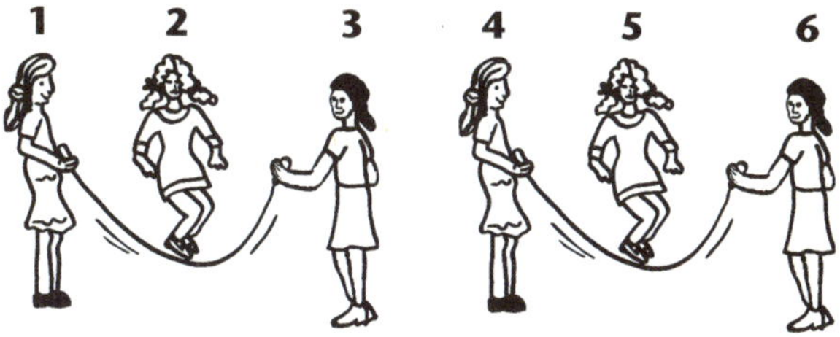

Vorname: ________ ________ ________ ________ ________ ________

Nachname: ________ ________ ________ ________ ________ ________

Farbe: ________ ________ ________ ________ ________ ________

91 Faust für Anfänger

Die Goethe-Gesellschaft plant für den Herbst eine Neuinszenierung des Faust und hat einige Mitglieder, die sich als Laiendarsteller zur Verfügung stellen, zu einer Leseprobe eingeladen. Im normalen Leben haben alle ganz prosaische Berufe, hier aber werden sie zu Mephisto, Gretchen ... Welche Rolle wird von wem (Vor- und Nachname) gelesen, und welchen Beruf hat die Person?

	Benno	Gero	Hartmut	Janna	Tania	Attenberg	Derner	Nitschke	Thorn	Welkes	Apotheker	Ingenieur	Maler	Redakteur	Studienrat
Famulus															
Faust															
Gretchen															
Marthe															
Mephisto															
Apotheker															
Ingenieur															
Maler															
Redakteur															
Studienrat															
Attenberg															
Derner															
Nitschke															
Thorn															
Welkes															

Hinweise

- Die Berufsbezeichnung erlaubt keinen Rückschluss auf das Geschlecht.

① Der Redakteur liest die Rolle des *Gretchens*.

② Herr Nitschke spricht den *Famulus*. Sein Vorname lautet nicht Gero, und sein Nachname ist kürzer als der von Tania.

③ Der Nachname des Apothekers lautet nicht Welkes, und der Vorname des Erstgenannten steht in der Liste vor dem des Ingenieurs.

④ Benno ist von Beruf Maler.

⑤ Jannas Nachname lautet Derner.

⑥ Hartmut liest den *Mephisto*. Attenberg ist von Beruf Studienrat.

Rolle	Vorname	Nachname	Beruf

92 Reise nach Jerusalem

Kennen Sie das Spiel noch? Man stellt für alle Mitspieler Stühle auf, aber immer einen zu wenig. Solange die Musik spielt, gehen alle um die Stühle herum. Sobald sie aussetzt, versucht jeder einen Stuhl zu ergattern. Wie lauten die Vor- und Nachnamen der Mädchen, die bei unserer letzten Runde einen Platz erhaschten, und welche Sitznummern haben sie?

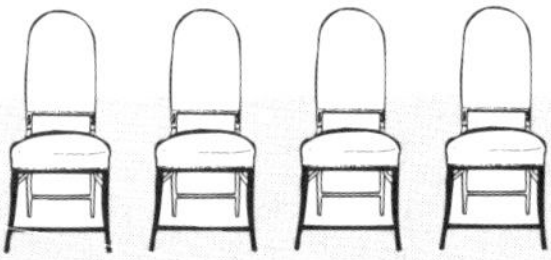

Hinweise

- »Links« und »rechts« bezieht sich auf die Sichtweise des Lesers.

① Iris und das Mädchen mit dem Nachnamen Witte saßen Rücken an Rücken. Letztere ergatterte den Platz direkt links neben dem Kind namens Graf.

② Anja, deren Nachname nicht Bilk lautet, konnte sich Platz 4 sichern.

③ Heikes Platznummer ist ungerade.

④ Birgit erwischte den Platz direkt links neben dem Mädchen mit dem Nachnamen Herzog.

⑤ Miriam saß rechts neben dem Kind namens Kiel und links von Frauke. Alle drei saßen in einer Reihe.

Vornamen: Anja, Birgit, Frauke, Heike, Iris, Miriam
Nachnamen: Bilk, Graf, Herzog, Kiel, Müller, Witte

Starthilfe: Finden Sie zunächst heraus, welchen Platz Frauke ergattern konnte.

Vorname: ________ ________ ________
Nachname: ________ ________ ________

links

rechts

Vorname: ________ ________ ________
Nachname: ________ ________ ________

93 Eine ruhige Hand

Beim letzten Kindergeburtstag war der Eierlauf eines der beliebtesten Spiele. Jedes Kind soll ein rohes Ei auf einem Esslöffel balancieren und dabei um die Wette laufen – das klingt einfach, ist es aber nicht. Nur bei einem Lauf gelang es allen Kindern, ihr Ei heil über die Ziellinie zu bringen. Wie lauten die Vor- und Nachnamen der Mitspieler, und in welcher Reihenfolge erreichten sie das Ziel?

Hinweise

① Oliver Ahrens stand – aus der Sicht des Lesers – beim Start direkt rechts neben dem Kind, das den Lauf gewann.

② Das Kind auf Bahn D erreichte nicht den dritten Platz.

③ Der Junge mit dem Nachnamen Handow, dessen Vorname nicht Holger lautet, wurde Zweiter.

④ Stefan startete auf Bahn C, während das Kind mit dem Nachnamen Wendler auf Bahn B sein Ei balancierte.

Vornamen: Florian, Holger, Oliver, Stefan
Nachnamen: Ahrens, Böhler, Handow, Wendler
Zielpositionen: Erster, Zweiter, Dritter, Vierter
Starthilfe: Finden Sie zunächst heraus, welches Kind auf Bahn D startete.

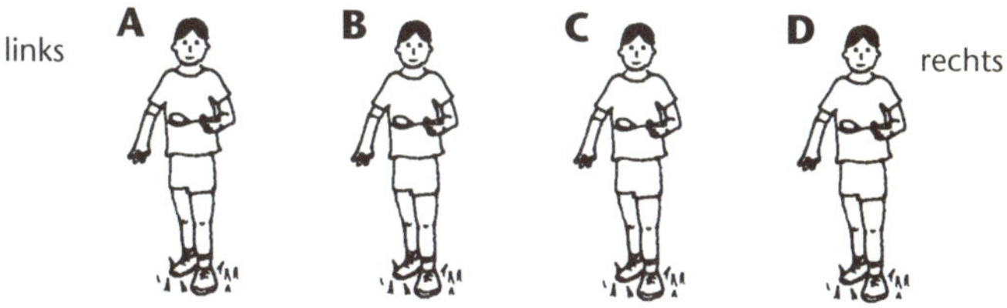

Vorname: ________ ________ ________ ________

Nachname: ________ ________ ________ ________

Zielposition: ________ ________ ________ ________

94 Im Konsumtempel

Regelmäßig zur Mittagspause treffen sich einige Verkäuferinnen, die in verschiedenen Abteilungen eines großen Kaufhauses arbeiten, und gehen zusammen in die Kantine im Dachgeschoss. Nach einer letzten Tasse Kaffee steigen die Frauen in den Personallift und drücken die Tasten für die von ihnen gewünschten Stockwerke. Welche Mitarbeiterin (Name, Platzziffer) muss in welche Etage und in welche Abteilung?

							Etage											
	Frau Bilk	Frau Dahl	Frau Frill	Frau Litter	Frau Reese	Frau Sell	erste	zweite	dritte	vierte	fünfte	sechste	Camping	Gardinen	Kosmetik	Lederwaren	Porzellan	Spielwaren
1																		
2																		
3																		
4																		
5																		
6																		
Camping																		
Gardinen																		
Kosmetik																		
Lederwaren																		
Porzellan																		
Spielwaren																		
Etage: erste																		
zweite																		
dritte																		
vierte																		
fünfte																		
sechste																		

Hinweise

- Der Personallift fährt abwärts.

① Frau Frill arbeitet in der Campingabteilung. Frau Sell, deren Platzziffer um zwei größer ist als die von Frau Bilk, steigt irgendwann nach Frau Frill aus dem Lift.

② Die Verkäuferin aus der fünften Etage steht auf Platz 4.

③ Im sechsten Stock befindet sich die Porzellanabteilung. Frau Reese, die auf Platz 3 steht, arbeitet nicht dort.

④ Frau Litter will in die vierte Etage.

⑤ Frau Dahl hat nicht die Platzziffer 2.

⑥ Die Frau auf Platz 6 arbeitet nicht im ersten Stock.

⑦ Die Kollegin mit der Platzziffer 5 muss in die Spielwarenabteilung.

⑧ Die Lederwaren befinden sich in der Etage direkt über der Kosmetikabteilung.

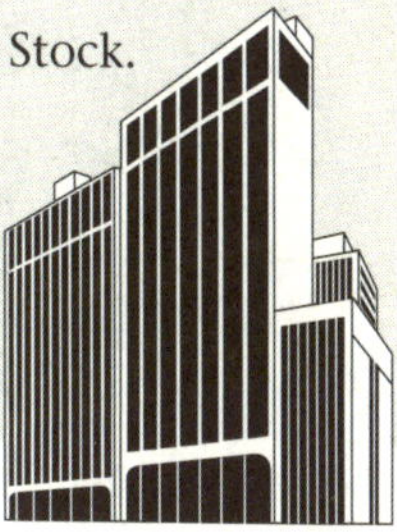

Name: ________

Stockwerk: ________

Abteilung: ________

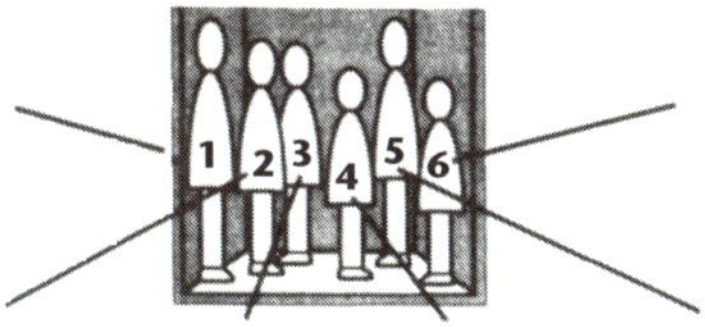

95 Meinem geliebten Gatten

Nach dem mysteriösen Tod des Wirtschafts-Tycoons Donald Rump erschien seine Biographie, die von seiner Witwe verfasst wurde. Das Buch enthielt wilde Spekulationen und wüste Beschimpfungen – einen 42-Jährigen nannte die Autorin »dummdreister Psychopath«. Welche Person mit welcher Verbindung zum Verstorbenen wurde von der Witwe mit welchen Worten beschimpft (Beleidigung 1, 2)?

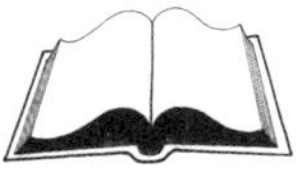

						Beleidigung 1					Beleidigung 2				
	Assistent	Chefbuchhalter	erste Ehefrau	Geschäftspartner	Psychiater	*charakterlos*	*dummdreist*	*grausam*	*jähzornig*	*zwielichtig*	*Abstauber*	*Galgenvogel*	*Psychopath*	*Sadist*	*Traumtänzer*
	Alice Cross														
	John Fuming														
	Mark Huffy														
	Tom Rate														
	Susan Wroth														
Beleidigung 2	*Abstauber*														
	Galgenvogel														
	Psychopath														
	Sadist														
	Traumtänzer														
Beleidigung 1	*charakterlos*														
	dummdreist														
	grausam														
	jähzornig														
	zwielichtig														

Hinweise

- Die männlichen Berufsbezeichnungen und die männlichen Beleidigungen 2 erlauben keinen Rückschluss auf das Geschlecht.

① John Fuming wurde als *Traumtänzer* beschimpft.

② Tom Rate war nicht der Geschäftspartner.

③ Der Chefbuchhalter – nicht Alice Cross – wurde in dem Buch als *Galgenvogel* beschrieben.

④ Den Psychiater bezeichnete die Autorin als *charakterlos*. Mark Huffy wurde als *jähzornig* beschrieben.

⑤ Susan Wroth war die erste Ehefrau des Verstorbenen. Weder für sie noch für die andere Person, die als *Sadist* bezeichnet wurde, benutzte die Autorin den Begriff *zwielichtig*.

Name	Verbindung	Beleidigung 1	Beleidigung 2

96 Schüler am Seil

Die großen Ferien sind zu Ende, und die Goethe-Schule feiert wieder ihr traditionelles Sommerfest. Zum Klang der Schüler-Blaskapelle wird gerade der Sieger im Kletterwettbewerb ermittelt. An welchem Seil ist welcher Junge (Vor- und Nachname) zu sehen, und welche Farbe hat sein Trikot?

	Bert	Detlef	Michael	Sven	Tobias	Werner	Barrentz	Bock	Kastner	Matthes	Reck	Tramlin	blau	braun	gelb	grün	rot	weiß
Seil 1																		
Seil 2																		
Seil 3																		
Seil 4																		
Seil 5																		
Seil 6																		
blau																		
braun																		
gelb																		
grün																		
rot																		
weiß																		
Barrentz																		
Bock																		
Kastner																		
Matthes																		
Reck																		
Tramlin																		

Hinweise

① Michael, der ein blaues Trikot trägt, befindet sich irgendwo rechts und Kastner irgendwo links von dem Schüler namens Reck, der am höchsten geklettert ist.

② Die Kennziffer des Seiles, an dem Tramlin klettert, ist gerade. Er trägt ein rotes Trikot.

③ Das Seil, an dem sich Werner Bock hochzieht, hängt zwei Plätze weiter links als das des Schülers im weißen Trikot.

④ Detlef klettert direkt rechts neben dem Jungen im braunen Hemd.

⑤ Der Schüler an Seil 4 trägt ein gelbes Trikot.

⑥ Bert hat Seil 1 gewählt.

⑦ Sven – sein Nachname lautet nicht Barrentz – ist noch nicht so weit oben wie Tobias.

links | rechts

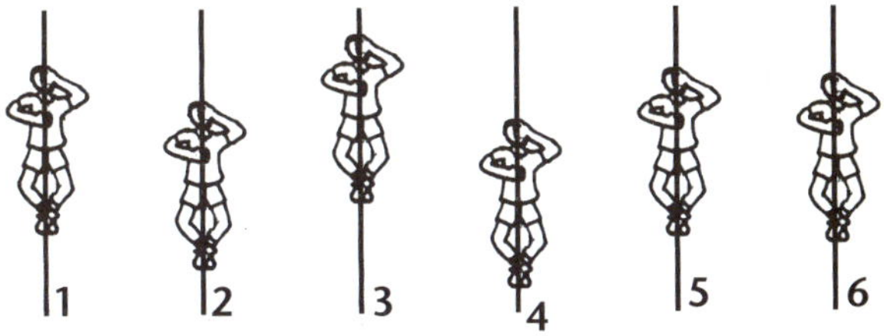

Vorname: ______ ______ ______ ______ ______ ______

Nachname: ______ ______ ______ ______ ______ ______

Farbe: ______ ______ ______ ______ ______ ______

97 Der Stolz der Wikinger

Das Museum in Tronstatt präsentiert in einer Ausstellung die Schwerter der bedeutendsten Wikingerfürsten und zeigt Berichte über deren Entstehung und Geschichte. Neueste Forschungen anhand überlieferter Schriften ermöglichen es, festzustellen, aus welchen ehemals berühmten Werkstätten die Waffen kommen. Welches Schwert gehörte welchem Fürsten (Vor- und Beiname), und wer hat es geschmiedet?

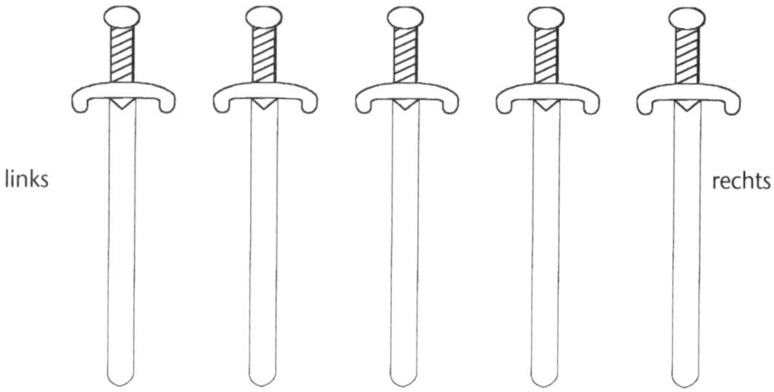

Vorname: ________ ________ ________ ________ ________

Beiname: ________ ________ ________ ________ ________

Schmied: ________ ________ ________ ________ ________

Hinweise

① Direkt links von Goldhelms Schwert befindet sich das aus Ingfrieds Schmiede und direkt rechts das von Ragnar.

② Eriks Waffe hängt direkt rechts neben dem, dessen Besitzer den Beinamen Rothaar trug. Das Schwert des Fürsten Methorn ist direkt links neben dem von Ulfbert geschmiedeten ausgestellt.

③ Olavs Schwert hängt direkt rechts neben dem des Fürsten mit dem Beinamen Hartkopf und mehr als einen Platz weiter rechts von Beowulfs Waffe, die sich nicht ganz links befindet.

④ Eriks Schwert hängt zwei Plätze weiter rechts von dem Goldhelms.

⑤ Die Waffe, die Gorm anfertigte, hängt weder ganz links noch ganz rechts. Das Schwert aus Ludgers Werkstatt hängt direkt links von dem des Fürsten mit dem Beinamen Schwarzzahn.

Vornamen: Beowulf, Erik, Harald, Olav, Ragnar

Beinamen: Goldhelm, Hartkopf, Methorn, Rothaar, Schwarzzahn

Schmiede: Gorm, Herwig, Ingfried, Ludger, Ulfbert

Starthilfe: Finden Sie zunächst heraus, auf welchem Platz das Schwert von Fürst Goldhelm hängt.

98 **Galante Abenteuer**

Casanova berichtet in seinen berühmten Memoiren von seiner Flucht aus Venedig vor den Schergen des Dogen, den er mit seinen Eskapaden erzürnt hat. Bei dieser Verfolgungsjagd sind ihm nacheinander gleich mehrere Damen behilflich und verstecken ihn vor seinen Häschern. Wie lauten die vollständigen Namen der Damen, und in welchen Ortschaften wird er in welcher Reihenfolge versteckt?

	Bartichelli	Corleone	Ferucci	Manieri	Zampionelli	Florenz	Genua	Mailand	Padua	Turin	erste	zweite	dritte	vierte	fünfte
Donna Arabella															
Donna Julia															
Donna Maria															
Donna Sophia															
Donna Viola															
erste															
zweite															
dritte															
vierte															
fünfte															
Florenz															
Genua															
Mailand															
Padua															
Turin															

Hinweise

① Casanova flieht zu Donna Viola Corleone, nachdem er unmittelbar zuvor seinen Verfolgern in Genua entkommen kann.

② Von Donna Sophia in Turin reist er direkt zu Signora Ferucci.

③ Seine Flucht führt Casanova, irgendwann nachdem er das Haus von Donna Julia verlassen muss, zu Signora Manieri. Die Letztgenannte wohnt nicht in Mailand.

④ Donna Arabella gewährt ihm als Erste nach seiner Flucht aus Venedig Unterschlupf und Signora Bartichelli als Dritte.

⑤ Florenz wird sein zweiter Zufluchtsort, aber Padua nicht sein Fünfter.

Vorname	Nachname	Ort	Reihenfolge

99 007 in geheimer Mission

In der Zeit des Kalten Krieges war Berlin ein beliebter Treffpunkt für die Agenten der Geheimdienste. Vor einer geplanten Übergabe wichtiger Dokumente eines Informanten aus dem KGB an 007 wurden in den umliegenden Häusern weitere Agenten des Secret Service zur Überwachung der Aktion postiert. In welchem Haus (Kennbuchstabe, Beschreibung) war wer (Name und Nummer des Agenten) als Beobachter untergebracht?

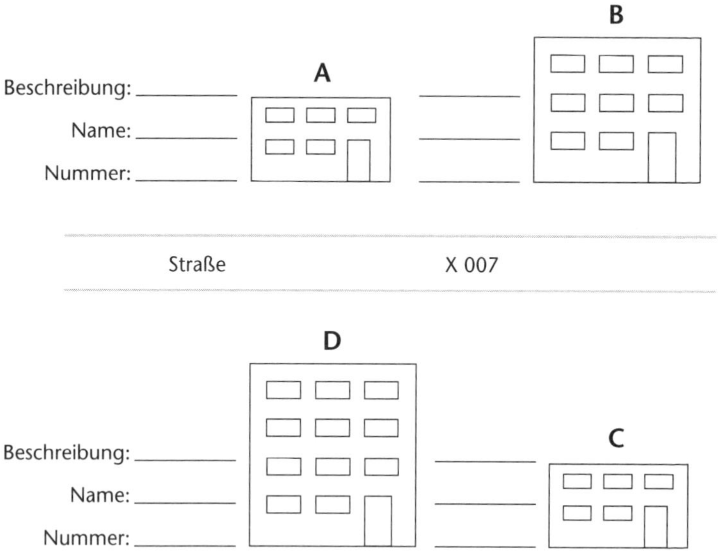

Hinweise

- Der Begriff »Agent« erlaubt keinen Rückschluss auf das Geschlecht.

① Agent 006 war nicht in Gebäude D untergebracht. Auch Martha Herry befand sich nicht an diesem Ort.

② Brian Wilde hatte weder die größte noch die kleinste der aufgeführten Agentennummern. Er wurde nicht in einem zweistöckigen Gebäude postiert.

③ Vor der Übergabe nahm 007 noch einmal – im Uhrzeigersinn – eine Kontrolle der postierten Agenten vor. Er überprüfte Darian Sinclair – Agent 008 – direkt vor dem Agenten, der im *Restaurant Bond* untergebracht war. In *Riecks Café,* das sich in Gebäude A befand, hatte nicht 008 Posten bezogen.

④ Der Agent im *Restaurant Bond* hatte eine höhere Dienstnummer als die Person, die im *Hotel Beciage* untergebracht war. Der Kennbuchstabe des Hotels lautet nicht C.

Beschreibung: *Hotel Beciage, Ironcurt Bar, Riecks Café, Restaurant Bond*

Name der Agenten: Brian Wilde, Darian Sinclair, Martha Herry, Susanna Welth

Nummer der Agenten: 003, 006, 008, 009

Starthilfe: Finden Sie zunächst heraus, welche Agentennummer Brian Wilde hatte.

100 Verstaubte Folianten

Ein altes Buch, das ich in der Bibliothek meines Großvaters fand, enthielt außer den Berichten über die Pflanzenwelt des Alpenlandes auch noch handgemalte Illustrationen von längst vergessenen Künstlern. Einige der Blumenbilder fand ich besonders schön und fertigte davon Kopien an. Welches Blumenbild von welchem Maler (Vor- und Nachname) befand sich auf welcher Buchseite?

	Alfred	Grete	Helene	Johanna	Leopold	Astam	Huber	Mengs	Spitzner	Tyrer	Seite 11	Seite 29	Seite 33	Seite 41	Seite 57
Alpenrose															
Berganemone															
Edelweiß															
Enzian															
Küchenschelle															
Seite 11															
Seite 29															
Seite 33															
Seite 41															
Seite 57															
Astam															
Huber															
Mengs															
Spitzner															
Tyrer															

Hinweise

① Die Seite mit dem Bild der Alpenrose befand sich im Buch irgendwo vor der Blume, die Alfred Huber malte. Die Seitenzahl seines Bildes ist nicht durch 3 ohne Rest teilbar.

② Helene hatte das Edelweiß gezeichnet.

③ Johannas Bild – sie malte nicht die Berganemone – wurde nicht auf Seite 33 abgedruckt.

④ Grete – ihr Nachname lautet nicht Spitzner – zeichnete das Bild auf Seite 11.

⑤ Auf Seite 29 befand sich die Darstellung einer Küchenschelle.

⑥ Der Nachname in der Signatur des Bildes auf Seite 41 lautete Astam, der Vorname aber nicht Leopold.

⑦ Die Person namens Tyrer malte den Enzian.

Blume	Vorname	Nachname	Seite

101 Wetterfrösche

So einen kalten und verregneten Sommer hat es angeblich schon lange nicht mehr gegeben. Ein Hobby-Meteorologe untersucht dies und stellt bei einem Vergleich der Daten mit denen früherer Jahre fest, dass es auch in der Vergangenheit schon oft so kühl war. An welchem Tag wurden in welcher Stadt wie viel Grad gemessen, und in welchem Jahr war es dort schon einmal so kalt?

	Bremen	Flensburg	Hamburg	Lübeck	Rostock	10 Grad	11 Grad	12 Grad	13 Grad	14 Grad	1900	1911	1926	1935	1948
29. Juli															
31. Juli															
1. August															
27. August															
28. August															
1900															
1911															
1926															
1935															
1948															
10 Grad															
11 Grad															
12 Grad															
13 Grad															
14 Grad															

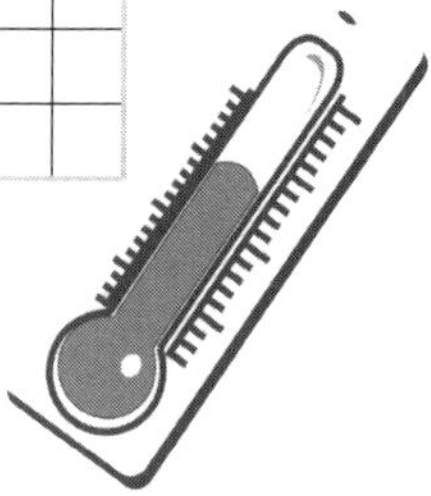

Hinweise

① Die Temperatur in Rostock war um zwei Grad höher als der Wert einer anderen Stadt aus dem Jahr 1911.

② Die Temperatur am 28. August war höher als die vom 29. Juli. Letzterer Wert wurde nicht in Hamburg gemessen.

③ Weder in Hamburg noch in Lübeck wurden in diesem Sommer 10 Grad gemessen. Diese Temperatur wurde 1948 schon einmal festgestellt.

④ Für Lübeck ergab sich als Vergleichsjahr nicht 1926 und als niedrigste Temperatur nicht 11 Grad.

⑤ Am 28. August wurde an einem Ort eine Temperatur gemessen, die mit der von 1935 übereinstimmt. Am 1. August herrschten in einer Stadt 12 Grad.

⑥ Bremens kühlster Tag war der 27. August.

⑦ In Flensburg wurden 14 Grad gemessen.

Tag	Ort	Grad	Jahr

102 Zu Ehren einer Diva

Als die Nachricht vom Tod der 91-jährigen Hollywood-Diva Bette Ravenport bekannt wird, ändert das Residenzkino zu Ehren der großen Schauspielerin sein Programm. In der folgenden Woche soll jeden Abend einer ihrer bekanntesten Filme gezeigt werden, und eilig hängt der Vorführer die neuen Plakate aus. An welchem Tag soll welcher Film mit welchem männlichen Hauptdarsteller gezeigt werden?

Wochentag	Filmtitel	Hauptdarsteller

Hinweise

- Die Woche mit den Sondervorstellungen beginnt am Dienstag und endet am Sonntag.

① *Eine Farm in Afrika* – Harold Spencer tritt hier nicht auf – wird einen Tag nach dem Film gezeigt, in dem Charles Mullham die männliche Hauptrolle spielt. Auch dieser Filmtitel besteht aus vier Wörtern.

② Steven Perry ist der Partner von Mrs. Ravenport in dem Film, der direkt nach *Der große Sturm* auf dem Programm steht.

③ Der Film, in dem Donald Forest mitspielt, wird mehr als einen Tag vor dem aufgeführt, dessen Hauptrolle mit Randolph Kelling besetzt ist.

④ *Zauberhafter Sommer* steht direkt zwischen zwei Filmen auf dem Programm, deren Titel jeweils aus vier Wörtern bestehen.

⑤ *Familienehre* wird genau zwei Tage nach dem Film gezeigt, in dem Bette Ravenport zusammen mit Lionel Astor spielt. Der Titel dieses Filmes lautet *Um Mitternacht im Park*.

⑥ Einer der Titel mit vier Wörtern wird direkt zwischen zwei Filmen gezeigt, deren Titel weniger Wörter enthalten.

Filmtitel: *Der große Sturm, Eine Farm in Afrika, Familienehre, Königin für einen Tag, Um Mitternacht im Park, Zauberhafter Sommer*

Hauptdarsteller: Charles Mullham, Donald Forest, Harold Spencer, Lionel Astor, Randolph Kelling, Steven Perry

Starthilfe: Finden Sie zunächst heraus, an welchem Tag der Film *Familienehre* gezeigt wird.

103 Alles aus Liebe

In der Beratungsstelle des Arbeitsamtes treffen sich zufällig einige Männer, die nach ihrer Heirat ihren alten Beruf aufgeben wollen. Sie lassen sich umschulen, um ihren Ehefrauen dauernde Sorgen um ihr Leben und ihre Gesundheit zu ersparen, denn ihre bisherigen Berufe sind besonders risikoreich. Welcher Mann mit welchem alten Beruf ist mit wem verheiratet, und was will er jetzt werden?

	Beruf (alt)										Beruf (neu)				
	Bodyguard	Bombenentschärfer	Hochseilartist	Sprengmeister	Stuntman	Angelika	Britta	Ingeborg	Kirsten	Petra	Buchhändler	Florist	Fotograf	Krankengymnast	Sportlehrer
Arno Braun															
Dieter Cordes															
Frank Ewert															
Jörg Mader															
Stefan Weller															
Beruf (neu): Buchhändler															
Florist															
Fotograf															
Krankengymnast															
Sportlehrer															
Angelika															
Britta															
Ingeborg															
Kirsten															
Petra															

Hinweise

① Die Frau des zukünftigen Sportlehrers hat einen kürzeren Vornamen als die, deren Mann als Hochseilartist arbeitete. Der Vorname der Letztgenannten lautet nicht Britta.

② Der Bombenentschärfer will sich zum Floristen umschulen lassen.

③ Stefan Weller, der Mann von Ingeborg, will nicht Fotograf werden.

④ Kirsten ist mit demjenigen verheiratet, der sich zum Krankengymnasten ausbilden lässt. Dieter Cordes, der nicht als Sprengmeister arbeitete, ist nicht ihr Mann.

⑤ Jörg Mader will Buchhändler werden.

⑥ Angelika hat ihren Mann überredet, seinen alten Beruf als Stuntman aufzugeben.

⑦ Frank Ewert, der als Bodyguard arbeitete, ist nicht mit Petra verheiratet.

Name	Beruf (alt)	Ehefrau	Beruf (neu)

104 Alt – aber bezahlt

Während der Semesterferien haben verschiedene Studenten in Fabriken gearbeitet und sich danach von ihrem Verdienst Autos gekauft. Zu Beginn des neuen Semesters treffen sie sich, und jeder präsentiert stolz seine neue »Luxuskarosse«. Welcher Student (Vor- und Nachname) hat sich an welchem Tag welches Auto (Farbe, Typ) gekauft, und mit welchem Buchstaben beginnt sein Kennzeichen?

	Angermann	Glüsing	Reimann	Schneider	14. Oktober	19. Oktober	26. Oktober	31. Oktober	blau	grün	rot	weiß	Ente (2 CV)	Renault 4	Trabbi	VW Käfer	B = Berlin	J = Jena	K = Köln	M = München
Barbara																				
Christoph																				
Holger																				
Michaela																				
B = Berlin																				
J = Jena																				
K = Köln																				
M = München																				
Ente (2 CV)																				
Renault 4																				
Trabbi																				
VW Käfer																				
blau																				
grün																				
rot																				
weiß																				
14. Oktober																				
19. Oktober																				
26. Oktober																				
31. Oktober																				

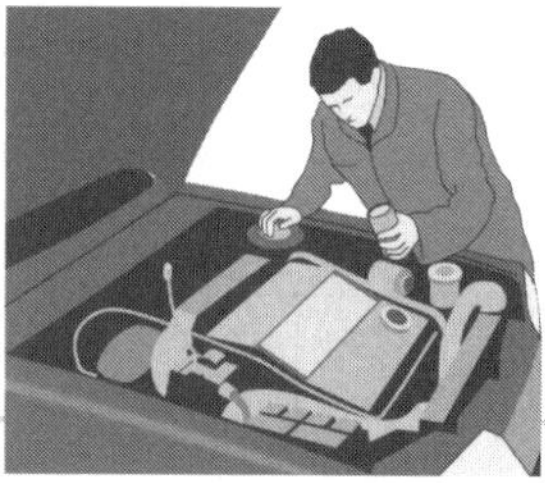

Hinweise

- Der Begriff »Student« erlaubt keinen Rückschluss auf das Geschlecht.

① Das Kennzeichen der Ente beginnt mit dem Buchstaben M. Dieses Fahrzeug wurde irgendwann vor dem gekauft, das jetzt Holger Schneider gehört.

② Weder das Nummernschild von Michaelas VW Käfer noch das des am 31. Oktober gekauften Fahrzeugs beginnt mit dem Buchstaben B.

③ Das Kennzeichen des roten Wagens beginnt mit dem Buchstaben J.

④ Eine Person kaufte sich am 19. Oktober einen Trabbi.

⑤ Barbara hat sich nicht das weiße Auto zugelegt.

⑥ Der Student namens Reimann kaufte sich einen Renault 4.

⑦ Das Datum, an dem Christoph sein Auto erwarb, steht in der Liste direkt nach dem, an dem der Student namens Angermann das blaue Auto kaufte.

Vorname	Nachname	Tag	Farbe	Fabrikat	Buchstabe

105 Mörderische Weihnachten

Auch in diesem Herbst erscheinen im Ganghäuser-Verlag wieder spezielle Weihnachtskrimis mit Mord und Totschlag unterm Tannenbaum. Alle Einbände der Reihe sind ähnlich gestaltet, auf dem Bild des Schutzumschlages sieht man immer die Mordwaffe und einen Gegenstand, der in der Geschichte eine wichtige Rolle spielt. Welches Buch von welchem Autor zeigt was auf dem Titelbild (Element 1 und 2)?

						Element 1					Element 2				
	Bianca Christie	Georg Simon	Horst Merrick	Margret Spector	Peter Falke	Arsenflasche	Fliegenpilze	Messer	Spritze	Tabletten	Brautstrauß	Notizbuch	Ohrringe	Schachspiel	Weinflasche
Die Schlittenfahrt															
Eine besinnliche Zeit															
Glockenklang															
Schwarze Weihnacht															
Stille Nacht															
Element 2 Brautstrauß															
Notizbuch															
Ohrringe															
Schachspiel															
Weinflasche															
Element 1 Arsenflasche															
Fliegenpilze															
Messer															
Spritze															
Tabletten															

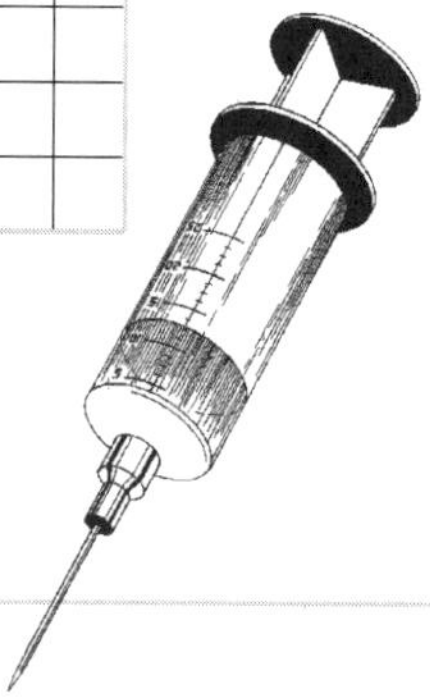

Hinweise

① Die Weinflasche ist auf dem Umschlag des Buches von Bianca Christie zu sehen.

② Der Titel von Georg Simons Werk besteht aus zwei Wörtern. Auf dem dazugehörenden Einband sind Ohrringe abgebildet.

③ Der Titel des Buches von Margret Spector besteht aus zwei Wörtern, lautet aber nicht *Stille Nacht.* Auf dem Umschlag ihres Buches befindet sich ein Messer, aber kein Schachspiel.

④ Horst Merrick ist der Autor von *Eine besinnliche Zeit.*

⑤ Die Ohrringe sind nicht auf dem gleichen Titelbild wie die Fliegenpilze. Der Titel des Buches, auf dem die Pilze abgebildet sind, besteht aus mehr als einem Wort.

⑥ Auf dem Einband von *Die Schlittenfahrt* ist eine Arsenflasche abgebildet, aber kein Schachspiel.

⑦ Auf einem Umschlag sind die Spritze und das Notizbuch zu sehen. Der Titel dieses Buches lautet nicht *Glockenklang.* Bianca Christies Buch trägt nicht diesen Titel.

Titel	Autor	Element 1	Element 2

106 Doppelkopf

In einer Fernsehshow treten frisch verheiratete Paare an, denen als Hauptpreis eine Traumreise in ein Land ihrer Wahl winkt. Für die Spiele sind Geschicklichkeit, Wissen und gute Zusammenarbeit der Partner gefragt. Nach 60 Minuten »harter Arbeit« stehen die Sieger fest. Welches Paar (Vor- und Nachname) kommt aus welcher Stadt, und wer gewinnt den Preis?

Hinweise

① Karsten und Lilo – sie kommen aus Nürnberg – scheiden schon in der ersten Runde aus.

② Das Ehepaar Müller befindet sich in der Grafik zwischen Reinhard und Susanne und dem Paar aus Köln.

③ Hartmut und Ilona heißen mit Nachnamen Jäger.

④ Das Ehepaar Timm hat den Kennbuchstaben C.

⑤ Herr und Frau Vogel, die nicht aus Leipzig angereist sind, scheiden in der letzten Runde aus, aber nicht gegen das andere Ehepaar mit dem Kennbuchstaben A.

Vornamen: Hartmut und Ilona, Karsten und Lilo, Reinhard und Susanne, Thomas und Ulrike

Nachnamen: Jäger, Müller, Timm, Vogel

Städte: Köln, Leipzig, Nürnberg, Weimar

Starthilfe: Finden Sie zunächst den Nachnamen des Ehepaares auf Position D heraus.

	A	B	C	D
Vornamen:	&	&	&	&
Nachname:				
Stadt:				

107 Geschenke

Familie Tanner hat die Bescherung für 18 Uhr angesetzt. Nun warten die Kinder in der Küche gespannt, wann es endlich so weit ist. Jeder hat seinen Wecker mitgebracht, und als die Uhren nebeneinander aufgestellt werden, bemerken die Kinder, dass keine die genaue Zeit anzeigt. Alle weichen um mindestens eine Minute ab. Wer hat welche Uhr mitgebracht, und wie viele Minuten geht diese vor oder nach?

Hinweise

① Die Zeiger auf Brittas Uhr sind um mehr als eine Minute weiter vorgerückt als die auf dem Wecker direkt rechts davon.

② Hannas Uhr weicht um eine Minute von der genauen Uhrzeit ab.

③ Die Zeit auf dem Wecker ganz rechts ist um eine Minute genauer als die der Uhr direkt links daneben.

④ Gerolds Wecker geht nach, aber nicht am weitesten. Im Vergleich zu dem auf Platz 3 geht er zwei Minuten nach. Joschis Uhr geht im Vergleich zu der auf Platz 4 eine Minute vor.

Namen: Britta, Gerold, Hanna, Joschi, Stefan
Zeiten: 3 Minuten nach, 2 Minuten nach, 1 Minute nach, 1 Minute vor, 2 Minuten vor

Starthilfe: Finden Sie zunächst heraus, um wie viele Minuten die Zeit auf Geralds Uhr von der richtigen Zeit abweicht.

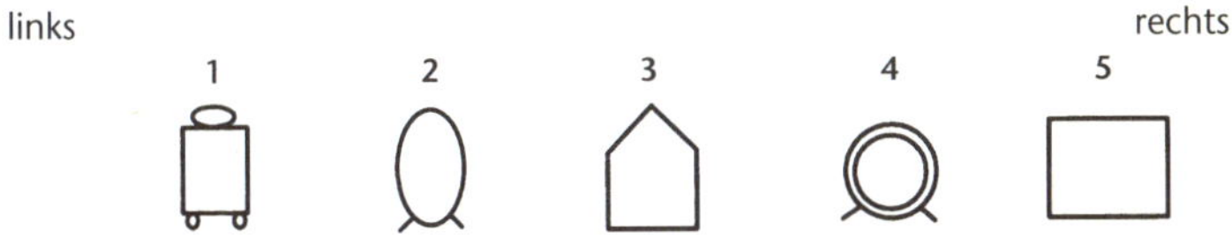

Name: ____________ ____________ ____________ ____________ ____________

vor/nach: ____________ ____________ ____________ ____________ ____________

108 Kampf der Korruption

Der italienischen Polizei gelingt ein entscheidender Schlag im Kampf gegen das organisierte Verbrechen. Die Verhaftung des Bankiers Maldini und des Paten Don Rubelione bei einem geheimen Treffen liefert dem Sonderkommando nach monatelangen Ermittlungen endlich zwei der führenden Köpfe der Mafia. Auf welcher Position in unserer Grafik hat wer (Name, Dienstnummer) in welcher Verkleidung die Mafiosi umstellt?

Hinweise

① Die Dienstnummer von Riccardo Stimi ist um eins niedriger als die des Polizisten, der sich als Eisverkäufer getarnt hat.

② Paolo Palmieri befindet sich auf Position 3.

③ Der Polizist auf Position 4 hat die Dienstnummer S 037.

④ Der als Tourist verkleidete Beamte hat die Dienstnummer S 039.

⑤ Position 1 nimmt ein Polizist mit gerader Dienstnummer ein, der als Straßenkehrer getarnt ist. Sein Nachname besteht aus fünf Buchstaben.

⑥ Niccolo Ontri – er ist als Priester verkleidet – steht auf einer Seite der Grafik zwischen Carlo Bernino und dem Polizisten mit der Dienstnummer S 038.

⑦ Enzio Drumo und der als Obdachloser getarnte Beamte befinden sich in der Grafik auf der einen Seite und der Polizist mit der Dienstnummer S 040 auf der anderen.

Namen: Adriano Aldenti, Carlo Bernino, Enzio Drumo, Niccolo Ontri, Paolo Palmieri, Riccardo Stimi

Dienstnummern: S 035, S 036, S 037, S 038, S 039, S 040

Verkleidung: Eisverkäufer, Obdachloser, Postbote, Priester, Straßenkehrer, Tourist

Starthilfe: Finden Sie zunächst heraus, auf welcher Position Niccolo Ontri steht.

109 Ich brauche Hilfe

Immer mehr Menschen haben Ängste und Probleme, zu deren Lösung sie ärztliche Hilfe benötigen. So leidet zum Beispiel ein bekannter Galerist an starker Flugangst und ist deshalb bei dem Psychiater Dr. Freund in Behandlung.
Ein Blick auf den Terminkalender des Arztes zeigt, wie viele andere Patienten er an diesem Tag noch betreut. Um wieviel Uhr kommt wer (Name, Beruf) mit welchem Problem zu einer Sitzung?

	Bernd Breme	Berthold Baimer	Daniel Drack	Frederike Faller	Gerda Gran	Bankier	Galerist	Journalist	Opernsänger	TV-Moderator	Depressionen	Flugangst	Höhenangst	Klaustrophobie	Magersucht
10.00 Uhr															
11.00 Uhr															
12.00 Uhr															
13.00 Uhr															
14.00 Uhr															
Depressionen															
Flugangst															
Höhenangst															
Klaustrophobie															
Magersucht															
Bankier															
Galerist															
Journalist															
Opernsänger															
TV-Moderator															

Hinweise

- Der Begriff »Patient« oder eine männliche Berufsbezeichnung erlauben keinen Rückschluss auf das Geschlecht.

① Berthold Baimers Problem ist seine Klaustrophobie.

② Der Patient, der einen Termin um 14.00 Uhr hat, leidet an Depressionen. Sein Name lautet nicht Daniel Drack.

③ Um 12.00 Uhr erscheint der Journalist bei Dr. Freund.

④ Frederike Faller hat ihren Termin um 10.00 Uhr. Direkt nach ihr erscheint der Patient, den Dr. Freund von seiner Höhenangst befreien soll.

⑤ Gerda Grans Termin – sie ist kein TV-Moderator – liegt genau eine Stunde nach dem des Bankiers Bernd Breme.

Zeit	Patient	Beruf	Problem

110 Höhenflüge

Bei den diesjährigen Nachwuchsmeisterschaften der Skispringer auf dem Holmenkollen in Norwegen zeigen einige der Sportler ein beeindruckendes Debüt. Die von den »Küken« erzielten Weiten können sich durchaus sehen lassen, und Trainer wie auch Zuschauer sind begeistert. Auf welchem Platz landet wer (Vor- und Nachname), und welche Weiten erzielen die Skispringer im ersten und zweiten Versuch?

											erster Sprung					zweiter Sprung				
	Fabian	Luigi	Olaf	Peter	Xaver	Backer	Jörgensen	Leitner	Pergisi	Winter	96,32 Meter	98,08 Meter	100,26 Meter	101,71 Meter	102,57 Meter	97,81 Meter	98,63 Meter	99,19 Meter	100,38 Meter	101,47 Meter
Erster																				
Zweiter																				
Dritter																				
Vierter																				
Fünfter																				
zweiter Sprung 97,81 Meter																				
98,63 Meter																				
99,19 Meter																				
100,38 Meter																				
101,47 Meter																				
erster Sprung 96,32 Meter																				
98,08 Meter																				
100,26 Meter																				
101,71 Meter																				
102,57 Meter																				
Backer																				
Jörgensen																				
Leitner																				
Pergisi																				
Winter																				

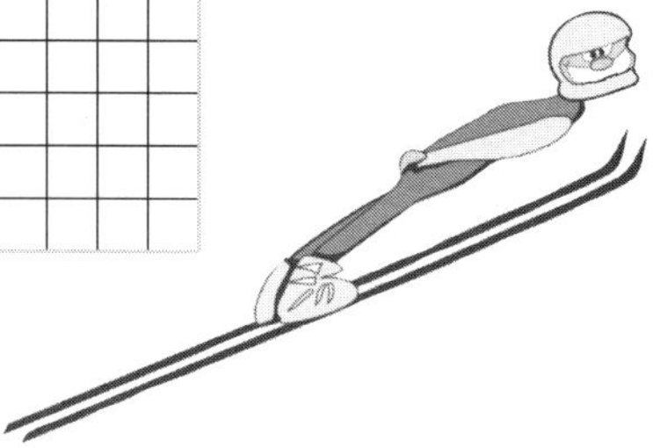

Hinweise

① Der Sieger – sein Nachname lautet nicht Backer – erreicht als Einziger in beiden Versuchen Weiten von über 100 Meter.

② Die Weite von Xavers erstem Versuch liegt über 100 Meter und die seines zweiten nicht bei 99,19 Meter. Sein Name steht in der Platzierungsliste irgendwo hinter dem seines Konkurrenten Winter, der beim zweiten Mal 98,63 Meter weit springt.

③ Peter erreicht bei seinem zweiten Versuch nicht die 100-Meter-Marke.

④ Ein Skispringer erzielt eine Gesamtweite von 197,79 Meter.

⑤ Jörgensen – sein Vorname lautet nicht Olaf – erreicht bei seinem ersten Versuch weniger als 100 Meter.

⑥ Dem Springer namens Leitner gelingt nicht der weiteste aller Sprünge.

⑦ In beiden Versuchen bleibt Luigi Pergisi jeweils unter 100 Meter.

Platzierung	Vorname	Nachname	erster Sprung	zweiter Sprung

111 Welch ein Land

Das Ansehen der Regierung von Catastrophia wurde im Laufe des vergangenen Jahres von einigen Skandalen erschüttert. Verschiedene Minister waren in dubiose Transaktionen, Verschwörungen und in einem Fall sogar in einen Mord verwickelt, was landesweit für Schlagzeilen sorgte. In welchem Monat verhaftete die Polizei welchen Minister (Name, Ressort), und welches Vergehen wurde ihm vorgeworfen?

	Herr Kriminski	Frau Lissow	Frau Maltke	Herr Tornbüchler	Herr Vriesmer	Finanzen	Justiz	Verkehr	Verteidigung	Wirtschaft	Aktenfälschung	Bestechung	Mord	Spionage	Veruntreuung
Februar															
April															
Juni															
August															
Oktober															
Aktenfälschung															
Bestechung															
Mord															
Spionage															
Veruntreuung															
Finanzen															
Justiz															
Verkehr															
Verteidigung															
Wirtschaft															

Hinweise

- Der Begriff »Minister« erlaubt keinen Rückschluss auf das Geschlecht.

① Minister Vriesmer wurde im August verhaftet.

② Die Person, deren Veruntreuungen aufgedeckt wurden, wanderte im April hinter Gitter.

③ Frau Maltke – sie hatte nicht den Posten des Wirtschaftsministers – war in einen Bestechungsskandal verwickelt.

④ Der Justizminister wurde im Juni verhaftet, aber nicht auf Grund einer Mordanklage.

⑤ Frau Lissow – sie war der Finanzminister von Catastrophia – wurde früher als der Minister festgenommen, der der Aktenfälschung bezichtigt wurde (aber nicht direkt vor ihm).

⑥ Genau zwei Monate nach Herrn Kriminskis Verhaftung reichten die Beweise zur Festnahme des Verteidigungsministers wegen Spionage.

Monat	Name	Ressort	Vergehen

112 Der Fluch des Handys

Überall erreichbar zu sein ist dank der modernen Technik kein Problem mehr, nur manchmal kann es ziemlich lästig werden. Frau Schneider hat sich so auf einen ruhigen Einkaufsbummel gefreut und das Handy nur für Notfälle eingesteckt, doch dauernd wird sie gestört. Wo befindet sie sich jeweils gerade, als das Telefon klingelt, und wer ruft sie wann und aus welchem Grund an?

	Ehemann	Mutter	Schwester	Sohn	Tochter	9.00 Uhr	9.15 Uhr	9.30 Uhr	9.45 Uhr	10.00 Uhr	braucht einen Rat	Einladung ins Kino	Einladung zur Party	kommt später	Schlüssel verloren
Boutique															
Kaufhaus															
Parfümerie															
Parkhaus															
Schuhgeschäft															
braucht einen Rat															
Einladung ins Kino															
Einladung zur Party															
kommt später															
Schlüssel verloren															
9.00 Uhr															
9.15 Uhr															
9.30 Uhr															
9.45 Uhr															
10.00 Uhr															

Hinweise

- Der Begriff »Anrufer« erlaubt keinen Rückschluss auf das Geschlecht.

① Ihr Mann teilt ihr mit, dass sie beide zu einer Party eingeladen seien. Dieser Anruf erreicht sie 15 Minuten nach dem Telefonat im Schuhgeschäft.

② Bei der Person, die Frau Schneider mitteilt, dass sie ihren Schlüssel verloren hat, handelt es sich nicht um die Tochter.

③ In der Parfümerie telefoniert sie mit ihrer Schwester.

④ Um 9.45 Uhr wird sie von ihrer Mutter angerufen.

⑤ Das Telefonat, bei dem Frau Schneider um einen Rat gebeten wird, führt sie in einem Kaufhaus.

⑥ Um 9.30 Uhr erhält sie eine Einladung ins Kino.

⑦ Der erste Anrufer – es ist nicht ihr Sohn – erreicht sie im Parkhaus.

Ort	Anrufer	Zeit	Grund

113 Kreatives Gestalten

Am Ende des Semesters präsentieren die Studenten des Kurses für kreatives Gestalten dem Professor ihre Werke. Die besten Objekte sollen in der Kunsthochschule ausgestellt werden, und alle erwarten gespannt die Benotung. Hier ist die Liste der ausgewählten Kunstwerke. Wer hat mit welchem Material gearbeitet, wie lautet der Titel des Werkes, und welche Note erhält er oder sie dafür?

	Aquarellfarben	Kohle	Linol	Ölfarben	Ton	*Blumen des Bösen*	*Der Angriff*	*Eiszeit*	*Labyrinth im Licht*	*Passionszeit*	Note 1	Note 1,25	Note 1,5	Note 2	Note 2,25
Bettina Cranz															
Edgar Flöhrs															
Hartmut Ingler															
Kerstin Lawitz															
Martina Nagel															
Note 1															
Note 1,25															
Note 1,5															
Note 2															
Note 2,25															
Blumen des Bösen															
Der Angriff															
Eiszeit															
Labyrinth im Licht															
Passionszeit															

Hinweise

① Der Linolschnitt trägt den Titel *Blumen des Bösen.*

② Einer der beiden Studenten erhält für sein Werk die Note 1,5.

③ Die Kohlezeichnung – sie stammt nicht von Edgar Flöhrs – bekommt nicht die Note 2,25.

④ Kerstin Lawitz hat ihrem Werk den Titel *Der Angriff* gegeben.

⑤ Das Aquarellbild erhält die beste Note.

⑥ Martina Nagel bekommt die Note 2.

⑦ Bettina Cranz hat mit Ölfarben gearbeitet. Ihr Werk – der Titel lautet nicht *Eiszeit* – liegt in der Benotung direkt vor dem mit dem Titel *Passionszeit.* Das letztgenannte Werk stammt nicht von Hartmut Ingler.

Name	Material	Titel	Note

114 Hände hoch!

Die berüchtigte Bande um Jesse James macht wieder einmal die Gegend unsicher. Jetzt berichten schon die Zeitungen der großen Städte über den Banditen aus dem Westen, der allein im letzten Monat fünf Überfälle beging. Der Distriktsheriff will nun dem Treiben der Räuber ein Ende bereiten. Wann überfiel Jesse James was in welcher Stadt, und wie viel Geld erbeutete er mit seiner Bande dabei?

	Bank	Goldmine	Lohnbüro	Saloon	Zug	Cactus Springs	Flatrock	Kempsville	Red Gulch	Three Pines	$ 400	$ 700	$ 800	$ 1200	$ 2000
5.															
7.															
10.															
15.															
20.															
$ 400															
$ 700															
$ 800															
$ 1200															
$ 2000															
Cactus Springs															
Flatrock															
Kempsville															
Red Gulch															
Three Pines															

Hinweise

① Am 5. erbeuteten Jesse James und seine Bande 700 Dollar. Weder dieser Überfall noch der am 10. fanden in Flatrock statt.

② Der Zug wurde bei einem Stopp in Red Gulch überfallen.

③ Am 7. suchten Jesse und seine Männer sich Cactus Springs für einen Überfall aus.

④ In Three Pines betrug die Beute 800 Dollar. Dieser Überfall fand nicht am 20. statt.

⑤ Die Bank wurde von der Bande um 2000 Dollar erleichtert. Dieser Raubzug fand irgendwann vor dem in Kempsville statt.

⑥ Der Überfall auf den Saloon fand zehn Tage nach dem statt, bei dem die Beute 1200 Dollar betrug.

⑦ Die Goldmine befindet sich nicht in Three Pines.

Tag	Objekt	Stadt	Beute

115 Flinke Finger

Endlich ist es der Polizei dank Interpol gelungen, in England eine berüchtigte Einbrecherin zu fassen. Bekannt wurde Nicki Rahler durch ihre Schnelligkeit und durch ihre Flexibilität. Keiner ihrer »Arbeitseinsätze« glich dem anderen, immer änderte sie ihr Muster, wie die Polizeiakten beweisen. In welches Gebäude drang sie wie ein, wo befand sich der Safe, und wie viele Minuten benötigte sie jeweils für den Einbruch?

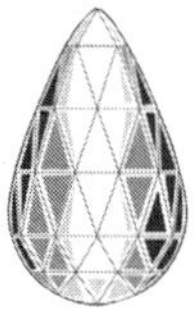

	Balkonfenster	Garagentor	Küchenfenster	Küchentür	Verandatür	Arbeitszimmer	Bibliothek	Keller	Schlafzimmer	Wohnzimmer	10 Minuten	15 Minuten	20 Minuten	25 Minuten	30 Minuten
Barclay House															
Cotts Grange															
Lloyds Hall															
Midland Manor															
Nashvall Abbey															
10 Minuten															
15 Minuten															
20 Minuten															
25 Minuten															
30 Minuten															
Arbeitszimmer															
Bibliothek															
Keller															
Schlafzimmer															
Wohnzimmer															

Hinweise

① Für den Einbruch in Lloyds Hall, bei dem Nicki Rahler nicht durch ein Fenster in das Gebäude einstieg, benötigte sie insgesamt 10 Minuten mehr als für den Einbruch, bei dem sie den Safe im Schlafzimmer fand.

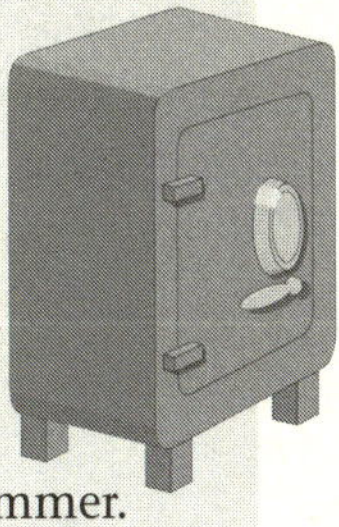

② In dem Haus, in das sie durch die Verandatür gelangte, war der Safe in der Bibliothek.

③ Bei dem Einbruch, für den sie insgesamt 25 Minuten benötigte, drang sie durch das Balkonfenster in das Gebäude ein.

④ In Barclay House befand sich der Safe im Arbeitszimmer.

⑤ Für den Einbruch in Nashvall Abbey – hier gelangte sie durch das Garagentor ins Haus – benötigte sie insgesamt 10 Minuten weniger als für den Einbruch, bei dem sich der Safe im Wohnzimmer befand.

⑥ Für den Einbruch in Midland Manor brauchte Nicki Rahler 20 Minuten. Hier stieg sie nicht durch das Küchenfenster ein.

Gebäude	Ort des Eindringens	Stelle des Safes	Dauer

116 Iron-Man

Joachim hat eine Woche Cluburlaub gebucht und erstellt nun sein Programm. An jedem Tag will er etwas anderes ausprobieren, um das breit gefächerte Animationsangebot des Clubs voll zu nutzen. Dabei geht es ihm besonders um die vielfältigen Sportaktivitäten. An welchem Tag will Joachim was für eine Sportart ausprobieren, und wie lautet der Name seines jeweiligen Animateurs?

Tag	Sportart	Animateur
Sonntag		
Montag		
Dienstag		
Mittwoch		
Donnerstag		
Freitag		
Samstag		

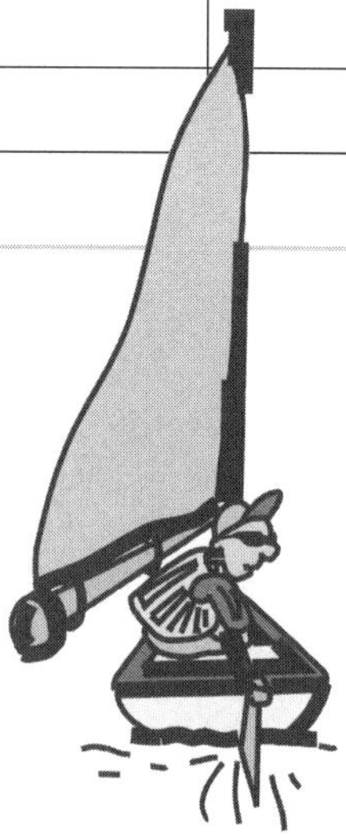

Hinweise

① Der Tag, an dem Joachim die von Sophie unterrichtete Sportart ausprobiert, steht in der Liste zwei Plätze vor jenem, an dem er das Drachenfliegen testen will.

② Am Mittwoch will Joachim Segeln lernen.

③ Der Tag, an dem er an dem Tauchkurs teilnimmt, beginnt mit dem gleichen Anfangsbuchstaben wie jener, an dem er eine Sportart ausprobiert, die von Jessica unterrichtet wird. Den erstgenannten Kurs besucht Joachim irgendwann vor dem von Jessica.

④ Die Sportart, die Joachim am Dienstag testet, wird von einem Mann gelehrt. Mischas Kurs besucht Joachim an einem anderen Tag.

⑤ Am Donnerstag will Joachim den von Lutz geleiteten Sportkurs ausprobieren.

⑥ Die Sportart, die Viktor unterrichtet, testet Joachim genau einen Tag, bevor er das Bergsteigen ausprobiert.

⑦ Katharina leitet den Reitkurs. Dieses Angebot probiert Joachim nicht am Montag aus.

⑧ Am Samstag besucht er nicht den Surfkurs.

Sportarten: Bergsteigen, Drachenfliegen, Reiten, Segeln, Surfen, Tauchen, Wasserski fahren

Animateure: Giuseppe, Jessica, Katharina, Lutz, Mischa, Sophie, Viktor

Starthilfe: Finden Sie zunächst heraus, an welchem Tag Joachim die Sportart ausprobiert, die Jessica unterrichtet.

117 Der richtige Ton

An der Musikhochschule gibt es eine Sonderprüfung für begabte Schüler. Es soll dabei über die Vergabe von Stipendien entschieden werden, die den Schülern einen Studienaufenthalt im Ausland ermöglichen. Nachdem die Jury ihre Entscheidungen gefällt hat, wird das Ergebnis am Schwarzen Brett ausgehängt. Wer mit welchem Instrument aus welchem Semester hat wie viele Punkte erhalten?

	Cello	Klavier	Querflöte	Trompete	Violine	1. Semester	3. Semester	5. Semester	6. Semester	7. Semester	115 Punkte	119 Punkte	124 Punkte	128 Punkte	132 Punkte
Ali Binal															
Cora Diezle															
Dagmar Mang															
Mark Turrow															
Ulf Opler															
115 Punkte															
119 Punkte															
124 Punkte															
128 Punkte															
132 Punkte															
1. Semester															
3. Semester															
5. Semester															
6. Semester															
7. Semester															

Hinweise

- Der Begriff »Schüler« erlaubt keinen Rückschluss auf das Geschlecht.

① Mark Turrow – er spielt Cello – hat weder 124 noch 128 Punkte erhalten.

② Der Schüler, der Querflöte spielte, ist im siebten Semester.

③ Ali Binal hat für seine Leistung 119 Punkte erhalten.

④ Der Schüler, der ein Stück auf der Trompete vortrug, bekam weniger Punkte als Cora Diezle.

⑤ 124 Punkte erhielt der Schüler aus dem dritten Semester.

⑥ Die Person, die etwas auf der Violine vorspielte, bekam die geringste Punktzahl.

⑦ Dagmar Mang ist im ersten Semester.

⑧ Der Schüler, der auf dem Klavier vorspielte, hat eine um zwei kleinere Semesterzahl als jene Person, die 132 Punkte bekam. Der Name des erstgenannten Schülers lautet nicht Ulf Opler.

Name	Instrument	Semester	Punktzahl

118 Haare lassen

Ein Friseurbesuch ist doch immer wieder etwas Schönes. Man lehnt sich entspannt im Sessel zurück, wird verwöhnt und umsorgt und kann sich nett unterhalten. Auch Männer genießen immer öfter diesen Luxus. So ist es kein Wunder, dass der Herrenfriseur in unserer Straße immer gut besucht ist. Wer schneidet gerade wem die Haare, und was ist jeweils das Gesprächsthema?

Hinweise

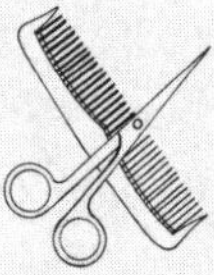

① Charlie unterhält sich mit seinem Kunden über Fußball. Herr Sörensen, der auf Platz C sitzt, spricht mit seinem Friseur über ein anderes Thema.

② Paolo schneidet Herrn Vinchetti die Haare.

③ Der Herr auf Sessel D wird von Maurice bedient. Das Gespräch dieser beiden dreht sich nicht um Urlaub.

④ Der Friseur bei Sessel A redet mit seinem Kunden über das Wetter.

⑤ Die Unterhaltung von Herrn Ewers dreht sich nicht um das Thema Fernsehen.

Friseure: Charlie, Maximilian, Maurice, Paolo
Kunden: Herr Ewers, Herr Fugger, Herr Sörensen, Herr Vinchetti
Themen: Fernsehen, Fußball, Urlaub, Wetter

Starthilfe: Finden Sie zunächst heraus, welcher Friseur Herrn Sörensen bedient.

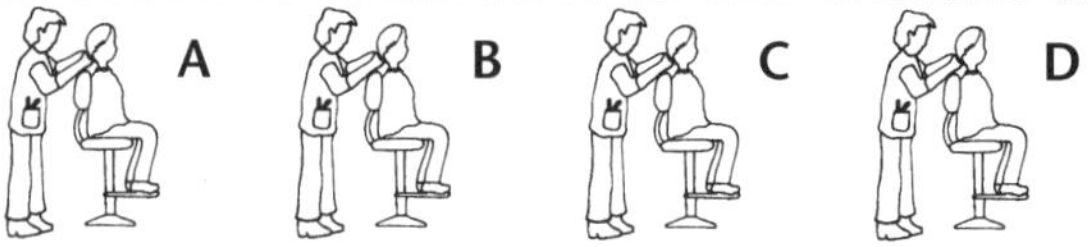

Friseur: ____________ ____________ ____________ ____________

Kunde: ____________ ____________ ____________ ____________

Thema: ____________ ____________ ____________ ____________

119 Zarte Wesen

Der Besitzer des Antiquitätengeschäfts in der Steinstraße hat sich auf Meißner Porzellan spezialisiert. Zur Zeit hat er einige besonders schöne Figuren aus unterschiedlichen Epochen in seinem Schaufenster stehen. Wo in unserer Grafik befindet sich welche Figur, wann ist sie entstanden, und wie viel soll die jeweilige Statuette kosten?

Hinweise

① Der Preis der Figur auf Platz A beträgt 500 Mark.

② Die Figur auf Platz D entstand 1894.

③ Die Schäferstatuette steht direkt zwischen der aus dem Jahr 1847 und jener, die 400 Mark kostet.

④ Das Entstehungsjahr der Ballerina lautet 1921.

⑤ Die Statuette der eleganten Dame kostet mehr als der Harlekin und steht aus der Sicht des Betrachters irgendwo links neben der letztgenannten Figur.

⑥ Die Statuette aus dem Jahr 1783 kostet 600 Mark.

Figur: Ballerina, elegante Dame, Harlekin, Schäfer
Entstehungsjahr: 1783, 1847, 1894, 1921
Preis (Mark): 300, 400, 500, 600

Starthilfe: Finden Sie zunächst heraus, auf welchem Platz die Harlekinfigur steht.

Figur: ________ ________ ________ ________

Entstehungsjahr: ________ ________ ________ ________

Preis: ________ ________ ________ ________

120 Ein edler Tropfen

Eine neue Weinhandlung bietet ihren Kunden einen besonderen Service an. Jeder kann die Weine probieren und sich dann entscheiden, welche Sorte ihm zusagt. Schließlich kommt es bei der Wahl auch darauf an, ob man einen Wein zum Essen oder nur zum Genießen möchte. Wer wählt welchen Wein (Rebsorte, Anbaugebiet), und wie viele Flaschen kauft er oder sie jeweils?

	Rebsorte					Anbaugebiet									
	Kerner	Müller-Thurgau	Riesling	Silvaner	Traminer	Elsass	Franken	Kaiserstuhl	Mosel	Rheingau	4 Flaschen	6 Flaschen	8 Flaschen	10 Flaschen	12 Flaschen
Frau Britten															
Herr Danne															
Herr Marsten															
Frau Petersen															
Herr Thomes															
4 Flaschen															
6 Flaschen															
8 Flaschen															
10 Flaschen															
12 Flaschen															
Anbaugebiet: Elsass															
Franken															
Kaiserstuhl															
Mosel															
Rheingau															

Hinweise

① Frau Petersen entscheidet sich für den Riesling.

② Vom Silvaner werden mehr Flaschen gekauft als von dem Wein aus Franken.

③ Frau Britten kauft zehn Flaschen.

④ Von dem Müller-Thurgau – er stammt aus dem Elsass – werden vier Flaschen weniger gekauft als von der Sorte, für die sich Herr Danne entscheidet.

⑤ Herr Thomes bevorzugt die Weine aus dem Rheingau.

⑥ Von dem Kaiserstühler werden zwölf Flaschen gekauft und von dem Kerner acht.

Name	Rebsorte	Anbaugebiet	Anzahl

121 Das ist meiner!

Nachdem die Maschine aus New York endlich in Frankfurt gelandet ist, drängen sich die Passagiere um das Gepäckband. Jeder möchte als Erster seine Koffer in Empfang nehmen und so schnell wie möglich durch den Zoll. Es wird gedrängelt und geschubst, und auch der Umgangston ist nicht gerade höflich. Welches Gepäckstück in unserer Grafik hat welche Farbe, und wem gehört es?

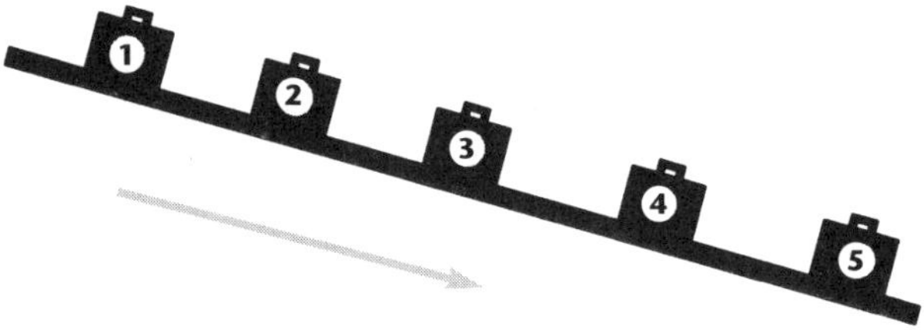

Gepäckstück: ______ ______ ______ ______ ______

Farbe: ______ ______ ______ ______ ______

Name: ______ ______ ______ ______ ______

Hinweise

① Zwischen dem weißen und dem roten Gepäckstück stehen zwei weitere. Der Besitzer des weißen hat einen kürzeren Nachnamen als der des roten Gepäckstücks.

② Die Reisetasche hat die Kennziffer 4. Das Gepäckstück von Mario Neuberger befindet sich entweder direkt vor oder direkt hinter dieser Tasche.

③ Olaf Postels großer Koffer hat nicht die Kennziffer 5.

④ Das Gepäckstück mit der Kennziffer 3 ist braun.

⑤ Der grüne Rucksack steht entweder direkt vor oder direkt hinter der Sporttasche.

⑥ Das Stück mit der Kennziffer 2 gehört Axel Lindner.

⑦ Stefan Vehns gehört das blaue Gepäckstück. Die Kennziffer ist um eins kleiner als die des kleinen Koffers.

Gepäckstücke: großer Koffer, kleiner Koffer, Reisetasche, Rucksack, Sporttasche

Farben: blau, braun, grün, rot, weiß

Namen: Axel Lindner, Mario Neuberger, Olaf Postel, Robert Rings, Stefan Vehns

Starthilfe: Finden Sie zunächst heraus, welches Gepäckstück die Kennziffer 5 hat.

122 Kneipenbummel

Julia und Nicole wollen heute Abend einen richtigen Zug durch die Gemeinde machen. Am Anfang einen kleinen Imbiss und in jedem Lokal die Spezialität des Hauses, einen Cocktail. So lockt zum Beispiel das King Kong mit dem besten Planters Punch der Stadt. Wo bevorzugen die beiden Freundinnen welches Getränk, welche Musik wird in dem Lokal gespielt, und welche zusätzliche Attraktion hat es zu bieten?

	Alexander	*Cuba Libre*	*Gin Fizz*	*Pina Colada*	*Planters Punch*	Blues	Jazz	Pop	Rock	Swing	Barkeeper	beste Snacks	schöne Männer	Tanzfläche	Wintergarten
Café Creme															
King Kong															
Luna															
Society															
Wunder-Bar															
Barkeeper															
beste Snacks															
schöne Männer															
Tanzfläche															
Wintergarten															
Blues															
Jazz															
Pop															
Rock															
Swing															

Hinweise

① Im King Kong wird keine Rockmusik gespielt.

② Das Lokal, in dem die beiden einen *Alexander* trinken, hat eine imposante Tanzfläche. Der Name dieses Lokals lautet weder Society noch Wunder-Bar.

③ Im Café Creme hören die beiden nur Popmusik.

④ Ihren *Gin Fizz* bestellen Julia und Nicole in einem Lokal, in dem keine Jazzmusik gespielt wird.

⑤ Bei ruhiger Bluesmusik einen *Cuba Libre* genießen – diese Kombination gibt es nur in einem Lokal.

⑥ Im Luna – seine Attraktion ist der Wintergarten – trinken Julia und Nicole niemals *Pina Colada*.

⑦ Weder in dem Lokal, das die besten Snacks anbietet – hier kann man keine Rockmusik hören – noch in der Wunder-Bar wird Jazz gespielt. Also gibt es auch in der Wunder-Bar nicht die besten Snacks.

⑧ Das Lokal, in dem Swing gespielt wird, bevorzugen die beiden hauptsächlich wegen des attraktiven Barkeepers.

Lokal	Getränk	Musik	Attraktion

123 Im Auftrag Ihrer Majestät

Sally Conners gilt als Expertin des britischen Geheimdienstes für den Nahen Osten. Im Dienste Ihrer Majestät besuchte sie in den letzten paar Monaten immer wieder unter wechselnden Identitäten verschiedene Staaten, um Informationen über die arabische Terrorszene zu sammeln. Welchen Pass (Name, Nationalität, Beruf) benutzte Miss Conners, um in welches Land zu reisen?

	Deutschland	Frankreich	Großbritannien	Irland	Schweiz	Architektin	Fotografin	Ingenieurin	Journalistin	Schriftstellerin	Ägypten	Israel	Jordanien	Libanon	Syrien
Anne Brell															
Elise Fitz															
Gitte Lang															
Ingrid Ingler															
Rena O'Tally															
Ägypten															
Israel															
Jordanien															
Libanon															
Syrien															
Architektin															
Fotografin															
Ingenieurin															
Journalistin															
Schriftstellerin															

Hinweise

① Als Rena O'Tally hatte Sally natürlich einen irischen Pass.

② In ihrem Schweizer Pass war als Beruf Ingenieurin eingetragen.

③ Für ihre Reise nach Ägypten benutzte sie nicht den Namen Gitte Lang.

④ Als Ingrid Ingler war sie Fotografin. Weder unter diesem Namen noch als Anne Brell reiste Sally nach Israel.

⑤ Als Schriftstellerin getarnt, flog sie nach Syrien.

⑥ Der britische Pass und jener, der für eine Reise in den Libanon ausgestellt wurde, lauteten beide nicht auf den Namen Anne Brell. Unter diesem Namen trat die Agentin auch nicht als Journalistin auf.

⑦ Als Elise Fitz – der Beruf lautete nicht Architektin – reiste Sally nach Jordanien. Als Journalistin besuchte Sally weder Jordanien noch Israel. Dieser Beruf stand auch nicht in dem französischen oder dem irischen Pass.

Name	Nationalität	Beruf	Land

124 Die kleinen grauen Zellen

Die Abenteuer des Amateurdetektivs Lord Peter Flimsey haben die Krimiautorin Dorothy Mayers berühmt gemacht. Nun sollen einige der Romane verfilmt werden. Bevor die Verhandlungen der Studiobosse mit der Autorin beginnen, fertigt die Assistentin stichwortartige Inhaltsangaben der Werke an. Wer ist das jeweilige Opfer, wo wird die Leiche gefunden, wer ist der Mörder, und wie lautet der Titel des Buches?

	Bibliothek	Friedhof	Garage	Garten	Weinkeller	bester Freund	Buchhalter	Nichte	Onkel	Stiefsohn	*Das Manuskript*	*Die letzte Glocke*	*Ein Mord mehr*	*Falsche Fährten*	*Unter Eiben*
Alan Christie															
James Limet															
Joana Martens															
Lavinia Potter															
Stephen Wood															
Das Manuskript															
Die letzte Glocke															
Ein Mord mehr															
Falsche Fährten															
Unter Eiben															
bester Freund															
Buchhalter															
Nichte															
Onkel															
Stiefsohn															

Hinweise

① In dem Krimi mit dem Titel *Das Manuskript* wird die Leiche auf dem Friedhof gefunden.

② Stephen Wood wird von seinem besten Freund erschossen. Dieser Tote wird nicht im Weinkeller gefunden.

③ Die Nichte ermordet eine männliche Person.

④ Die von dem Buchhalter getötete Person wird in der Bibliothek gefunden. Der Titel des entsprechenden Romans besteht aus drei Wörtern.

⑤ James Limet ist das Opfer in dem Krimi *Falsche Fährten.*

⑥ Lavinia Potter wird tot in der Garage aufgefunden.

⑦ Eines der weiblichen Opfer wird von ihrem Stiefsohn getötet. Diese Tat wird von Dorothy Mayers nicht in dem Roman *Unter Eiben* beschrieben.

⑧ Bei dem männlichen Toten in *Ein Mord mehr* handelt es sich nicht um Alan Christie.

Opfer	Fundort	Mörder	Titel

125 Ran an den Speck!

Nach drei Monaten bei den Weight Lighters sollen die neuen Mitglieder erzählen, ob und wie sie ihre Lebensweise inzwischen umgestellt haben. Schließlich geht es nicht darum, mit irgendeiner Diät schnell Gewicht zu verlieren, sondern bewusst seine Ernährungsgewohnheiten zu verändern. Wer verzichtet jetzt auf welche Kalorienbombe, betreibt welche Sportart und hat wie viel Gewicht verloren?

	Chips	Eis	Kuchen	Popcorn	Schokolade	Aerobic	Jogging	Schwimmen	Squash	Volleyball	4 Kilogramm	6 Kilogramm	8 Kilogramm	12 Kilogramm	16 Kilogramm
Eva Filmayer															
Lena Möller															
Nils Olbrecht															
Pia Richter															
Tom Wicke															
4 Kilogramm															
6 Kilogramm															
8 Kilogramm															
12 Kilogramm															
16 Kilogramm															
Aerobic															
Jogging															
Schwimmen															
Squash															
Volleyball															

Hinweise

① Das Mitglied, das keine Schokolade mehr isst, hat weniger als acht Kilogramm abgenommen. Pia Richter hat dagegen ihr Gewicht um mehr als acht Kilogramm reduziert.

② Lena Möller – sie hat nicht genau vier Kilogramm abgenommen – geht jetzt joggen.

③ Die Person, die Squash spielt, konnte ihr Gewicht um genau zwölf Kilogramm verringern.

④ Tom Wicke hat bis jetzt acht Kilogramm abgenommen.

⑤ Das Mitglied, das sich entschied, auf Eis zu verzichten, betreibt jetzt Aerobic.

⑥ Eva Filmayer isst keine Chips mehr. Sie hat mehr Gewicht verloren als der Mann, der jetzt Volleyball spielt, aber nicht genau acht Kilo mehr als er.

⑦ Die Person, die jetzt auf etwas anderes als Popcorn verzichtet und täglich schwimmen geht, hat nicht einen der beiden längsten Nachnamen.

Name	Kalorienbombe	Sportart	Gewichtsverlust

126 Tod dem Diktator

In seiner zehnjährigen Regierungszeit hat sich der römische Kaiser Casigulas überall Feinde geschaffen. Im Volk formieren sich Widerstandsgruppen gegen ihn, die seine Herrschaft mit Gewalt beenden wollen. Unabhängig voneinander haben die verschiedenen Gruppierungen an einem Tag im Mai ein Attentat geplant. Welche Gruppe will den Kaiser wo und wann ermorden, und wer ist der jeweilige Anführer?

	Amphitheater	Dampfbad	Campus Martius	Palast	Via Clara	5. Mai	9. Mai	15. Mai	19. Mai	25. Mai	Ambitius	Arduus	Incongruus	Necessitus	Pugnacius
Anarchisten															
Armee															
Familie															
Plebejer															
Senatoren															
Ambitius															
Arduus															
Incongruus															
Necessitus															
Pugnacius															
5. Mai															
9. Mai															
15. Mai															
19. Mai															
25. Mai															

Hinweise

① Einige Mitglieder seiner Familie wollen den Kaiser im Dampfbad ermorden. Das geplante Datum liegt vier Tage vor dem, an dem eine andere Gruppe ihr Attentat auf der Via Clara ausführen will, und zehn Tage vor dem, das Arduus, der nicht zur Armee gehört, vorgesehen hat.

② Die Plebejer haben ihr Attentat für ein Datum irgendwann vor dem der Anarchisten geplant.

③ Für den Anschlag auf dem Campus Martius ist ein späteres Datum vorgesehen als für die Ermordung des Kaisers durch Angehörige der Armee, aber ein früheres als das jener Gruppe mit Necessitus als Anführer (hierbei handelt es sich nicht um die Anarchisten).

④ Am 15. Mai will eine Gruppe den Diktator im Palast töten.

⑤ Ambitius ist weder der Anführer bei dem geplanten Anschlag auf dem Campus Martius noch bei dem der Armee.

⑥ Pugnacius und seine Gruppe wollen ihr Attentat nicht am 19. Mai ausführen.

Gruppe	Ort	Tag	Anführer

127 Blütenpracht

Die Rosenbeete im Garten von Frau Heilemann sind ihr ganzer Stolz. Die duftigen Schönheiten werden gehegt und gepflegt, gedüngt und besprüht, und das Ergebnis kann sich wirklich sehen lassen. In der ganzen Nachbarschaft gilt Frau Heilemann als anerkannte Expertin, denn bei ihr gedeihen auch seltene Sorten. Welche spezielle Rosensorte mit welcher Farbe trägt momentan wie viele Blüten?

Hinweise

① Die *Juliana* befindet sich mit Blick auf die Grafik direkt rechts neben der Sorte, die sechs Blüten trägt.

② Die Sorte mit dem Kennbuchstaben A – die Blüten sind nicht weiß – trägt momentan zwei Blüten mehr als die *Fantasia.*

③ Die Zahl der roten Blüten ist gerade.

④ Die *Avalon* hat momentan eine Blüte weniger als die gelben Rosen.

⑤ Die Sorte *Königspracht* hat den Kennbuchstaben B.

Sorten: *Avalon, Fantasia, Juliana, Königspracht*
Farben: gelb, rosa, rot, weiß
Zahl der Blüten: fünf, sechs, sieben, acht

Starthilfe: Finden Sie zunächst heraus, welchen Kennbuchstaben die Sorte *Avalon* hat.

links

rechts

	A	B	C	D
Sorte:	____	____	____	____
Farbe:	____	____	____	____
Blütenzahl:	____	____	____	____

128 Mistspiel!

Mensch-ärgere-Dich-nicht ist wirklich kein Spiel für Anette – sie regt sich jedesmal fürchterlich dabei auf. Als sie wieder einmal laut schimpft, kommt ihre Mutter ins Zimmer, um sie zu bremsen. Sie betrachtet sich das Brett und stellt dabei fest, dass es für alle Kinder etwa gleich gut steht. Wer spielt mit welcher Farbe, und wie viele der Figuren sind jeweils noch im Häuschen?

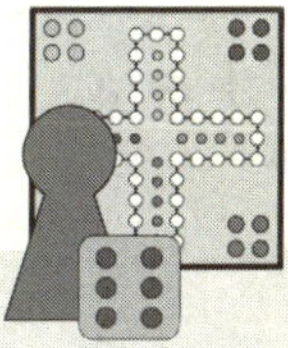

Hinweise

① Sabine hat keine Figuren mehr im Häuschen.

② Jochen spielt mit den grünen Figuren. Seine Ecke befindet sich diagonal gegenüber der Ecke mit den gelben Figuren, von denen sich noch drei im Häuschen befinden.

③ Anette spielt von Position D aus.

④ Aus dem Häuschen bei Position B starten die blauen Figuren.

⑤ Auf Position A befinden sich noch zwei Figuren im Häuschen.

Namen: Anette, Jürgen, Jochen, Sabine
Farben: blau, gelb, grün, rot
Figuren im Häuschen: 0, 1, 2, 3

Starthilfe: Finden Sie zunächst heraus, wessen Figuren von Häuschen A aus starten.

Name: ____________ Name: ____________
Farbe: ____________ Farbe: ____________
Figuren: ____________ Figuren: ____________

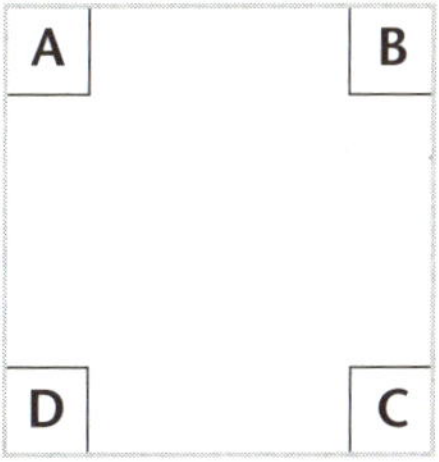

Name: ____________ Name: ____________
Farbe: ____________ Farbe: ____________
Figuren: ____________ Figuren: ____________

129 Schnack und Schmieröl

Am Morgen nach dem schweren Gewittersturm treffen sich einige Bauern der Umgebung bei der Raiffeisen-Genossenschaftsstelle. Schadensberichte werden ausgetauscht, denn Blitz und Hagel haben überall stark gewütet. Bauer Hagge benötigt beispielsweise Wundsalbe für seine Tiere, da einige durch herabfallende Ziegel verletzt wurden. Wer bewirtschaftet in welchem Ort einen Hof, züchtet welche Tiere und kauft was ein?

	Bredendörp	Holthusen	Kattenhagen	Lüttenbrode	Nedderkamp	Hühner	Rinder	Schafe	Schweine	Truthähne	Dünger	Kraftfutter	Schmieröl	Wundsalbe	Zaunpfähle
Asmussen															
Hagge															
Mommsen															
Plöger															
Stahmer															
Dünger															
Kraftfutter															
Schmieröl															
Wundsalbe															
Zaunpfähle															
Hühner															
Rinder															
Schafe															
Schweine															
Truthähne															

Hinweise

① Der Bauer aus Bredendörp – sein Name lautet nicht Stahmer – kauft Zaunpfähle. Er züchtet kein Geflügel.

② Landwirt Plöger bewirtschaftet einen Hof in Lüttenbrode.

③ Der Bauer, der Dünger einkauft, kommt nicht aus Nedderkamp.

④ Der Rinderzüchter benötigt Kraftfutter für seine Tiere.

⑤ Bauer Asmussen züchtet Truthähne. Sein Hof liegt nicht in Kattenhagen.

⑥ Der Landwirt aus Holthusen – er züchtet Schafe – kauft keine Wundsalbe.

Name	Hof in	Tierzucht	Einkauf

130 Tiefgekühlte Überraschung

»Wenn die Gefriertruhe schon kaputt geht, dann auch noch zu Beginn des Sommers!«, schimpft Frau Wiese. Alles muss ausgeräumt werden, vielleicht ist ja das eine oder andere noch zu retten, wenn man es gleich zubereitet. Dabei tauchen einige längst vergessene, ominöse Pakete auf, deren Beschriftung nicht zu trauen ist. In welchem Behälter mit welchem Etikett (Aufschrift, Monat) findet Frau Wiese was vor?

		Etikett										Inhalt				
		Apfelscheiben	*Eiscreme*	*Fleischbrühe*	*Hackfleisch*	*Heidelbeeren*	Januar	Februar	März	April	Mai	Blätterteig	Fleischbrühe	Hefeteig	Rosenkohl	Tomatensoße
	Folienpack															
	Plastikbeutel															
	Plastikdose															
	Plastikschüssel															
	Schlauchpackung															
Inhalt	Blätterteig															
	Fleischbrühe															
	Hefeteig															
	Rosenkohl															
	Tomatensoße															
	Januar															
	Februar															
	März															
	April															
	Mai															

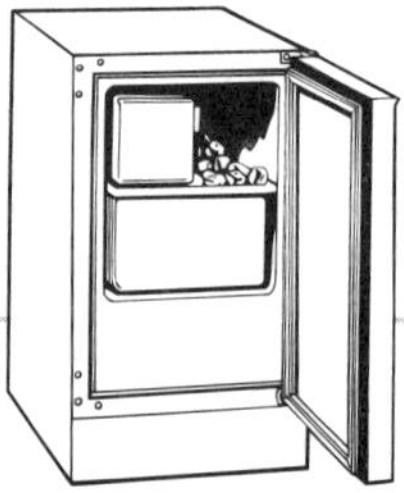

Hinweise

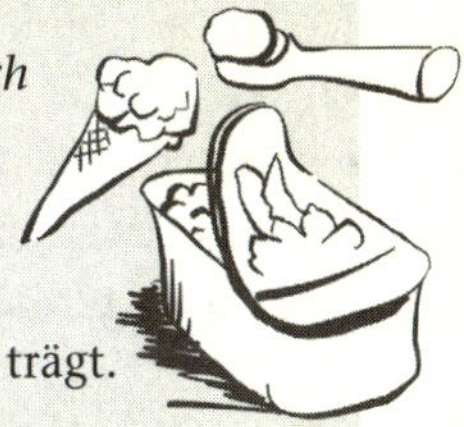

① Das Etikett auf der Plastikdose trägt die Aufschrift *Eiscreme*.

② Bei dem Behälter, auf dessen Etikett *Hackfleisch* steht – er enthält aber Teig –, handelt es sich nicht um die Plastikschüssel.

③ Die Fleischbrühe findet Frau Wiese in einem Behälter, dessen Etikett nicht diese Aufschrift trägt.

④ Der Hefeteig wurde nicht im Folienpack eingefroren.

⑤ Die Schlauchpackung – der Inhalt war beim Einfüllen flüssig – soll laut Etikett zwei Monate nach dem Behälter eingefroren worden sein, dessen Etikett die Aufschrift *Hackfleisch* trägt.

⑥ In dem Behälter mit dem Etikett *Apfelscheiben* – er wurde im Januar eingefroren – befindet sich nicht der Hefeteig.

⑦ Der Behälter mit dem Rosenkohl – hierbei handelt es sich nicht um die Plastikschüssel – ist laut Etikett seit März in der Truhe.

⑧ Der Plastikbeutel enthält Tomatensoße.

Behälter	Etikett	Monat	Inhalt

131 Streng geheim

Hallo, mein Name ist Larry Lomar, Privatdetektiv. Es war eine ruhige Woche, nichts Besonderes dabei. Die üblichen Fälle: eine schöne Unbekannte, die mir erst mal einen falschen Namen nennt, und ein Problem, bei dem ihr die Polizei angeblich nicht helfen kann oder will. Wie gesagt, alles Routine. Wann spazierte welche Lady in mein Büro, wie war sie gekleidet, und wie lautete mein Auftrag?

	Fiona Giller	Gloria Hall	Greta Jasper	Maria Pinelli	Sabrina Task	Designerkleid	Jeans und Pulli	Lederkostüm	Pelzmantel	schwarzes Kleid	beweise Unschuld	finde Erpresser	finde Juwelen	finde Verlobten	verfolge Ehemann
Montag															
Dienstag															
Mittwoch															
Donnerstag															
Freitag															
beweise Unschuld															
finde Erpresser															
finde Juwelen															
finde Verlobten															
verfolge Ehemann															
Designerkleid															
Jeans und Pulli															
Lederkostüm															
Pelzmantel															
schwarzes Kleid															

Hinweise

① Die Lady, die mich am Montag aufsuchte, erteilte mir den Auftrag, ihren Verlobten zu finden.

② Einen Tag, bevor Sabrina Task mein Büro betrat, wurde ich von einer anderen Klientin beauftragt, Beweise für ihre Unschuld zu finden.

③ Bei der Lady, die in Jeans und Pulli gekleidet war, handelte es sich nicht um Maria Pinelli.

④ Die Klientin, die mich am Freitag aufsuchte, trug ein Lederkostüm.

⑤ Gloria Hall beauftragte mich, einen Erpresser zu finden. Greta Jasper, die am darauf folgenden Tag in mein Büro kam, trug ein Designerkleid.

⑥ Die Klientin, die mich bat, die verschwundenen Juwelen zu finden, trug einen Pelzmantel, als sie mich aufsuchte. Diesen Auftrag erhielt ich nicht am Donnerstag.

⑦ Fiona Giller kam nicht am Montag in mein Büro.

Tag	Klientin	Kleidung	Auftrag

132 Waidmannsheil

Am Stammtisch im Waldstüberl treffen sich jede Woche einige Herren, die alle leidenschaftlich gerne jagen. Noch lieber aber erzählen sie sich gegenseitig von den kapitalen Burschen, die sie schon direkt vor der Flinte hatten. Bei allen gab es dann ein kleines Missgeschick, aber nicht in jedem Fall konnte das Tier entkommen. Wer hat mit welchem Hund was für ein Tier aufgestöbert, und was passierte dann?

	Benno	Hasso	Muckl	Ralfi	Zoro	Gemse	Hase	Hirsch	Reh	Wildschwein	Feldstecher verloren	Handy klingelte	Hund lief weg	Patrone klemmte	schoss Krähe
Herr Dümann															
Herr Fray															
Herr Hindke															
Herr Michel															
Herr Ottens															
Feldstecher verloren															
Handy klingelte															
Hund lief weg															
Patrone klemmte															
schoss Krähe															
Gemse															
Hase															
Hirsch															
Reh															
Wildschwein															

Hinweise

- Nicht jeder der Herren erzählt »Jägerlatein«.

① Herr Dümann schoss das Reh.

② Sowohl Herr Fray als auch derjenige, bei dem im unrechten Moment das Handy klingelte, konnten am Stammtisch nur mit »Jägerlatein« glänzen.

③ Ralfis Besitzer – nicht Herr Ottens – berichtete, dass er auf eine Gemse geschossen habe.

④ Der Jäger, der nur die Krähe traf, erzählte nicht, dass er einen Hirsch vor der Flinte hatte. Weder dieser Mann noch Herr Hindke rufen ihren Hund Benno.

⑤ Hasso lief seinem Herrn weg.

⑥ Herr Michel – er ist ledig – ruft seinen Hund Zoro. Seine Jagdbeute war nicht der Hase.

⑦ Der Jäger – nicht Herr Ottens –, der seinen Feldstecher verlor, überzeugte die anderen von seiner Beute, als diese von der Wildschweinpastete probieren durften, die seine Frau zubereitet hatte.

⑧ Der Jäger, bei dem die Patrone klemmte, erzählte nichts von einem Hasen als Jagdbeute.

Jäger	Hund	Beute	Missgeschick

133 Sternzeichen

Susanne hat ein neues Steckenpferd, die Astrologie. Zu ihrem Geburtstag haben ihre Freunde sich deshalb etwas Besonderes für sie ausgedacht. Auf einer Tafel, die sie hergestellt haben, ist von jedem, einschließlich Susanne, ein Foto und darunter das jeweilige Symbol seines Sternzeichens zu sehen. Wer befindet sich auf welchem Bild (Kennziffer) und hat welches Sternzeichen?

	1	2	3	4
Name:	______	______	______	______
Sternzeichen:	______	______	______	______
	5	**6**	**7**	**8**
Name:	______	______	______	______
Sternzeichen:	______	______	______	______
	9	**10**	**11**	**12**
Name:	______	______	______	______
Sternzeichen:	______	______	______	______

Hinweise

① Claudias Foto befindet sich – horizontal gesehen – unmittelbar zwischen dem Bild der Person mit dem Sternzeichen *Waage* und dem jener Person, die *Skorpion* ist. Das letztgenannte Sternzeichen hat nicht die Kennziffer 5.

② Das Foto der im Zeichen *Schütze* geborenen Person befindet sich in derselben Reihe wie das, das Julia zeigt, aber zwei Plätze weiter links davon.

③ Peters Bild hängt eine Reihe unter und irgendwo links von jenem, auf dem Norbert zu sehen ist.

④ Pamela, deren Sternzeichen nicht *Widder* lautet, ist auf dem Foto mit der Kennziffer 10 zu sehen.

⑤ Axels Bild hängt direkt über dem von Bernd. Dessen Porträt wiederum ist direkt links von dem jener männlichen Person zu sehen, die im Sternzeichen *Wassermann* geboren wurde.

⑥ Karin und Horst haben jeweils ein Sommersternzeichen. Karins Bild, das in einer der Ecken platziert ist, hat nicht die Kennziffer 4.

⑦ Fraukes Sternzeichen ist *Stier.* Ihr Bild mit einer geraden Kennziffer befindet sich in derselben senkrechten Spalte wie das der Person, die im Zeichen *Jungfrau* geboren wurde, aber irgendwo darunter.

⑧ Die Person auf Foto 2 ist im Sternzeichen *Zwillinge* geboren. Dieses Porträt ist in der gleichen Reihe wie das von Julia und Susanne.

⑨ Das Foto der Person mit dem Sternzeichen *Krebs* hat seinen Platz direkt links von Ulrichs Bild und befindet sich in der gleichen Spalte wie das der Person mit dem Sternzeichen *Steinbock*.

Namen: Axel, Bernd, Claudia, Frauke, Horst, Julia, Karin, Norbert, Pamela, Peter, Susanne, Ulrich

Sternzeichen: *Widder, Stier, Zwillinge* (Frühling); *Krebs, Löwe, Jungfrau* (Sommer); *Waage, Skorpion, Schütze* (Herbst); *Steinbock, Wassermann, Fische* (Winter)

Starthilfe: Finden Sie zunächst den Namen der auf Position 2 abgebildeten Person heraus.

134 Echte Lausbuben

Mit den Worten: »Dass aus Ihnen noch etwas wird, hätte ich nicht erwartet!«, begrüßt der Direktor einige seiner ehemaligen Schüler beim Klassentreffen. Die Herren waren früher berüchtigt für ihre Streiche, über die sie sich auch heute noch köstlich amüsieren. Wer hatte in seiner Schulzeit welchen Spitznamen, was ist er heute von Beruf, und wer wurde einst das Opfer seines Streiches?

	Einstein	*Mops*	*Stoffel*	*Tarzan*	*Vierauge*	Architekt	Hotelier	Installateur	Physiker	Schreiner	Chemielehrer	Deutschlehrer	Direktor	Lateinlehrer	Sekretärin
Herr Althuber															
Herr Dahlmann															
Herr Oswald															
Herr Röfinger															
Herr Winkler															
Chemielehrer															
Deutschlehrer															
Direktor															
Lateinlehrer															
Sekretärin															
Architekt															
Hotelier															
Installateur															
Physiker															
Schreiner															

Hinweise

① Herrn Röfingers Spitzname während seiner Schulzeit lautete *Einstein.*

② Weder Herr Winkler noch der jetzige Hotelier – keiner von beiden wurde früher *Vierauge* genannt – haben dem Lateinlehrer einen Streich gespielt.

③ Herr Althuber, der nach dem Abitur nicht studierte, hatte sich damals etwas ausgedacht, um seinen Deutschlehrer zu ärgern.

④ Herr Dahlmann ist weder Physiker noch Hotelier. Der Streich des Herrn, der heute Physiker ist, galt damals nicht dem Chemielehrer.

⑤ Der jetzige Architekt erschreckte einmal die Sekretärin mit einer Maus. Sowohl er als auch *Tarzan* – dieser ist heute nicht Hotelier – haben einen Nachnamen, der mit einem Vokal beginnt.

⑥ Der Herr, der früher den Spitznamen *Stoffel* hatte, ist heute Installateur.

Nachname	Spitzname	Beruf	Opfer

135 Inselurlaub einmal anders

Der Sturm der letzten Nacht hat die Takelage des Segelschiffes Totoba so schwer beschädigt, dass die Besatzung notgedrungen die nächste Karibikinsel anlaufen muss. Leider ist diese aber unbewohnt. Während sie auf die Küstenwache warten, versuchen alle, sich nützlich zu machen. Wer (vollständiger Name) ist wie alt, was besorgt die Person jeweils zu essen, und womit beschäftigt sie sich außerdem?

	Dankert	Frey	Lemmle	Manger	Sutter	19 Jahre	25 Jahre	31 Jahre	46 Jahre	52 Jahre	Beeren	Fisch	Früchte	Krabben	Nüsse	baut Feuerstelle	baut Unterstand	flickt Segel	repariert Ruder	sucht Trinkwasser
Dolores																				
Jörg																				
Miriam																				
Steffen																				
Viktor																				
baut Feuerstelle																				
baut Unterstand																				
flickt Segel																				
repariert Ruder																				
sucht Trinkwasser																				
Beeren																				
Fisch																				
Früchte																				
Krabben																				
Nüsse																				
19 Jahre																				
25 Jahre																				
31 Jahre																				
46 Jahre																				
52 Jahre																				

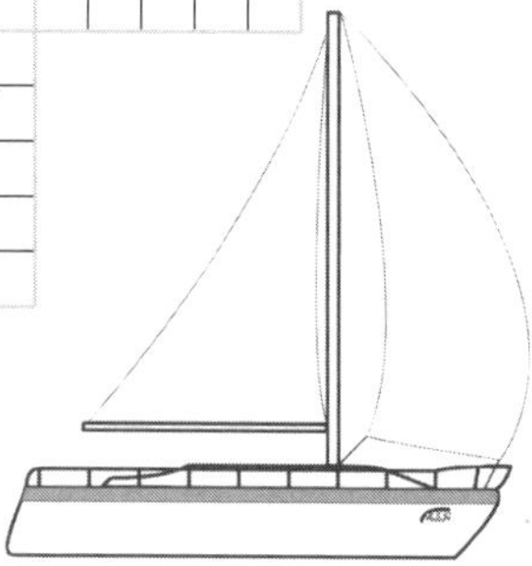

Hinweise

① Dolores fängt Fische. Sie ist genau sechs Jahre älter als jene Person, die das Segel flickt.

② Das Besatzungsmitglied mit dem Nachnamen Lemmle – es ist nicht 31 Jahre alt – baut eine Feuerstelle.

③ Steffen Manger fängt nicht die Krabben.

④ Das jüngste Mitglied sucht Trinkwasser.

⑤ Die Person mit dem Nachnamen Frey – sie ist nicht 25 Jahre alt und hat nicht den Vornamen Viktor – sammelt Beeren.

⑥ Addiert man die Ziffern von Jörgs Alter, ergibt sich eine Summe, die kleiner als zehn ist.

⑦ Das Besatzungsmitglied mit dem Nachnamen Sutter ist 52 Jahre alt und jagt weder Fische noch Krabben.

⑧ Die Person, die den Unterstand baut, aber nicht die Nüsse sammelt, ist älter als jenes Besatzungsmitglied, das das Ruder repariert.

Vorname	Nachname	Alter	Nahrung	Beschäftigung

136 Kindersegen

Am letzten Sonntag war der Kreißsaal des Marienhospitals den ganzen Tag belegt. Bei einer Patientin nach der anderen setzten die Wehen ein, und insgesamt kamen fünf Sonntagskinder auf die Welt. Da die Hebamme zwischen den Entbindungen nicht dazu kam, alle Daten einzutragen, musste sie dies nachholen. Wer bekam um welche Uhrzeit welches Baby, und wie schwer war der Säugling?

	03.20 Uhr	05.05 Uhr	14.40 Uhr	16.15 Uhr	23.35 Uhr	Bernadette	Eva-Maria	Kathinka	Lukas	Sebastian	3090 Gramm	3240 Gramm	3390 Gramm	3690 Gramm	3710 Gramm
Frau Bachmann															
Frau Britten															
Frau Dirmair															
Frau Grassner															
Frau Ottmers															
3090 Gramm															
3240 Gramm															
3390 Gramm															
3690 Gramm															
3710 Gramm															
Bernadette															
Eva-Maria															
Kathinka															
Lukas															
Sebastian															

Hinweise

① Kathinka kam im Laufe des Nachmittags zur Welt.

② Das Kind mit einem Geburtsgewicht von 3090 Gramm wurde irgendwann vor den beiden Jungen geboren, jedoch nicht um 03.20 Uhr.

③ Frau Dirmairs Baby ist ein Mädchen. Es bekam nicht den Namen Eva-Maria und war 300 Gramm leichter als das um 23.35 Uhr geborene Kind.

④ Einer der Jungen wog bei seiner Geburt 3710 Gramm. Hierbei handelt es sich nicht um den Sohn von Frau Britten.

⑤ Frau Grassners Kind – ein Mädchen – wog bei seiner Geburt 150 Gramm mehr als Bernadette. Frau Grassners Tochter kam direkt vor dem Baby von Frau Ottmers – nicht Sebastian – auf die Welt und direkt nach jenem Säugling, der bei seiner Geburt 3090 Gramm wog.

Mutter	Uhrzeit	Name	Gewicht

137 Alles vorhanden

Das Kaufhaus in der Mörickestraße wurde umgebaut und erweitert. Um alles transparenter zu machen, befindet sich der Lift jetzt im Zentrum des Gebäudes. Er hat zwei Ausgänge, nach rechts und nach links. In der Kabine – ihre Wände sind aus Acrylglas – kann sich der Kunde anhand eines Planes orientieren, wo er was findet. Auf welcher Etage befinden sich auf welcher Seite welche Abteilungen?

	links		rechts
4. Etage	____________ ____________ ←	L	→ ____________ ____________
3. Etage	____________ ____________ ←	I	→ ____________ ____________
2. Etage	____________ ____________ ←	F	→ ____________ ____________
1. Etage	____________ ____________ ←	T	→ ____________ ____________

Hinweise

① Die Kleinmöbel findet man auf der rechten Seite und irgendwo unter der Schuhabteilung.

② Die Abteilung Elektrogeräte liegt zwei Etagen unter der mit Geschirr und auf der gleichen Seite wie die Abteilung Schreibwaren.

③ Die Computer und die Musik-CDs befinden sich auf derselben Etage und auf derselben Seite.

④ Die Abteilungen Damenbekleidung und Schmuck, die ebenfalls zusammenliegen, sind auf der rechten Seite eingerichtet worden.

⑤ Süßwaren und Elektrogeräte sind auf der gleichen Etage zu finden.

⑥ Die Abteilung Spielwaren liegt in der zweiten Etage und direkt unter der mit der Herrenbekleidung.

⑦ Kosmetik und Schreibwaren werden zwar beide in der ersten Etage, aber auf verschiedenen Seiten verkauft. Die letztgenannte und die Schuhabteilung befinden sich ebenfalls auf verschiedenen Seiten.

⑧ Bettwäsche wird auf der rechten Hälfte der vierten Etage verkauft.

⑨ Die Abteilung Lebensmittel befindet sich direkt unter der mit den Kleinmöbeln.

Abteilungen: Bettwäsche, Bücher, Computer, Damenbekleidung, Elektrogeräte, Geschirr, Herrenbekleidung, Kleinmöbel, Kosmetika, Lebensmittel, Musik-CDs, Schmuck, Schreibwaren, Schuhe, Spielwaren, Süßwaren

Starthilfe: Finden Sie zunächst heraus, auf welcher Etage die beiden Abteilungen Damenbekleidung und Schmuck liegen.

138 Königliche Hochzeit

Nach langen Jahren als überzeugter Junggeselle hat König Albert von Ruritanien sich nun doch zur Hochzeit entschlossen. Seit er seine bevorstehende Vermählung mit der Prinzessin Gloria von Makedanien bekannt gegeben hat, treffen täglich Hochzeitsgeschenke aus aller Welt ein. Was für ein Geschenk ist aus welchem Material, und wer (Titel) aus welchem Land schickt es dem glücklichen Paar?

	Elfenbein	Gold	juwelenbesetzt	Silber	Porzellan	Kaiserin	König	Königin	Maharadscha	Sultan	Gambonia	Mohavia	Morundi	Ranjanko	Sanisula
Ess-Service															
Kerzenleuchter															
Schmuck															
Statue															
Tischuhr															
Gambonia															
Mohavia															
Morundi															
Ranjanko															
Sanisula															
Kaiserin															
König															
Königin															
Maharadscha															
Sultan															

Hinweise

- Der Begriff »Regent« erlaubt keinen Rückschluss auf das Geschlecht.

① Das Geschenk aus Gold – hierbei handelt es sich nicht um die Tischuhr – schickt ein Regent, dessen Titel mit dem Buchstaben K beginnt.

② Der Kerzenleuchter ist ein Präsent des Staatsoberhauptes von Sanisula.

③ Der Regent von Gambonia – hierbei handelt es sich weder um die Königin noch um den Sultan – übersendet ein Geschenk aus Elfenbein.

④ Aus den Ländern, die mit dem Buchstaben M beginnen, wird weder der Schmuck noch das andere mit Juwelen besetzte Präsent geschickt.

⑤ Der König – er ist nicht der Regent von Morundi oder Ranjanko – übersendet ein Geschenk aus Silber.

⑥ Das Ess-Service ist aus hauchdünnem Porzellan.

⑦ Mohavia wird von einem Maharadscha regiert.

Geschenk	Material	Titel	Land

139 Sherwood Forest

Die Stimmung unter Robin Hoods Männern ist schlecht, denn das Leben in Sherwood Forest ist hart. Die Unterkünfte sind nur notdürftig zusammengezimmert, und es gibt nicht immer genug zu essen. Einige der Männer sind deshalb zu Robin gegangen, um sich zu beschweren. Wen aus welchem Dorf stört was besonders, und seit wie vielen Wochen lebt der Betreffende schon im Wald?

	Conehad	Dormand	Jamberley	Sinbury	Wiloghby	grüne Kleidung	harte Betten	kalte Bäder	keine Kneipe	schlechtes Brot	6 Wochen	7 Wochen	8 Wochen	9 Wochen	10 Wochen
Charles															
George															
James															
Jonathan															
Miles															
6 Wochen															
7 Wochen															
8 Wochen															
9 Wochen															
10 Wochen															
grüne Kleidung															
harte Betten															
kalte Bäder															
keine Kneipe															
schlechtes Brot															

Hinweise

① Der Mann aus Dormand lebt seit neun Wochen im Wald.

② Charles beschwert sich über die harten Betten. Er lebt schon länger bei Robin als sein Gefährte aus Conehad.

③ Der Mann, der seit acht Wochen in Sherwood Forest ist und sich über das schlechte Brot beklagt, stammt nicht aus Jamberley.

④ Der Geächtete, der seit sieben Wochen bei Robin lebt, ist nicht der Mann, der sich über den Mangel an Kneipen beschwert.

⑤ George stammt aus Wiloghby. Er jammert nicht über die kalten Bäder.

⑥ Der Mann aus Sinbury – es ist nicht James –, der zwei Wochen länger als Miles in Sherwood Forest lebt, beschwert sich über die ewig gleiche grüne Kleidung.

Name	Dorf	Beschwerde	Wochen

140 Dienst am Volk

In Dielenbach findet am Sonntag die Einweihung des neuen Gemeindehauses statt. Ein Straßenfest ist vorbereitet, und für alle Fälle wird auch eine Erste-Hilfe-Station eingerichtet. Herr Ahle, der Leiter des Roten Kreuzes, organisiert die Verteilung der Schichten für Sonntag, so dass jeder freiwillige Helfer nur für jeweils zwei Stunden mitarbeiten muss. Wann hat wer (vollständiger Name) Dienst in der Erste-Hilfe-Station?

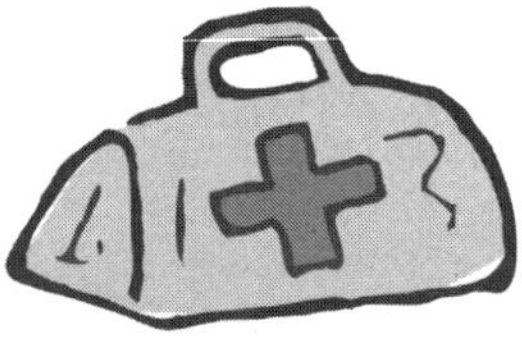

	Vorname	Nachname
9–11 Uhr		
11–13 Uhr		
13–15 Uhr		
15–17 Uhr		
17–19 Uhr		
19–21 Uhr		
21–23 Uhr		

Hinweise

- Der Begriff »Helfer« erlaubt keinen Rückschluss auf das Geschlecht.

① Karsten wird von Frau Jüngel abgelöst.

② Der Nachname des Helfers, der die letzte Schicht hat, lautet Engels.

③ Elisabeth übernimmt die Schicht von 13.00 bis 15.00 Uhr.

④ Ein Mann hat die Schicht von 19.00 bis 21.00 Uhr. Sein Nachname lautet nicht Graber.

⑤ Agnes Busse löst den Helfer namens Günther ab.

⑥ Weder Günther noch Michael haben den Nachnamen Dammers.

⑦ Vier Stunden nach dem Schichtbeginn des Helfers Mönke beginnt der Dienst von Ludmilla.

Vornamen: Agnes, Bettina, Elisabeth, Günther, Karsten, Ludmilla, Michael

Nachnamen: Busse, Dammers, Engels, Graber, Jüngel, Mönke, Oppendahl

Starthilfe: Finden Sie zunächst heraus, für welche Schicht die Helferin Agnes Busse eingeteilt ist.

141 Alle unter einem Dach

Das heruntergekommene Haus in der Moorgasse wurde endlich umgebaut und von Grund auf modernisiert. Auf jeder Etage befinden sich jetzt statt einer großen zwei kleinere Wohnungen. Diese sind, wie es der Zufall will, alle an jung verheiratete Paare vermietet worden. In welcher Wohnung (Kennziffer) auf welcher Etage wohnt welches Paar (ihr Vorname/sein Vorname, Nachname)?

	Dagmar	Gerda	Inge	Nadja	Ute	Verena	Bertram	Dirk	Holger	Jörg	Stefan	Volker	Emmerich	Kölmel	Luffer	Pfeils	Rehm	Wustl
Wohnung 1																		
Wohnung 2																		
Wohnung 3																		
Wohnung 4																		
Wohnung 5																		
Wohnung 6																		
Emmerich																		
Kölmel																		
Luffer																		
Pfeils																		
Rehm																		
Wustl																		
Bertram																		
Dirk																		
Holger																		
Jörg																		
Stefan																		
Volker																		

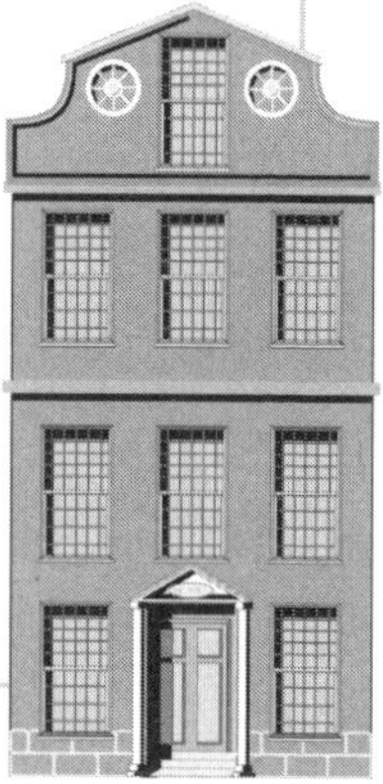

Hinweise

① Bertram und seine Frau Inge haben die Wohnung direkt über den Luffers.

② Jörg und seine Frau leben in Wohnung 4.

③ Gerda und Ute sind Nachbarinnen.

④ Das Ehepaar Rehm hat Wohnung 3 gemietet.

⑤ Die Kennziffer der Wohnung von Volker Kölmel und seiner Frau ist ungerade.

⑥ Dagmars Wohnung befindet sich irgendwo unter der des Ehepaares Wustl.

⑦ Dirk und Nadja wohnen auf der gleichen Etage.

⑧ Verena und ihr Mann sind in Wohnung 6 eingezogen.

⑨ Holger wohnt weder auf der gleichen Seite noch auf der gleichen Etage wie das Ehepaar Pfeils.

⑩ Stefans Frau heißt mit Vornamen nicht Ute.

Wohnungsnr.	1	2	3	4	5	6
Vorname (sie):						
Vorname (er):						
Nachname:						
	1. Etage		2. Etage		3. Etage	

142 Helden der Stadt

In Metropolis lebt Superman, in Gotham City ist Batman zu Hause, und in Ramanis leben und wirken die Ritter des Lichts. Diese haben zwar nicht solche Universalkräfte wie die beiden anderen Superhelden, aber jeder besitzt eine wirklich außergewöhnliche Fähigkeit. Welcher Ritter verbirgt sich hinter welchem Namen, was für einen Beruf hat diese Person offiziell, und über welche spezielle Kraft verfügt sie?

	Ingrid Hansen	John Kelly	Karl Huber	Maria Perez	Simon Kosic	Apotheker	Galerist	Lehrer	Reporter	Taxifahrer	extrem schnell	extrem stark	hellsichtig	unsichtbar	unverwundbar
Blauer Ritter															
Goldener Ritter															
Grüner Ritter															
Roter Ritter															
Silberner Ritter															
extrem schnell															
extrem stark															
hellsichtig															
unsichtbar															
unverwundbar															
Apotheker															
Galerist															
Lehrer															
Reporter															
Taxifahrer															

Hinweise

- Die männlichen Berufsbezeichnungen und der Begriff »Ritter« erlauben keinen Rückschluss auf das Geschlecht.

① Der Lehrer – der Name lautet nicht Ingrid Hansen – ist der *Rote Ritter,* aber er ist nicht extrem stark.

② Simon Kosic nennt sich der *Blaue Ritter.*

③ Der *Grüne Ritter* – er ist kein Reporter – verfügt über extreme Schnelligkeit.

④ Die außergewöhnliche Kraft des Apothekers und die von John Kelly beginnen jeweils mit der Vorsilbe »un-«.

⑤ Karl Huber arbeitet als Taxifahrer.

⑥ Der Galerist – bei ihm handelt es sich nicht um den *Silbernen Ritter* – ist unverwundbar.

⑦ Ein Mann verfügt über extreme Stärke.

Ritter	Name	Beruf	spezielle Kraft

143 Mord im Dunkeln

Der Dumere-Verlag hat sich auf eine besondere Gattung von Kriminalgeschichten spezialisiert, die Gaslichtkrimis. Der Schauplatz liegt immer im England des letzten Jahrhunderts, denn bevor Häuser und Straßen elektrifiziert wurden, musste das viel schwächere Gaslicht alles erhellen, daher auch der Name dieser Gattung. Welcher Autor bietet dem Verlag welches Manuskript an, wo spielt es und zu welcher Zeit?

	Abendrot	*Das Rosenbeet*	*Der Verdacht*	*Falsche Freunde*	*Im Labyrinth*	Berkshire	Lancashire	Norfolk	South Wales	Wiltshire	um 1840	um 1850	um 1860	um 1870	um 1880
Anne Berry															
Arthur Colmar															
Iris Mayers															
Peter Sendell															
Rosalie Weser															
um 1840															
um 1850															
um 1860															
um 1870															
um 1880															
Berkshire															
Lancashire															
Norfolk															
South Wales															
Wiltshire															

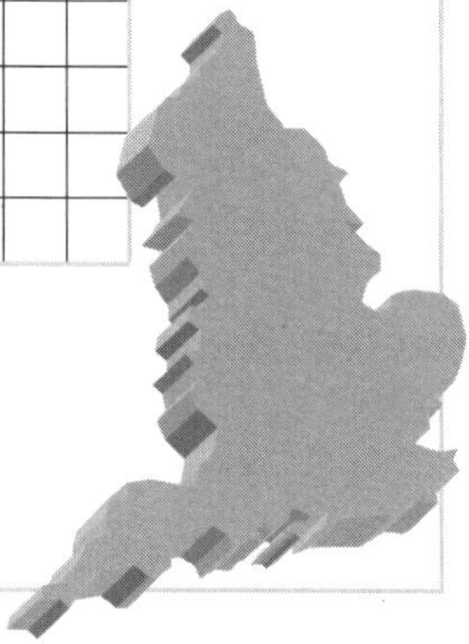

Hinweise

① Iris Mayers gab ihrem Manuskript weder den Titel *Der Verdacht* noch *Das Rosenbeet*. Der Zeitraum, in dem ihr Roman spielt, liegt irgendwann vor dem des erstgenannten Titels.

② Einer der männlichen Autoren hat als Ort der Handlung seines Romans *Falsche Freunde* die Grafschaft Wiltshire gewählt, aber als Zeit nicht um 1880.

③ Anne Berrys Geschichte ist in Berkshire angesiedelt. Ihr Roman spielt etwa zehn Jahre nach dem Zeitraum, den Peter Sendell gewählt hat, und ungefähr zehn Jahre vor dem des Romans, der in Norfolk spielt.

④ Der Zeitraum in *Der Verdacht* liegt irgendwann vor dem, den Rosalie Weser gewählt hat.

⑤ *Abendrot* spielt nicht um 1840, aber irgendwann vor der Geschichte, die eine Autorin in Lancashire angesiedelt hat.

⑥ Die Zeit in Arthur Colmars Manuskript – der Titel lautet nicht *Im Labyrinth* – liegt irgendwann nach der, in welcher der Roman *Das Rosenbeet* spielt.

Autor	Titel	Ort	Zeit

144 Der Klügere gibt nach

Hoher Schwierigkeitsgrad

Was zu viel ist, ist zu viel, sagt sich »Dirty« Harry, Hollywoods bekanntester und wohlhabendster Stuntman. Oft ist er für die Stars aus Fenstern gesprungen, mit Autos in die Luft geflogen und – seine Spezialität – überfahren worden. Aber letztes Jahr ist er dabei so häufig im Ernst verunglückt, dass er's nun wirklich leid ist und den Beruf aufgibt. Besonders die letzten Verletzungen waren sehr schmerzhaft. Was passierte wann, bei welchem Film und welchem Stunt?

	Arm gebrochen	Knöchel verstaucht	Rücken gezerrt	Schädelbasisbruch	Zähne verloren	Autounfall	Explosion	Fall vom Pferd	Klippensturz	Sprung aus Fenster	*Action Hero*	*Einstand*	*Klapperschlange*	*Rambo*	*Samurai*
Januar															
März															
Mai															
Juli															
September															
Action Hero															
Einstand															
Klapperschlange															
Rambo															
Samurai															
Autounfall															
Explosion															
Fall vom Pferd															
Klippensturz															
Sprung aus Fenster															

Hinweise

① Der spektakuläre Sturz von den Klippen und der Stunt im Januar endeten beide nicht mit Brüchen. Der Dreh vom Klippensturz fand nicht im Juli, aber zwei Monate nach *Rambo* statt.

② Harry hatte gerade mal zwei Monate Erholung nach dem missglückten Autounfall gehabt, als er bei einem Stunt seine letzten echten Zähne verlor. Zwei Monate später trat er wieder auf und holte sich prompt eine Rückenzerrung.

③ Bei der Explosion verletzte er sich unterhalb des Halses, während er sich bei *Samurai* oberhalb des Halses verletzte. Zwei Monate nach der Explosion fiel er wesentlich härter vom Pferd, als er geplant hatte.

④ Der Sprung aus dem Fenster, bei dem sich Harry nicht den Knöchel verstauchte, steht nicht im Drehbuch von *Klapperschlange*.

⑤ Direkt nach Abschluss von *Action Hero* doubelte Harry den Hauptdarsteller in *Einstand*. In einem der beiden Filme musste er vom Pferd fallen, im anderen brach er sich – im Ernst – seinen Arm. Beide Drehs fanden nicht im Mai statt.

Monat	Verletzung	Stunt	Film

145 Der Einbruch

»Pssst, leise, Handschuhe, Gummischuhe überstreifen, Mütze auf und über die Mauer geflankt. Vorsichtig zum Haus, alles bleibt dunkel, keiner da. Glasschneider raus, angesetzt. Halt! Nicht zittern jetzt! Nochmal: ein beherzter Kreis ins Glas, Sauger drauf, Atem stopp und – Klirr. Wo ist die Klinke? Da. Aufmachen. Rein. Ab zum Safe, Edes Zettel mit der Safe-Kombination aus der Tasche und – lieber Gott, was ist denn DAS? Da stehen ja nur Hinweise!« Viel Spaß!

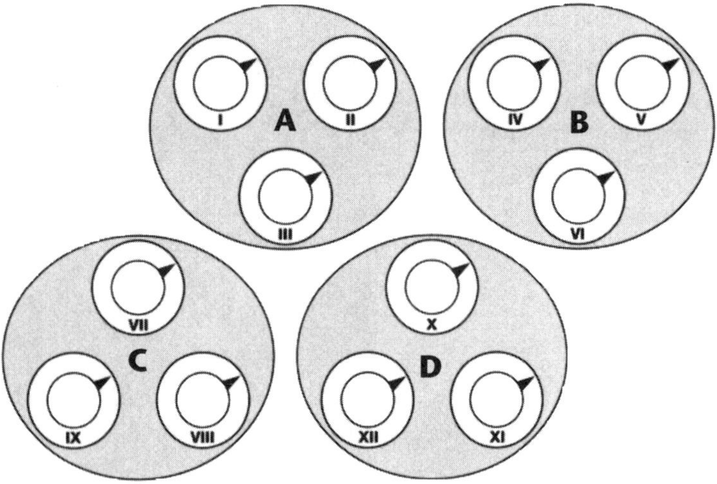

LT Safes AG
Modell: Enigma
Baujahr: 4/1994
Gewicht: nicht leicht
Öffnen: auf jedes Rad die eine richtige Zahl schreiben

Hinweise

① In der Kombination kommen zwei der Ziffern von 0 bis 9 je zweimal, alle anderen je einmal vor.

② Die höchste Gesamtsumme aus den drei Ziffern in jedem der Bereiche A bis D ist 17. Keiner der Bereiche hat dieselbe Gesamtsumme wie ein anderer.

③ Das Rad V musst Du auf die 0 stellen. »Endlich mal eine klare Aussage, Ede!«

④ Die Ziffer vom Rad XI ist gleich der Ziffer von Rad X mal der Ziffer von Rad XII. »Was denn! Glaubt Ede, dass ich 'nen Taschenrechner auf Bruch mitnehme, oder was?«

⑤ Eines der Räder II, V, VIII oder XI musst Du auf die 9 stellen, nicht aber, wenn eines der benachbarten Räder im gleichen Bereich eine gerade Zahl hat. »Ufff!«

⑥ Sowohl in Bereich C als auch in Bereich D musst Du die 6 einstellen. Die beiden Sechsen haben aber nicht die gleiche Position innerhalb ihres Bereiches.

⑦ Rad III und Rad XII musst Du auf dieselbe Ziffer stellen, Rad IV nicht auf die Ziffer 4.

⑧ Die Ziffer 1 solltest Du auf einem Rad einstellen, das eine höhere Nummer hat als das Rad mit der Ziffer 8. Die 1 und die 8 haben die gleiche Position innerhalb ihres Bereiches. Wenn also z. B. die 8 bei einem Rad mit der größten Nummer in seinem Bereich steht, musst Du die 1 auch auf einem Rad mit der größten Nummer in seinem Bereich einstellen. »Geht's nicht noch etwas umständlicher, Ede? Hilft alles nichts, ich muss das jetzt lösen, und zwar schnell. Aber halt, da steht ja noch was:«

Hier noch eine kleine **Starthilfe:** Finde zuerst heraus, welches Rad Du auf die 9 stellen musst.

146 Standing Ovations

besonders verzwickt

Seit vielen Jahren wird an der Trifterner Laienbühne »Dorfspielhaus« der »Räuber Kneißl« gegeben, ein Spiel über den legendären Wilddieb und Räuber aus Niederbayern. Die kleine Bühne hat sich durch überzeugende Dramaturgie, Regie und schauspielerische Leistungen überregional einen Namen gemacht. Welcher Amateurmime steht beim abschließenden Vorhang an welchem Platz, und welche Rolle spielt er?

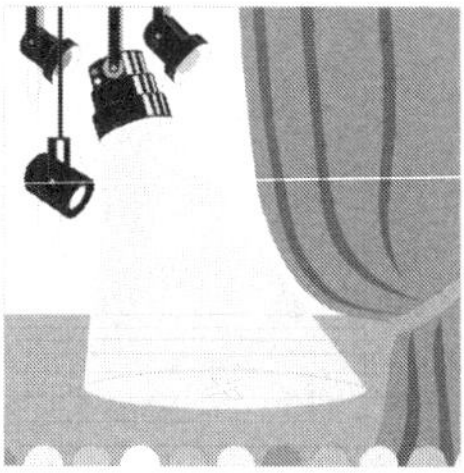

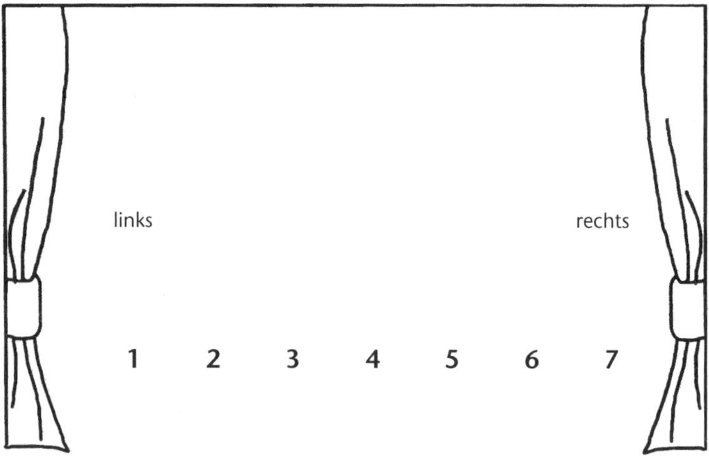

Darsteller: ______ ______ ______ ______ ______ ______ ______

Rolle: ______ ______ ______ ______ ______ ______ ______

Hinweise

- Männer spielen stets männliche Rollen.

① Keiner der drei »Kneißls« stand neben einem (einer) anderen »Kneißl.«

② Die Schauspielerin, die Kneißls Tochter spielte, hatte als Einzige an beiden Seiten jeweils einen Mann stehen. »Georg« stand allerdings nicht direkt neben ihr. Michael war der einzige Mann, an dessen beiden Seiten sich jeweils eine Frau befand.

③ Dieter stand zwei Plätze links von »Casimir«. »Mutter Kneißls« Nachbarin zur Rechten war Clara, ihr linker Nachbar war ein Mann.

④ »Räuber Kneißl« nahm auf einem Platz mit gerader Zahl die Ovationen des Publikums entgegen. Susanne, immer etwas scheu, hatte sich nicht in die Mitte der Bühne gestellt.

⑤ »Ludwig« verbeugte sich auf Platz 5. Johann war dem linken Bühnenausgang näher als Alexander.

Darsteller: Alexander, Clara, Dieter, Emma, Johann, Michael, Susanne

Rollen: Casimir, Georg, Ludwig, Milli, Mutter Kneißl, Räuber Kneißl, Tochter Kneißl

Starthilfe: Finden Sie zunächst heraus, welche Rolle von Clara gespielt wird.

147 Wahljahr in ...

besonders verzwickt

Nicht nur bei uns wird in diesem Jahr gewählt, sondern auch in Bür-Okratien, einer kleinen, aber durchorganisierten Republik, die der unsrigen ganz und gar unähnlich ist. Nach der Wahl stellen die Parteien fest, dass sie fast gleiche Stimmenzahlen erhalten haben. Was tun? Die Lösung: Alle regieren. So gibt es keine Opposition, und jeder hat ein Scheibchen vom Kuchen. Wer (Name, Partei, Dienstjahre) erhält welches Ministerium?

	Fibba	Krafti	Porki	Schufti	Wuppi	Finanzen	Inneres	Justiz	Verteidigung	Wirtschaft	5 Jahre	10 Jahre	15 Jahre	20 Jahre	25 Jahre
DPC															
DPP															
LDP															
MDP															
PDP															
5 Jahre															
10 Jahre															
15 Jahre															
20 Jahre															
25 Jahre															
Finanzen															
Inneres															
Justiz															
Verteidigung															
Wirtschaft															

Hinweise

① Wuppi, der neue Wirtschaftsminister, ist genau fünf Jahre weniger lang in der Politik als der neue Finanzminister, jedoch fünf Jahre länger als das Mitglied der DPP.

② Im Namen der Partei des Justizministers – nicht Krafti – steht in der Mitte kein D. Die Karriere des Justizministers dauert bereits länger als diejenige des MDP-Mitglieds, jedoch kürzer als die von Schufti, der nicht in der PDP ist.

③ Porki wollte zwar das Verteidigungsministerium haben, aber zu seinem großen Verdruss ging es an jemanden, der über zehn Jahre kürzer in der Politik ist als er. Auch seinen zweiten Wunschposten konnte er nicht realisieren, denn der ging an das LDP-Mitglied, das genau fünf Jahre weniger Erfahrung hat als er.

④ Das Mitglied der DPC – nicht Fibba – hat nicht die meisten Dienstjahre.

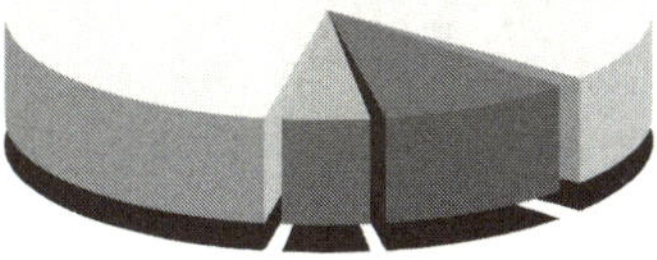

Partei	Name	Ministerium	Jahre

148 ... Bür-Okratien

Nach der Wahl machen sich die Analytiker ans Werk: Wie kam es zu dieser Stimmengleichheit? Wie viele Wähler haben ihre alte Partei nicht mehr gewählt, und welcher anderen Partei gaben sie stattdessen ihr Votum? Und welcher Politiker war der jeweilige Stimmen-Magnet? Auf Wunsch der Politiker erfährt die Analyse vor ihrer Veröffentlichung allerdings einige Veränderungen – natürlich nur der besseren Klarheit wegen. Finden Sie alles heraus?

	Verlust					Gewinn									
	DPC	DPP	LDP	MDP	PDP	DPC	DPP	LDP	MDP	PDP	Concra	Gwinna	Puschova	Teppla	Victa
7,9 Prozent															
8,2 Prozent															
9,7 Prozent															
10,3 Prozent															
11,4 Prozent															
Concra															
Gwinna															
Puschova															
Teppla															
Victa															
Gewinn DPC															
Gewinn DPP															
Gewinn LDP															
Gewinn MDP															
Gewinn PDP															

Hinweise

① Der Verlust der MDP war höher als ihr Gewinn. Concras Partei gewann weniger als die MDP.

② Der Zulauf zur PDP war höher als der Verlust der LDP. Beide Zahlen unterscheiden sich allerdings um weniger als ein Prozent. Der Gewinn von Gwinnas Partei – mit einem D in der Mitte des Namens – war mehr als ein Prozent höher als die nächstkleinere Prozentzahl, die übrigens den Verlust der DPC darstellt.

③ Teppla zog viele Wähler von der PDP an. Noch mehr Stimmen bewegte allerdings Victa zu seinen Gunsten. Keiner von beiden gehört zur DPP.

④ Puschova ist für eine Wählermigration von 9,7 Prozent verantwortlich. Der Gewinn der LDP ist größer als der Verlust der DPP. Beide Zahlen betragen nicht 9,7 Prozent.

Prozent	**Verlust**	**Gewinn**	**Kandidat**

149 Der Schnellschreiber

Arno Welden ist ein Autor, dessen Werke zwar von vielen gelesen werden, der aber dennoch kaum jemandem bekannt ist. Der Grund dafür ist, dass er unter Künstlernamen billige Geschichten für Romanhefte schreibt und darauf besteht, dass sein echter Name nicht abgedruckt wird. Diesen Monat sind es allein sechs Geschichten, die er abliefern muss. Wie heißt welche Story, welchem Genre ist sie zugehörig, und wann muss er sie abgeben?

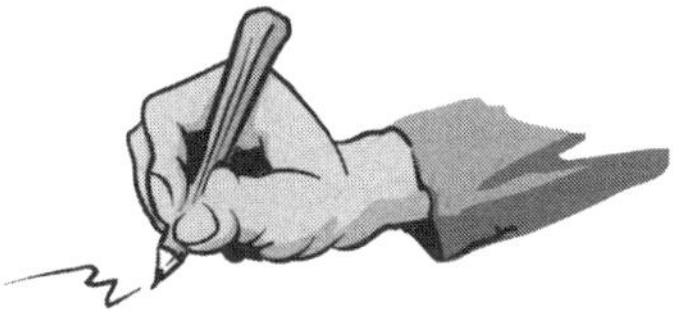

Datum	Titel	Genre
1.		
7.		
10.		
16.		
19.		
28.		

Hinweise

① *Jägers Mond* ist unmittelbar zwischen *Weißes Pferd* und einer Story, deren Titel aus nur einem Wort besteht, zur Abgabe fällig.

② Die Geschichte mit dem Titel *Goodman* muss nicht am 7. fertig sein, aber einige Zeit vor der Romanze und irgendwann nach dem Historienroman.

③ Unmittelbar nach *Stern der Verheißung* muss Arno den Western abliefern. Direkt vor *Stern der Verheißung* muss das *Weiße Pferd* fertig sein.

④ Nur sechs Tage nach *Inferno,* das kein Historienroman werden soll, muss das Manuskript für die Spionagegeschichte beim Verleger eintreffen.

⑤ Der Titel des Kriminalromans besteht aus einer geraden Anzahl von Wörtern.

Titel: *Ein Mann in Blau, Goodman, Inferno, Jägers Mond, Stern der Verheißung, Weißes Pferd*

Genres: Historienroman, Krimi, Romanze, Science-Fiction, Spionagegeschichte, Western

Starthilfe: Finden Sie zunächst heraus, welche Geschichte Arno zuletzt fertigstellen muss.

150 Hochzeitsreigen

besonders verzwickt

Die kleine, unscheinbare Bethlehemskirche liegt in einem der noblen Viertel unserer Stadt. Wer wirklich mit Stil heiraten will, verzichtet auf jeden Pomp und lässt sich dort trauen. Das Problem dabei ist nur, dass die Kirche sehr beliebt ist und man nur schwer einen Termin erhält – manch eine Hochzeit ist deswegen schon verschoben worden. Finden Sie heraus, welches Gemeindemitglied sich an welchem Datum mit wem vermählt?

Bethlehemskirche, Parkstraße – Hochzeiten		
Datum	Gemeindemitglied	Ehepartner
13. Juni		
20. Juni		
27. Juni		
4. Juli		
11. Juli		
18. Juli		
25. Juli		

Hinweise

① Igors Hochzeit wird am 27. Juni stattfinden, Saras Hochzeit nach der von Carolin.

② Ludwig wird mit seiner Braut an einem Tag mit gerader Zahl den Bund fürs Leben eingehen, Gerhard nicht am 4. Juli.

③ Flora heiratet zwei Wochen nach Hubert, Cornelius eine Woche vor Miriam, die nicht als Letzte vor dem Altar stehen wird.

④ Amanda heiratet eine Woche vor einem der weiblichen Gemeindemitglieder, das nicht Nick zum Mann erwählt hat.

⑤ Magda ist das einzige weibliche Gemeindemitglied, das zwischen den Hochzeiten zweier männlicher Gemeindemitglieder heiraten wird.

⑥ Die Hochzeiten von Miriam und Ludwig liegen mehr als eine Woche auseinander.

Gemeindemitglieder: Carolin, Flora, Magda, Sara, Cornelius, Gerhard, Norbert

Ehepartner: Amanda, Alice, Miriam, Hubert, Igor, Ludwig, Nick

Starthilfe: Finden Sie zunächst heraus, wen Cornelius heiratet.

151 Pro Wildlife

besonders verzwickt

Die Tierschutzorganisation Pro Wildlife wurde vor vielen Jahren in Kanada gegründet. Zahlreiche Regionalgruppen sind über das ganze Land verstreut. Einige dieser Gruppen wurden kürzlich für ihre Aktivitäten ausgezeichnet und dürfen seitdem den Namen einer bedrohten Tierart tragen. Wann wurden die einzelnen Regionalgruppen gegründet, welche Namen erhielten sie, wie viele Mitglieder haben sie jeweils, und in welcher Region sind sie tätig?

Gründungsjahr	Name	Mitgliederzahl	Region

Hinweise

Die älteste der ausgezeichneten Gruppen wurde 1962 gegründet und ist mit 119 Mitgliedern auch die kleinste. Die größte Gruppe hat 249 Mitglieder. 1970 wurde eine Gruppe gegründet, die größer ist als die *Eisvogel*-Gruppe und als die Gruppe aus der Region Südost, aber kleiner ist als die Gruppe, der der Name *Fischotter* verliehen wurde. Die erst 1983 gegründete Regionalgruppe ist größer als die *Wildkatzen* und die Gruppe aus der Südregion, aber kleiner als die der Region Ost und die der *Feldhasen*. Die Gruppe mit dem Gründungsjahr 1986 ist größer als die aus dem Südosten und auch größer als die *Steinadler,* aber kleiner als die Gruppe aus dem Norden und die *Brachvogel*-Gruppe. Die Gruppe aus der Südwestregion ist größer als die *Wanderfalken* und die 1989 gegründete, aber kleiner als die von 1967 und die von 1970. Von den insgesamt acht Gruppen gründete sich eine 1975 und eine 1980. Eine Gruppe hat 156 Mitglieder. Ihre Gründung fand neun Jahre nach den *Fischottern* und drei Jahre nach der aus 190 Mitgliedern bestehenden Gruppe statt. Die Gruppe, die jetzt den Namen *Brachvogel* tragen darf, hatte ihre Gründungsversammlung drei Jahre früher als die *Feldhasen*. Die Mitgliederzahlen von drei Gruppen lauten: 141, 175, 205. Aus der Nordostregion wurde eine Gruppe ausgezeichnet, die neunzehn Mitglieder mehr hat als die aus der Region Südost und acht Jahre später gegründet wurde als die Gruppe aus dem Nordwesten. Die *Luchse* gründeten sich vierzehn Jahre früher als die *Wildkatzen* und haben weniger Mitglieder als diese. Die zweitgrößte Gruppe ist die aus der Westregion. Sie begann ihre Arbeit drei Jahre vor den *Feldhasen* und hat 227 Mitglieder. Die Mitgliederzahl der Gruppe *Steinadler* ist größer als die der Gruppe *Wanderfalken*.

152 **Rauf und runter**

Auch in der nassen und kalten Jahreszeit erfreut sich der Spielplatz in unserem Stadtpark großer Beliebtheit bei den Kindern. Ständig besetzt sind die sechs bunten Wippen, die gleich beim Eingang aufgestellt sind. Auf jeder Wippe sitzen zwei Kinder und schaukeln um die Wette. Zwischen drei und acht Jahre sind die Kinder alt – jeweils zwei Kinder haben das gleiche Alter. Welches Kind sitzt auf welcher Position und ist wie alt?

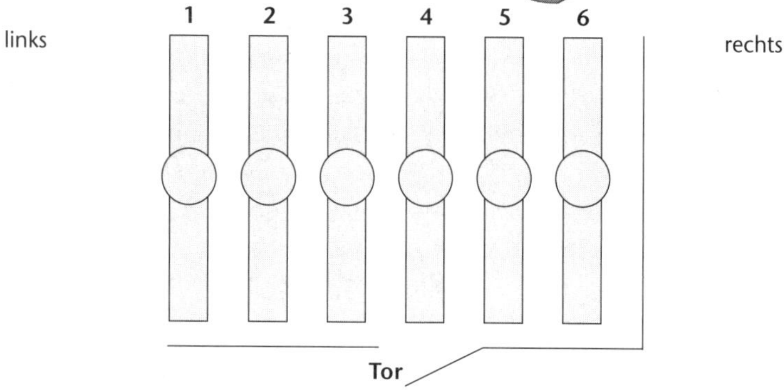

	Gesicht zum Tor		Rücken zum Tor	
	Kind	Alter	Kind	Alter
1				
2				
3				
4				
5				
6				

In keinem Fall sind die beiden Kinder, die jeweils eine Wippe benutzen, gleich alt. Auch beträgt der Altersunterschied von einem Kinderpaar nie mehr als zwei Jahre. Ferner sitzen in keinem Fall zwei Kinder auf einer Wippe, deren Vornamen mit dem gleichen Buchstaben beginnen. Alle Kinder, die in Richtung Tor schauen, sind unterschiedlich alt. Zwei Mädchen sind acht Jahre alt; eines von ihnen sitzt auf Wippe 5 und schaut beim Wippen in Richtung Eingang. Der Junge auf Wippe 3 sitzt mit dem Rücken zum Eingang. Er ist zwei Jahre jünger als seine Spielpartnerin. Unmittelbar rechts von diesem Jungen sitzt ein jüngerer Junge, dessen Gegenüber vier Jahre alt ist. Ruth, die sechs Jahre alt ist, sitzt mit dem Rücken zum Eingang. Tanja ist nicht sechs Jahre alt. Sie ist ein Jahr jünger als Stefan, und Jochen ist ein Jahr jünger als Susanne. Lore ist jünger als Sabrina, die wiederum ein Jahr älter ist als ihr Partner. Dagmar und Melanie sind gleich alt. Das Alter von Jens – er sieht auf den Eingang – stimmt mit der Nummer seiner Wippe überein. Zwei Mädchen haben die Wippe 2 besetzt. Diejenige von diesen beiden, deren Gesicht zum Eingang gewandt ist, ist zwei Jahre jünger als die andere. Stefan sitzt auf einer Wippe, die eine höhere Nummer hat als die, auf der Florian wippt. Dagmars Wippe hat eine um zwei höhere Nummer als die, auf der David sitzt. Einer der beiden siebenjährigen Jungen hat seinen Platz unmittelbar rechts neben Ruth.

153 Klug kombiniert

Kennen Sie das Spiel »Ich sehe was, was du nicht siehst«? Gestern kamen Freunde zu Besuch, und einer schlug dieses Spiel vor. Die Regeln sind einfach: Eine Person wählt im Stillen einen Gegenstand im Zimmer aus, die anderen erhalten Hinweise und versuchen, die Lösung zu erraten. Wer wählte welchen Gegenstand, wer fand die Auflösung, und wie viele Hinweise musste die Person, die die anderen raten ließ, jeweils geben?

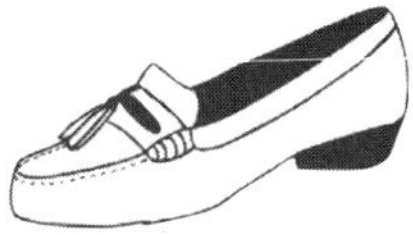

ausgesucht von	Birgit	Heiner	Laura	Paul	Regina	Silke
Gegenstand						
erraten von						
Anzahl der Hinweise						

Hinweise

- Die Begriffe »Mitspieler« und »Teilnehmer« erlauben keinen Rückschluss auf das Geschlecht.

① Der Mitspieler – er heißt nicht Heiner –, der das von Silke gewählte Objekt erriet, benötigte zwei Hinweise mehr, als sie selbst brauchte.

② Paul erriet den von Regina ausgesuchten Gegenstand, aber sie nicht den seinen. Für das Objekt, das Paul aussuchte, wurden drei Hinweise mehr benötigt, als er selbst brauchte.

③ Die Person, die das Kissen wählte, hatte das von einem anderen Teilnehmer ausgesuchte Feuerzeug erraten. Um zu erkennen, dass das Kissen gemeint war, wurden zwei Hinweise mehr benötigt als zum Erraten des Feuerzeuges.

④ Der von einer Frau ausgewählte Schuh wurde von einem Mann erraten. Dieser benötigte mehr Hinweise als der Teilnehmer, der Heiners Objekt erriet, aber weniger als Birgit in einer anderen Runde.

⑤ Laura benötigte neun Hinweise, um eine Runde zu gewinnen. Für den Gegenstand, den sie sich ausgesucht hatte, wurden mehr als neun Hinweise benötigt. Die Summe der Hinweise, die Laura und Regina geben mussten, ist gleich der, die Birgit und Paul gaben.

⑥ Für den von Birgit ausgesuchten Gegenstand waren weniger Tipps nötig als für jenen, den Regina wählte. Der von Birgit gewählte Gegenstand steht in der Liste irgendwo hinter dem Reginas.

⑦ Der Teilnehmer, der sich den Türgriff ausgesucht hatte, erriet die Vase und benötigte dazu mehr als zwei Hinweise weniger als jener Teilnehmer, der den Türgriff erriet.

Mitspieler: Birgit, Heiner, Laura, Paul, Regina, Silke

Gegenstände: Bild, Feuerzeug, Kissen, Schuh, Türgriff, Vase

Hinweise: 7, 9, 10, 12, 13, 15

154 Das verzwickte Regal

Georg, der einen Süßigkeitenstand betreibt, bat seinen Freund Johann, ihn einen Tag lang zu vertreten. »Der hat vielleicht Nerven«, dachte sich Johann, als er die Anweisungen las, die sein Freund ihm hinterlassen hatte. Hier stand zwar genau, welche Süßigkeiten er in welchen Regalfächern einsortieren musste, aber die Anweisungen waren eigentlich eher ein Job für einen Logik-Profi als für einen Aushilfsverkäufer ...

hinten

	1	2	3	4	5	
	6	7	8	9	10	
links	11	12	13	14	15	rechts
	16	17	18	19	20	
	21	22	23	24	25	

vorne

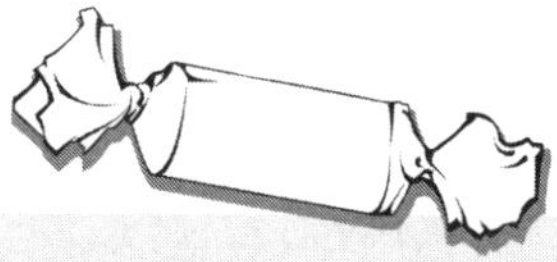

Hinweise

In keiner waagerechten Reihe oder senkrechten Spalte befinden sich Süßigkeiten, die den gleichen Anfangsbuchstaben haben. Das trifft auch für jede mögliche Diagonale zu (bei der eine Gerade durch die Ecken der aneinander angrenzenden Fächer gezogen werden kann). Süßigkeiten, deren Anfangsbuchstaben im Alphabet nebeneinander stehen, liegen nicht in Fächern, die mit ihren Längs- oder Seitenwänden oder mit ihren Ecken aneinander stoßen. Die Anisbonbons liegen in Fach 13. In die vier Eckfächer gehören jeweils Süßigkeiten, die ein Tier darstellen. Die Fenchelbonbons müssen in die vorderste Reihe. Irgendwo diagonal davon sollen die Prachtlollies und die Pfirsichdrops einsortiert werden. Die Waschbären liegen direkt hinter den Cashewkernen und grenzen an die Frösche. Die Nougatwürfel liegen in der gleichen senkrechten Spalte wie die Affen. Die Schlangen liegen nicht in der gleichen waagerechten Reihe wie das Blockmalz oder wie die Butterkaramellen. Die Fächer der Honigbonbons und der Orangendrops grenzen aneinander – sie berühren sich jedoch nur an den Ecken. In einer waagerechten Reihe – jedoch nicht in der vordersten – befinden sich vier Fächer mit Süßigkeiten, die ein Tier darstellen. Das Fach mit den Schildkröten liegt irgendwo hinter dem Fach, in das die Walfische einsortiert werden müssen. Die Mandelsplitter liegen diagonal zu den Schildkröten. Die Cashewkerne liegen in einer der waagerechten Reihen hinter derjenigen, in die die Schlangen einsortiert werden sollen. Die Cashewkerne befinden sich rechts vom Blockmalz. Die Pfirsichdrops liegen direkt vor den Eukalyptusbonbons. Die Letztgenannten liegen irgendwo rechts von den Waschbären. Die Geleebananen liegen direkt vor dem Blockmalz und irgendwo links von den Prachtlollies. Die Chamäleons befinden sich in der vordersten und die Orangendrops in der hintersten Reihe. Die Drageemischung, die Johannisbeerdrops, die Fruchtmischung, die Lakritzstangen und die Toffeemischung konnte Johann schließlich auch noch nach Georgs Wünschen in die richtigen Fächer einsortieren.

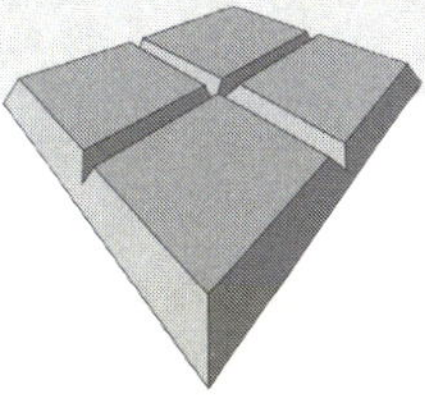

155 Henrikes Geburtstag

Heute Nachmittag findet bei unseren Nachbarn eine große Kinder-Geburtstagsparty statt. Henrike, die ihren siebten Geburtstag feiert, durfte alle ihre Freunde einladen. Ihre Mutter hat den runden Tisch mit lustigen Marzipan-Tieren und Luftschlangen hübsch dekoriert. Insgesamt sind fünf Jungen und fünf Mädchen im Alter zwischen fünf und neun Jahren gekommen. Welches Kind sitzt an welchem Platz und ist wie alt?

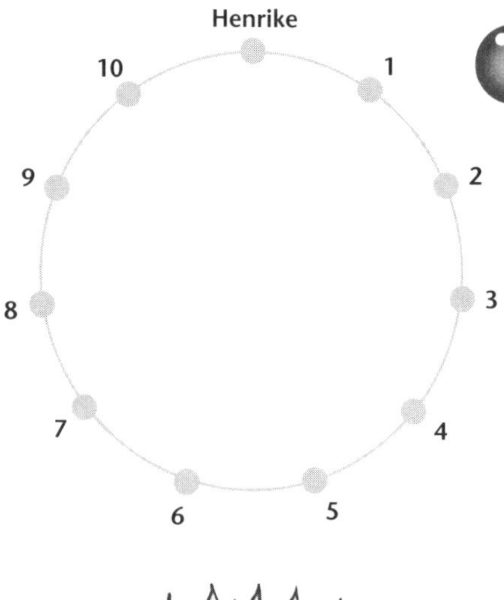

	Name	Alter
1		
2		
3		
4		
5		
6		
7		
8		
9		
10		

Hinweise

Henrikes Freundinnen haben alle ein unterschiedliches Alter, ebenso wie auch die Jungen jeweils unterschiedlich alt sind. Die Mädchen sitzen auf Plätzen mit ungeraden Platzziffern. Florian sitzt unmittelbar zwischen Sabrina und Pamela. Nadine ist genauso alt wie Henrike. Aus Jessicas Sicht sitzt Dennis drei Plätze weiter rechts. Christina ist ein Jahr älter als Kevin. Wenn man das Alter von Sven und Thomas addiert, ergibt sich die Summe des Alters von Jessica und Pamela. Der fünf Jahre alte Junge sitzt genau zwischen zwei Mädchen, die sechs und neun Jahre alt sind. Das achtjährige Mädchen sitzt direkt zwischen zwei Jungen, deren Alter sechs und sieben Jahre ist. Christina sitzt direkt rechts von dem sieben Jahre alten Jungen. Dieser Junge sitzt – von Nadine aus gesehen – drei Plätze weiter rechts. Sven ist jünger als Thomas.

156 Blumen und Gehäkeltes

Auf dem Gelände der Landesgartenschau wird für einen Tag ein Kunstmarkt errichtet, auf dem unter anderem Schmuck und Handarbeitsartikel angeboten werden. Die Standmiete ist mit 250 Mark für einen großen und 180 Mark für einen kleinen Stand zwar nicht ganz billig, aber der Einsatz lohnt sich. Welcher Stand wird von wem geleitet, was wird dort verkauft, und wie hoch sind am Abend die Einnahmen?

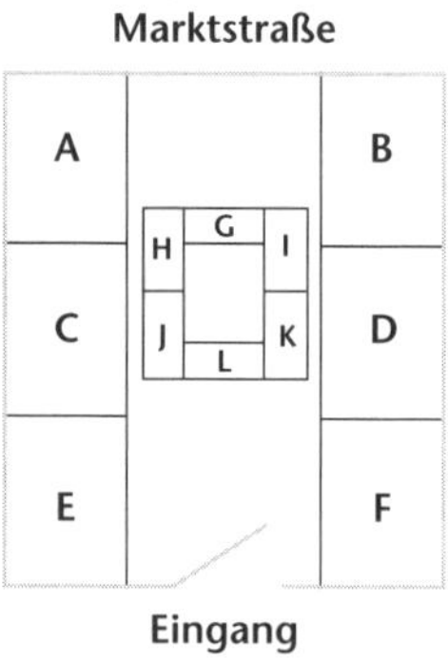

Stand	Name	Produkt	Einnahme

Hinweise

Die Bezeichnungen »Standinhaber« oder »Betreiber« erlauben keinen Rückschluss auf das Geschlecht. Wird das Wort »Einnahme« verwendet, ist die jeweilige Standmiete noch nicht von der Summe abgezogen worden. Hingegen bezeichnet der Begriff »Nettoeinnahme« die Tageseinnahme abzüglich der Standmiete. Die Einnahmen von Frau Tiede und Frau Arff betragen zusammen 2630 Mark. Frau Tiedes Nettoeinnahme beträgt 1140 Mark. Der Stand von Herrn Abelt, der näher am Eingang liegt als der von Herrn Dohm, grenzt mit einer Seitenwand an dessen Seitenwand. Herr Abelt nimmt 80 Mark mehr ein als Frau Arff und 170 Mark weniger als Herr Dohm. Die Betreiber des Steingutfiguren- und des Porzellanmalereistandes nehmen zusammen 1100 Mark mehr ein als Herr Witte. Am Stand mit den Häkelarbeiten kommt eine Nettoeinnahme von 1320 Mark zusammen. An diesen Stand, der direkt an der Marktstraße liegt, schließt gleich der von Frau Pahl an. Diese nimmt 40 Mark mehr ein als Frau Dirks, die einen kleinen Stand gegenüber von ihr gemietet hat. Die Einnahmen aus dem Verkauf von Silberschmuck und Kerzen sind zusammengenommen genauso hoch, wie die der Strick- und Korbwaren. Die Einnahmen bei den Kerzen sind um 30 Mark geringer als bei den Körben. Frau Pfaff bezahlt 250 Mark Miete. Ihr Stand liegt – vom Eingang aus gesehen – auf der linken Seite. Frau Welz nimmt genau 120 Mark weniger ein als Frau Pfaff. Der Betreiber des Batikstoffstandes, an den der mit dem Silberschmuck anschließt, nimmt mehr ein als der mit den Seidenblumen. Die Rückseite des Seidenblumenstandes und die der Bude von Herrn Sacht liegen sich direkt gegenüber. Herr Sacht – er nimmt 1345 Mark ein – hat seinen Stand direkt gegenüber der Bude mit den Ledergürteln. Herr Stöck nimmt 165 Mark mehr ein als Herr Tauer und 30 Mark mehr als Frau Welz, aber 50 Mark weniger als der Betreiber des Standes mit den Holzschnitzereien. Die letztgenannte Bude liegt direkt neben Frau Arffs Stand. An einem der zwölf Stände werden Stickwaren angeboten. Direkt gegenüber von Herrn Abelts Bude und neben den Steingutfiguren befindet sich der Stand mit den Porzellanmalereien. Herr Witte betreibt eine der beiden Buden neben dem Eingang. Herr Tauer hat einen kleinen Stand. Die Einnahmen aller Standinhaber betragen zusammen 16 620 Mark.

157 Ritterspiele in Camelot

Die lange Friedenszeit war ein Segen für das Land und die Bevölkerung, nur die Ritter der Tafelrunde vermissten die Herausforderung. Um den Herren etwas Abwechslung zu bieten, plante König Artus ein Turnier in Camelot. Zwölf seiner edelsten Ritter als Vertreter des Reiches übernahmen die Organisation der Festspiele. An welchem Turniertag war welcher Ritter (Name und Stammsitz) für die Leitung verantwortlich?

Turniertag	Name	Stammsitz

Das Turnier dauerte insgesamt zwölf Tage, an denen die Ritter ihre Geschicklichkeit zeigten. Der Adelige aus Albans war für den Tag verantwortlich, der direkt vor dem lag, den Sir John leitete, und direkt nach dem, den Sir Harold organisierte. Sir Alfred hatte die Aufsicht an irgendeinem Tag nach Sir Timothy. Auch Sir Boris hatte die Ehre, für 24 Stunden die Leitung des Turniers zu übernehmen. Der Ritter, der für den ersten Tag verantwortlich war, kam aus Rye. Sein Name steht in der alphabetischen Liste direkt vor dem des Ritters, dessen Stammsitz Worcester war und der das Turnier am neunten Tag leitete. Sir Gervase, der die Ritterspiele zwei Tage vor Sir Sylvester überwachte, leitete nicht die Eröffnungsfeierlichkeiten. Der Ritter aus Bristol hatte die Verantwortung für den Termin, der drei Tage vor dem lag, den der Adelige aus Huntingdon organisierte. Der Ritter aus York leitete das Turnier einen Tag vor dem Ritter aus Norwich. Der Termin, den der Adelige aus Warwick organisierte, lag genau sechs Tage nach dem, an dem der Ritter aus Bristol alles überwachte. Sir Julian war nicht aus Chester angereist. Der Ritter aus Chelmsford war genau einen Tag nach Sir Richard für den Ablauf des Turniers verantwortlich. Dem Ritter aus Newbury war die Organisation des Termins übertragen worden, der vier Tage vor Sir Richards Turnierleitung lag. Sir Julian – er war nicht für den siebten Turniertag verantwortlich – überwachte die Organisation einen Tag vor Sir Roger. Sir Henry, der nicht aus York stammte, war drei Tage nach Sir Roger für den Ablauf der Spiele verantwortlich. Sir Harold war zwei Tage nach Sir Boris, aber irgendwann vor Sir Charles der Leiter des Turniers. Einer der zwölf Ritter hatte seinen Stammsitz in Winchester.

158 Sammeln bringt Gewinn

besonders verzwickt

Ein Einkaufszentrum vergibt ein halbes Jahr lang Treuemarken an seine Kunden. Die Gutscheine werden in spezielle Sammelheftchen geklebt, wobei sich die Anzahl nach der Höhe des Einkaufs richtete. Ein Prospekt zeigt die Preise, die danach an die treuesten Kunden verteilt werden. Finden Sie die Anzahl der Gutscheine, Heftseiten und Sammelheftchen jeder Kundin heraus, und was diese dafür erhält?

Name	Gutscheine	Heftseiten	Heftchen	Preis

Hinweise

Jede Kundin hat für den Preis, den sie möchte, die genau dafür vorgesehene Anzahl an Gutscheinen gesammelt und auch nur

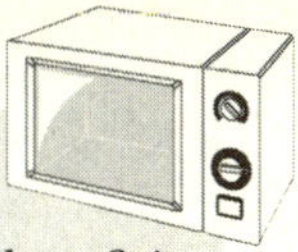

voll geklebte Heftchen abgegeben. Insgesamt wurden 534 Heftchen eingereicht. Jedes hat die gleiche Anzahl an Seiten und Gutscheinen. Frau Prien und Frau Ravens haben davon zusammen mehr als ein Drittel eingereicht. Frau Ravens hat 2142 Gutscheine mehr gesammelt als Frau Prien. Frau Holt gibt 32 Heftchen mehr ab als diejenige, die den Gartengrill haben will. Frau Behr hat dreimal so viele Heftchen gesammelt wie Frau Möller, 44 Prozent mehr als Frau Holt und viermal so viele wie Frau Schur. Die Letztgenannte hat 378 Seiten weniger voll geklebt als Frau Behr. Für die Stereoanlage müssen laut Prospekt 82 Heftchen voll sein. Die Anzahl der Heftchen von Frau Möller und Frau Timm ist zusammen gleich der Anzahl der Heftchen von Frau Gruber, die 35 Seiten mehr hat als Frau Holt. Trotzdem schafft es Frau Gruber nicht, die Kamera zu bekommen, für die 7735 Gutscheine erforderlich sind. Die Kundin, die die Kamera gewinnt, hat 28 Heftchen mehr gesammelt als Frau Wagner. Diese stellt fest, dass die von ihr gesammelten Heftchen 74 Prozent jener ausmachen, die Frau Holt gesammelt hat. Frau Wagners Heftchen und die von Frau Schur ergeben zusammen die Anzahl der von Frau Gruber eingereichten Heftchen. Aus der Addition der Heftchen von Frau Prien und von Frau Schur ergibt sich die Anzahl der Heftchen von Frau Ravens. Für das Teeservice müssen 217 Seiten vollgeklebt sein. Für das Messerset werden 4403 Gutscheine benötigt. Die Anzahl der Heftchen für die Messer ist um sechs höher als für das Teeservice. Frau Decker sammelt 1785 Gutscheine mehr, als für den Rasenmäher notwendig sind, um einen anderen Preis zu gewinnen. Frau Möller interessiert sich nicht für das Radio und Frau Ravens nicht für die Mikrowelle. Für diese werden mehr Gutscheine benötigt als für den Schmuck, aber weniger als für das Fahrrad, für das nicht Frau Behr gesammelt hat. Für die Mikrowelle benötigt man mehr Gutscheine als für das Radio.

159 Probe aufs Exempel

Es hat Zeugnisse gegeben, und nun prahlt Sascha überall mit seinen guten Noten. Sein Vater will ihn nun auf die Probe stellen, ob er wirklich so ein helles Köpfchen ist. Er gibt Sascha statt einer Liste der Pflanzen, die im Frühjahr in den Garten gesetzt werden sollen, den folgenden Text. Können Sie dem Jungen helfen, die knifflige Aufgabe zu lösen und das Diagramm richtig auszufüllen?

hinten

1	2	3	4	5
6	7	8	9	10
11	12	13	14	15
16	17	18	19	20
21	22	23	24	25

vorne

Hinweise

In keiner waagerechten Reihe oder senkrechten Spalte befinden sich Pflanzen, deren Namen den gleichen Anfangsbuchstaben haben. Das trifft auch für jede mögliche Diagonale zu (bei der eine Gerade durch die Ecken der aneinander angrenzenden Fächer gezogen werden kann). Die Pflanzennamen, deren Anfangsbuchstaben im Alphabet benachbart sind, stehen nicht in

Fächern, die mit ihren Längs- oder Seitenwänden oder mit ihren Ecken aneinander stoßen. In die vier Ecken der Anlage kommen jeweils Pflanzen, deren Anfangsbuchstaben im Alphabet mit 26 Buchstaben direkt aufeinander folgen. In eine einzige Spalte kommen ausschließlich Pflanzen mit Namen, deren Anfangsbuchstaben aus der ersten Hälfte des Alphabets stammen. Die Dahlien, die in eine Diagonale mit den Pantoffelblumen kommen, sollen direkt waagerecht oder senkrecht neben den Zinnien gepflanzt werden. Der Platz der Verbenen liegt direkt vor dem der Chrysanthemen und grenzt direkt diagonal an den der Freesien an. Die Begonien sollen nicht direkt neben den Hyazinthen, aber diagonal zum Lavendel und zu den Lobelien gepflanzt werden. Die Nelken sollen ihren Platz irgendwo hinter den Amaryllis erhalten. Die Stiefmütterchen sollen direkt diagonal an die Hyazinthen angrenzen, aber irgendwo links von den Astern gepflanzt werden. Der Platz für die Margeriten ist irgendwo vor dem der Sonnenblumen eingeplant, die sich wiederum in einer Reihe mit dem Lavendel befinden sollen. In einer Spalte sollen die Primeln und Iris eingesetzt werden und in einer anderen Christrosen und Geranien. Im Mittelpunkt der Anlage wird ein Beet mit den Zinnien bepflanzt. Veilchen und Petunien sollen direkt diagonal aneinander grenzend gesetzt werden, dabei sollen sich die Petunien in der gleichen Reihe befinden wie die Astern. Die Pantoffelblumen kommen in die gleiche Reihe wie die Stiefmütterchen, aber irgendwo links von diesen. »Na, nun dürfte es kein Problem mehr sein, zu erkennen, wohin die Wicken, die Narzissen und die Lilien gepflanzt werden sollen«, schloss der Vater seine Anweisungen.

160 Bitte recht freundlich!

besonders verzwickt

Das neue Vereinsheim des TSV Halderstadt ist endlich fertig gestellt worden und soll nun mit neuen Mannschaftsfotos dekoriert werden. Eines der Vereinsmitglieder ist Fotograf und hat versprochen, kostenlose Bilder zu machen.
Am Sonntagmorgen ist es soweit, und als Erstes wird die Fußballmannschaft abgelichtet. Wer mit welcher Spielernummer befindet sich auf welcher Position?

Name	Nummer	Position

Hinweise

Es wird empfohlen, die Namen der Spieler in ihrer alphabetischen Reihenfolge in die Liste einzutragen. Die Spielernummern lauten von 1 bis 11. Links und rechts bezieht sich immer auf Namen, Nummern oder Positionen in der gleichen Reihe. Das Mannschaftsmitglied Rengler und der mit der Spielernummer 8 befinden sich jeweils am Ende der gleichen Reihe. Die Position des Fußballers mit der Spielernummer 1 ist zwei Plätze weiter links neben dem Teamkollegen namens Villmer und direkt rechts von dem Mannschaftskameraden mit der Nummer 10. Adamskis Spielernummer ist um zwei größer als seine Positionsnummer. Die Spielernummer von Lehmann ist um sechs kleiner als seine Positionsnummer. Spieler Villmer – er ist nicht am Ende einer Reihe – befindet sich drei Plätze weiter rechts von seinem Mannschaftskameraden Pilcher. Junkers Spielernummer ist größer als die Lehmanns, aber kleiner als jene von Rengler. Der Fußballer namens Bauer hat seinen Platz irgendwo links von Franke und irgendwo rechts von Junker. Die drei letztgenannten Spieler befinden sich alle in der gleichen Reihe. Die Positionsnummer des Fußballers namens Dehling ist um sieben kleiner als seine Spielernummer. Die Positionsnummer von Teammitglied Ganther ist gleich der Spielernummer von Bauer. Die Nummer auf Renglers Trikot ist kleiner als die seines Teamkollegen Ulmer. Die Positionsnummer von Mannschaftsmitglied Franke ist um zwei kleiner als seine Spielernummer.

161 Im Stadtpark

besonders verzwickt

Frau Primer macht mit ihrer Kindergartengruppe heute einen Ausflug in den Stadtgarten. Den Sommer über ist dort ein Karussell aufgebaut, und ihre Schützlinge können es kaum erwarten, bis sie endlich damit fahren dürfen. Glücklicherweise sind genügend Fahrmöglichkeiten vorhanden, und keiner muss warten. Auf welchem Platz (Kennbuchstabe) sitzt welches Kind in welchem Gefährt?

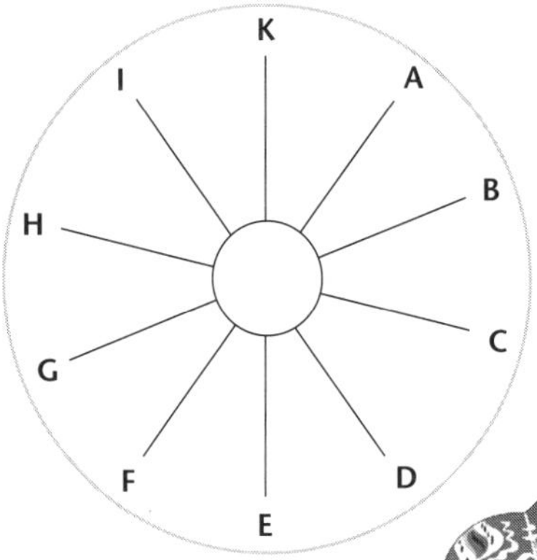

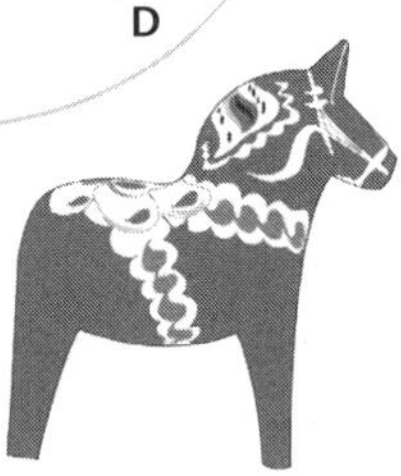

	Name	Gefährt
A		
B		
C		
D		
E		
F		
G		
H		
I		
K		

Hinweise

Das Karussell dreht sich im Uhrzeigersinn. Jedes der zehn Kinder sitzt alleine auf oder in einem Gefährt. Das Flugzeug und der Traktor befinden sich an den entgegengesetzten Enden derselben Karussellspeiche. Martin sitzt Amelie direkt gegenüber. Das Motorrad befindet sich auf dem Karussell zwei Plätze vor dem Bus. Eines der Kinder heißt Helena. Florian sitzt weder auf Platz A noch B. Der Kennbuchstabe der Rakete steht näher am Ende des Alphabets als der des Pferdchens. Die beiden letztgenannten Fahrmöglichkeiten befinden sich auf genau gegenüberliegenden Plätzen. Stefanie sitzt direkt zwischen Janine und Philipp. Keines dieser drei Kinder hat sich das Gefährt mit dem Kennbuchstaben K ausgesucht. An Frau Primer fahren zuerst das Schiff, direkt danach Anke in dem Bus und unmittelbar danach das Flugzeug vorbei. Der Kennbuchstabe von Martins Gefährt steht im Alphabet irgendwo nach dem Florians und irgendwo vor dem von Philipp. Das Schiff und der Elefant stehen sich direkt gegenüber. Einer der Jungen hat sich das Motorrad ausgesucht. Eveline sitzt direkt zwischen Amelie und Florian. Das Auto befindet sich auf dem Karussell genau zwei Plätze vor dem Kamel. Viktoria sitzt nicht direkt vor Anke. Philipp hat nicht das Gefährt mit dem Kennbuchstaben G gewählt.

162 Treffpunkt im All

Der Geograph des Raumschiffes U.S.S. Zodiac soll eine genaue Karte des Planeten Anguria erstellen. Der einzige Kontinent ist in verschiedene Gebiete unterteilt, auf denen frühere Besucher als Zeichen ihres Herrschaftsanspruches ihre Landesfahne aufgestellt haben. Auf welcher Position steckt wessen Fahne mit welchem Emblem, und in welcher Farbe ist jeweils die Fahne und in welcher das Emblem gestaltet?

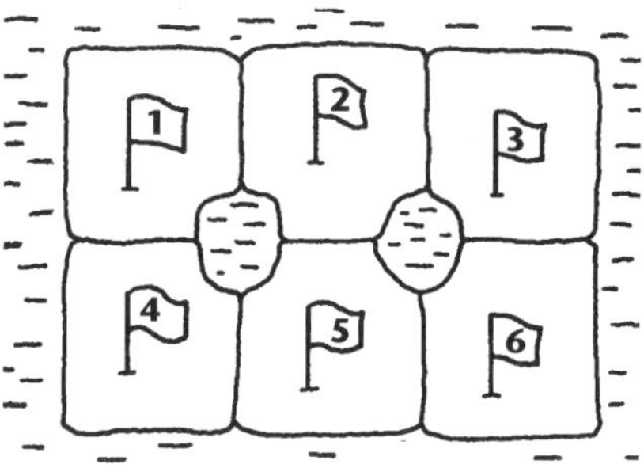

Position	Land	Emblem	Fahnenfarbe	Emblemfarbe

Hinweise

Die Farbe der Fahne eines Landes stimmt niemals mit der Farbe des zugehörigen Emblems überein. Jede der sechs Farben kommt nur jeweils einmal auf einer Fahne und einmal auf einem Emblem vor und ist in jeder waagerechten Reihe nur einmal vertreten. Auf Fahnen und Emblemen jener Länder, die unmittelbar aneinander grenzen, sind jeweils vier verschiedene Farben zu erkennen, Farbkombinationen zwischen Fahne und Emblem oder umgekehrt wiederholen sich in keinem Fall. Drei der Farben sind Grün, Schwarz und Gelb. Fixe, das als Emblem ein Kreuz gewählt hat, liegt auf der Karte direkt über Acoe. Das Emblem der Fahne von Acoe ist ein rotes Dreieck. Weder das Grundtuch noch das Emblem der beiden ganz rechten Fahnen enthält die Farbe Weiß. Genauso verhält es sich bei den beiden linken Fahnen mit der Farbe Gelb. Diese beiden genannten Farben erscheinen auch nicht gemeinsam auf den Fahnen der anderen Gebiete. Icae, dessen Fahne als Emblem senkrechte Streifen trägt, hat weder die Fahne noch das Emblem in Schwarz. Der Vollmond auf der Fahne von Cofe ist weiß. Oxie hat als Emblem eine Mondsichel gewählt. Entweder hat Cofe die Kennziffer 2 und Oxie die 5 oder umgekehrt. Das Land, dessen Fahne von einem blauen Emblem geschmückt wird, befindet sich auf der Karte direkt links von Oxie. Die Fahne mit den senkrechten Streifen befindet sich direkt über der von Xife, das einen Stern als Emblem in seiner Fahne trägt.

163 Das Ende ist nah

Bei einer Tagung zu dem Thema »Gibt es eine Zukunft für die Erde?« behaupten einige der Teilnehmer, das genaue Datum errechnet zu haben, an dem die Welt untergehen wird. Nach einer angeregten Diskussion einigt man sich darauf, abzuwarten, wessen Prognose zutreffen wird. Wer heißt mit vollständigem Namen wie, und welches Datum (Tag und Monat, Jahr) prophezeit diese Person?

	Ahring	Breile	Franke	Mahr	Sticher	10.02.	1.05.	15.06.	23.10.	31.12.	2002	2005	2007	2010	2013
Fred															
Hanne															
Markus															
Saskia															
Theodor															
2002															
2005															
2007															
2010															
2013															
10.02.															
1.05.															
15.06.															
23.10.															
31.12.															

Hinweise

① Hanne prophezeit ein Datum, in dem sowohl die Zahl des Monats als auch die Jahreszahl größer sind als in dem von der Person mit dem Nachnamen Sticher vorhergesagten Datum.

② Die Zahl des Tages, an dem im Jahr 2007 die Welt untergehen soll, ist größer als jene, die Saskia festgesetzt hat.

③ Der von Fred prophezeite Monat kommt im Kalender nach dem, den die Person namens Mahr bestimmt hat. Das von Fred bestimmte Datum soll drei Jahre nach dem von Mahr sein.

④ Die Person namens Ahring prophezeit ein Datum im Winter. Sowohl die Person, die das Jahr 2005 vorbestimmt hat, als auch die andere namens Franke – das von ihr bestimmte Jahr des Weltuntergangs ist kleiner als das von Ahring – prophezeien keinen Termin im Winter.

⑤ Saskias Nachname folgt in der Liste direkt dem von Markus. Der von ihm gewählte Monat steht näher am Beginn des Jahres als der, den Theodor vorhersagt.
Die Jahreszahl in Theodors Datum ist um drei größer als bei dem Termin im Dezember.

Vorname	Nachname	Tag und Monat	Jahr

Auflösungen

1

Vorname	Nachname	Tag	Wörter
Anita	Schmidt	Montag	38
Janna	Hold	Mittwoch	27
Susanne	Rausch	Dienstag	50
Valeria	Geller	Freitag	31
Yvonne	Carsson	Donnerstag	43

2

Vorname/Frau	Nachname	Vorname/Mann	Job
Elke	Fordner	Lorenz	Übersetzerin
Katrin	Aschmann	Stephan	Kosmetikberaterin
Maria	Bertram	Konrad	Arzthelferin
Sandra	Grasrich	Robert	Redakteurin

3

Vorname	Nachname	Heimatort	Instrument
Hanna	Bergrich	Lochhausen	Flöte
Katrin	Weiß	Süßlingen	Alphorn
Sylvia	Pangerl	Almberg	Harfe
Victoria	Grohe	Oldenheim	Gitarre

4

Ehemann	Ehefrau	Familienname	Verkleidung
Armin	Dagmar	Lustiko	Tarzan und Jane
Edgar	Gabriele	Fröhlich	Romeo und Julia
Ingo	Heidi	Haiter	Cäsar u. Kleopatra
Olaf	Birgit	Maska	Donald und Daisy

5

Kapitän	Schiff	Insel	Schatz
Caine	*Sting*	San Pablo	Platinbarren
Dime	*Bella Donna*	Misterio	Goldmünzen
Gore	*Dragon*	Eldorado	Juwelen
Snake	*Tristar*	Santa Luisa	Silbergeschirr

6

Vorname	Wohnort	pos. Eigenschaft	neg. Eigenschaft
Andreas	Nordhausen	ist schlank	mag keine Katzen
Florian	Wernigerode	mag Spaziergänge	ist Raucher
Klaus	Blankenburg	hört gerne Mozart	zu klein
Rolf	Halberstadt	spielt gerne Tennis	zu jung

7

Name	Beruf	Sportgerät	Auszeichnung
Bettina Bilk	Finanzbeamtin	Hockeyschläger	*Sportdiamant*
Gudrun Genz	Bankangestellte	Speer	*Leser-Pokal*
Maren Mendt	Polizistin	Tennisschläger	*Willi-Weber-Pokal*
Sandra Stein	Lehrerin	Diskus	*Bergham-Pokal*

8

Serie	Beschreibung	Staat	Schauspieler
Bowman	Mordkommissar	Texas	Mitch Doran
Flint	Sondereinsatzleiter	Wyoming	Peter Smith
Knight	Drogenfahnder	Nevada	Joe Gazzo
Riva	Polizeispitzel	Georgia	Kirk Lewis

9

Kommissar	Stadt	Gauner	Verbrechen
Ahlert	Leipzig	Thomas Vogel	Hehlerei
Gätjens	Hamburg	Hanna Keller	Betrug
Herwig	Rostock	Dieter Reber	Trickdiebstahl
Weller	Köln	Edith Berger	Erpressung

10

Sternjahr	Konstrukteur	Modell	Fehler
3114	Buglas	*Adventure*	zu störanfällig
3115	Hewilens	*Dreamboat*	zu schwer
3116	Dowing	*Universal*	zu langsam
3117	Flogger	*Spacelight*	zu groß

11

Vorname	Nachname	Instrument	Kleidungsstück
David	Prehm	Geige	Patchworkweste
Jennifer	Crohn	Mundharmonika	Cowboyhut
Rainer	Borck	Banjo	Blouson
Tanja	Hutter	Dobrogitarre	Lederhemd

12

Name	Alter	Zimmer	Monster
Astrid	13 Jahre	2	*Dracula*
Birgit	12 Jahre	3	*King Kong*
Kirsten	14 Jahre	1	*Frankenstein*
Martina	11 Jahre	4	*Godzilla*

13

Narr	Adliger	Spezialität	Platz
Gerardo Gold	Baron v. Arnst	Bauchreden	Erster
Hans Junker	Prinz v. Tristis	Zauberei	Zweiter
Ricardo Palkes	Fürst v. Halbach	Imitation	Vierter
Till Spiegel	Graf v. Norlan	Pantomime	Dritter

14

Kapitän	Schiffsname	Typ	Jahre
Bernhard Becker	*Sirius*	Tanker	25 Jahre
Erich Voigt	*Meridian*	Frachter	20 Jahre
Klaus Melling	*Albatros*	Containerschiff	15 Jahre
Rudolf Senger	*Diamant*	Kühlfrachter	30 Jahre

15

Name	Stadt	Urlaubsort	Gepäckstücke
Breuer	Hildesheim	Kitzbühel	5
Domers	Wiesbaden	Davos	4
Handling	Marburg	Chamonix	6
Vickers	Bonn	Zermatt	3

16

Name	Beruf	Spezialgebiet	Punkte
Eva Jalke	Bauzeichner	Paläontologie	27
Karl Lang	Innenarchitekt	Astronomie	33
Marlies Nolte	Lektor	Albert Schweitzer	29
Olaf Pracht	Goldschmied	Insekten	31

17

Vorname	Nachname	Beruf	Identität
Arnold	Licher	Bäcker	Indianerhäuptling
Egon	Noltke	Sozialarbeiter	Sheriff
Georg	Jäger	Musiklehrer	Saloonbesitzer
Michael	Hecker	Optiker	Büffeljäger

18

Vorname	Nachname	Spitzname	Bruchlandungen
Albrecht	Tillmann	*Der Zerstörer*	6
Franz	Wagner	*Der Gnadenlose*	3
Gottfried	Frankenthal	*Der Vernichter*	5
Richard	Preußler	*Der Furchtlose*	4

19

Name	Abteilung	früher	jetzt
Frau Dachs	Sekretariat	Mofa	Inline Skates
Frau Haller	Verkauf	S-Bahn	Fahrrad
Herr Lingen	Versand	Bus	zu Fuß
Herr Richter	Buchhaltung	Auto	Skateboard

20

Liebhaber	Beruf	Posten	Todesursache
Gaius	Gladiator	Leibdiener	erdolcht
Julius	Diener	Masseur	vergifteter Wein
Octavian	Soldat	Berater	vergiftetes Fleisch
Tiberius	Akrobat	Sekretär	vergiftete Eier

21

Das Kind, das bereits nach drei Stunden wieder losbrüllte, ist nicht 8 Jahre ③, 10 Jahre ④, 12 Jahre ⑤ oder 6 Jahre ⑥, sondern 4 Jahre alt. Es heißt nicht Gerd ⑦, Markus (①, nicht triezen), Kurt (③, 8 Jahre) oder Lore ④, sondern Katrin. Wir kennen nunmehr die guten Vorsätze von Katrin, Markus und dem 12 Jahre alten Kind. Somit wollte Kurt Violine üben (③, nicht Ohren waschen), was er auch vier Tage durchhielt (② und ③). Weder Gerd ① noch Lore ④ können nunmehr das Kind sein, das den guten Vorsatz nur einen Tag durchhält; also handelt es sich um Markus, weshalb Gerd drei Tage ① durchhält. Lore hält ihr Versprechen somit für zwei Tage. Markus ist 10 ④, Gerd 6 ⑥ und Lore zwangsläufig 12 Jahre alt, weshalb sie ihr Zimmer in Ordnung halten wollte ⑤. Somit hat sich der sechsjährige Gerd auch drei Tage lang brav die Ohren gewaschen.

Name	Alter	Vorsatz	Dauer
Gerd	sechs	Ohren waschen	drei Tage
Katrin	vier	nicht brüllen	drei Stunden
Kurt	acht	Violine üben	vier Tage
Lore	zwölf	Ordnung halten	zwei Tage
Markus	zehn	nicht triezen	einen Tag

22

Name	Zivilberuf	Ordensrang	Ordensuniform
Dieter B.	Mediziner	Passer	schwarze Robe
Herbert E.	Anwalt	Hilfshobler	blaue Schürze
Robert H.	Buchhalter	Zinker	gelbe Hose
Rudolf M.	Banker	Großer Furnierer	grüne Haube
Sebastian V.	Direktor	Chefintarseur	weiße Weste

23

Vorname	Nachname	Farm	Anzahl der Schafe
Bruce	Rowlands	Avanatta	2500
Graeme	McWilliam	Rusty Springs	3500
Ian	Grady	Woollagong	4000
Jack	Campbell	Billabong	3000
Rodney	Emerson	Burke's Bend	4500

24

Pieper bekommt Bett Nr. 2 ① zugeteilt, weshalb Feldmann im Bett Nr. 1 liegt ②. Somit ist der Junge im Bett Nr. 5 im Oktober geboren ②. Er heißt bekanntlich nicht Pieper oder Feldmann, Metz ③, Wendler ④ oder Kolb ⑤, sondern Burg, weshalb Pieper mit Vornamen Hartmut heißt (① und ⑤). Somit wissen wir jetzt, dass Feldmann im Bett Nr. 1 im Dezember geboren ist und dass Kolb im Bett Nr. 3 schläft. Jörg, der bekanntlich nicht Pieper, Metz ③ oder Wendler ④ heißt, muss im April oder Juli geboren sein ④, weshalb er weder Feldmann

noch Burg heißen kann. Somit lautet sein Nachname Kolb, weshalb er im Bett Nr. 3 liegt. Bernd Metz ③ muss im Bett Nr. 6 schlafen ③, weshalb der Junge namens Wendler zwangsläufig das Bett Nr. 4 zugeteilt bekam. Wendler muss im Juni geboren sein (④ und ⑦), weshalb Jörg Kolb im Juli Geburtstag hat ④. Reiner liegt im Bett Nr.1 ④.
Hartmut Pieper muss im März geboren sein ①, weshalb Bernd Metz zwangsläufig im April Geburtstag hat. Philipp heißt somit nicht Burg ⑥, sondern Wendler, weshalb der Junge namens Burg im Bett Nr. 5 zwangsläufig Michael heißt.

Zusammenfassung:
Bett 1, Reiner Feldmann, Dezember
Bett 2, Hartmut Pieper, März
Bett 3, Jörg Kolb, Juli
Bett 4, Philipp Wendler, Juni
Bett 5, Michael Burg, Oktober
Bett 6, Bernd Metz, April

25

Das Brautpaar und die Trauzeugen können nur auf den beiden unteren Fotos, also Nr. 2 und Nr. 4 sein (⑤ und ①). Da Hans der Trauzeuge ist ⑤, sind Petra und Jakob Braut und Bräutigam ①. Der Mann auf Position a der Aufnahme Nr. 3 ② ist der Vater des Bräutigams (① und ④), weshalb die Mutter der Braut auf Position a des Bildes Nr. 1 ist ④. Das Brautpaar ist auf Bild Nr. 4 ①, weshalb die Trauzeugen auf dem Foto Nr.2 zu sehen sind. Die Fotos von Michael und Jana müssen auf der linken Seite des Albums sein ③, weshalb Michael der Brautvater und Jana die Trauzeugin ist. Die beiden sind auf ihrem jeweiligen Foto auf der Position b (③ und ④). Somit ist Hans auf dem Foto Nr. 2 auf Position a, weshalb Jakob auf Bild Nr. 4 auf Position b und seine Frau auf Position a ist ⑤. Gunda, auf Foto 1 auf Position a, ist somit die Brautmutter ⑥. Schließlich ergibt sich, dass die Eltern des Bräutigams David und Johanna heißen.

Zusammenfassung:
1a, Gunda, Mutter der Braut
1b, Michael, Vater der Braut
2a, Hans, Trauzeuge
2b, Jana, Trauzeugin
3a, David, Vater des Bräutigams
3b, Johanna, Mutter des Bräutigams
4a, Petra, Braut
4b, Jakob, Bräutigam

26

»Hexe«	Speise	Kunststück	Malheur
Annie Mosität	Löwenzahnsuppe	Kartentrick	Autopanne
Bella Donna	Kürbistorte	Bauchrednerei	verlor Hut
Evi Gübel	Risotto	Hutzauber	verlor Kater
Frauke Hraus	Beerenauflauf	Geldzauber	verlief sich
Heidi Abolo	Kraftpunsch	Wahrsagerei	Radarfalle

27

Der Wald Greulich, in dem die Drachen hausen ①, ist nicht drei ①, fünf (③, Finster) oder sechs (⑤, Werwölfe) Kilometer von Vulcaseni entfernt, sondern zwei oder vier Kilometer. Greulich ist nicht A (① und ⑥, B ist vier Kilometer entfernt), E (②, Hexen), C (④, Pesthauch), sondern B oder D. Wäre Greulich Wald D, so könnte er nur zwei Kilometer weg sein, da B bekanntlich vier Kilometer weg ist. Auf Grund Hinweis ⑦ kann D aber nicht am nächsten sein, weshalb der Wald Greulich der vier Kilometer entfernte Wald B ist. Somit ist Pesthauch, Wald C, drei Kilometer entfernt ①. In diesem Wald gibt es bekanntlich keine Drachen, Hexen ②, Trolle ④ oder Werwölfe ⑤, sondern Vampire. Somit kann der Wald Verflucht, der nicht A ist ⑧, auch nicht D sein ⑧, weshalb er Wald E sein muss. Verflucht muss zwei Kilometer entfernt sein (alle anderen Kilometerangaben können jetzt nicht mehr in Frage kommen). Die Werwölfe findet man nicht im Wald Finster (③ und ⑤), sondern im Wald mit dem Namen Übel, weshalb die Trolle zwangsläufig im Wald Finster leben. Der Wald Übel ist nicht D ⑨, sondern A, weshalb Wald Finster der Wald D ist.

Zusammenfassung:
Wald A, Übel, 6 km, Werwölfe
Wald B, Greulich, 4 km, Drachen
Wald C, Pesthauch, 3 km, Vampire
Wald D, Finster, 5 km, Trolle
Wald E, Verflucht, 2 km, Hexen

28

Die Vogelscheuche in Feld F wurde vom Blitz getroffen ④. Sie war nicht Krähi ④, Schlee ①, Mango ②, Jock Stroh ⑤ oder Tunichtgut ⑥, muss daher Janno heißen. Daher muss Tunichtgut auf Feld E stehen ⑥, und es bleibt für Jock Stroh nur noch Feld A ⑤. Schlee ①, Mango ② und Jock Stroh ⑤ stehen nicht auf Feld C. Dort muss also Krähi stehen. Die Gerste auf Feld D ⑤ wird weder von Jock Stroh bewacht ⑤ noch von Schlee ①. Auf Feld D stehen auch nicht Krähi, Janno oder Tunichtgut, sondern daher Mango ②. Das einzige noch freie Feld, das nicht an den Bauernhof grenzt, ist B. Dort muss Schlee stehen und den Kohl bewachen ①. Das Haferfeld kann nicht C oder F sein ⑦, und da Jannos »Schicksal« nichts mit Mäusen zu tun hat ⑦, kommt auch Feld E nicht in Frage. Auf D steht Gerste, auf B Kohl, daher muss der Hafer auf A angebaut werden, die Mäuse bewohnen jetzt Schlee ⑦. Jock Stroh wurde nicht angezündet ⑧ oder angeschmiert ③, sondern daher ausgezogen. Feld F ist kein Kartoffelacker ④ oder Bohnenfeld ③, sondern das Maisfeld. Nach ⑥ bleiben für Tunichtgut nur noch die Bohnen, und nach ③ wurde er angeschmiert. Für Krähi auf Feld C bleiben nur noch die Kartoffeln, und er wurde angezündet.

Zusammenfassung:
Feld A, Jock Stroh, Hafer, ausgezogen
Feld B, Schlee, Kohl, von Mäusen bewohnt
Feld C, Krähi, Kartoffeln, angezündet
Feld D, Mango, Gerste, umgeweht
Feld E, Tunichtgut, Bohnen, angeschmiert
Feld F, Janno, Mais, vom Blitz getroffen

29

Andrea holte sich den Sonnenbrand in Ort E ③ und verlor ihre Kamera in Los Christianos ⑤. In Ort A wurde sie weder von einer Wespe gestochen ①, noch verlor sie ihren Geldbeutel ④, also muss sie dort ins Wasser gefallen sein. Dies war nicht am Mittwoch ⑥, also verlor sie die Kamera nicht am Dienstag ⑤. Dienstags, in Ort C, kann sie auch nicht den Sonnenbrand ③, den Fall ins Wasser (s. o.) oder den Verlust ihres Geldbeutels erlitten haben ④, sondern nur den Wespenstich. Der Fall ins Wasser in Ort A (Puerto de la Cruz, ①) kann nicht am Montag passiert sein ⑤, auch nicht Dienstag ② oder Mittwoch ⑥. Nachdem sie am Mittwoch nicht in Los Christianos war ⑥, ist sie auch nicht am Donnerstag ⑤, sondern am Freitag ins Wasser gefallen. Also verlor sie die Kamera am Donnerstag in Los Christianos ⑤. Dies war nicht Ort A ①, E ③, C ② oder B ⑥, also Ort D. Nach ④ kann sie ihren Geldbeutel nur noch in Ort B verloren haben. Nach ④ muss dann Ort C Güimar sein, und außerdem muss laut ④ und ⑥ Ort E Puerto de Santiago sein, wo sie sich am Mittwoch einen Sonnenbrand holte (⑥ und ③). Für Ort B bleibt nur noch La Orotava, wo sie am Montag gewesen sein muss.

Zusammenfassung:
Ort A, Puerto de la Cruz, Freitag, fiel ins Wasser
Ort B, La Orotava, Montag, verlor Geldbeutel
Ort C, Güimar, Dienstag, Wespenstich
Ort D, Los Christianos, Donnerstag, verlor Kamera
Ort E, Puerto de Santiago, Mittwoch, Sonnenbrand

30

Anrede	Augen	Lächeln	Ende
Geliebte	Fenster z. Ewigk.	Licht d. Mondes	Von Herzen
Geliebte Freundin	Sonnenstrahlen	Morgenröte	Viele Küsse
Mein Engel	Smaragde	sternengleich	Auf ewig Dein
Mein Liebling	sanfte Funken	Frühlingsmorgen	In Liebe
Süßeste	Sterne	Rosenblüte	Für immer Dein

31

Vorname	Nachname	Heimatstaat	Beruf
Chuck	Rojas	Texas	Ingenieur
Eddie	Lorenz	Kalifornien	Psychologe
Joanne	Lacroix	Idaho	Anthropologe
Maggie	Salkowski	New York	Physiker
Scott	Rizzo	Massachusetts	Astronaut

32

Nachname	Jahr	Rolle	Ergebnis
Lacroix	1710	Astrologe	kam nicht zurück
Lorenz	1785	Hofnarr	zurück im 2. Versuch
Rizzo	1845	Soldat	totaler Misserfolg
Rojas	1770	Musiker	nur bis 1900 zurück
Salkowski	1740	Knecht	voller Erfolg

33

Uhr C gehört Frau Feder, und sie hörte an einem Nachmittag auf zu ticken ③, also kann, nach Hinweis ①, die Uhr D weder Herrn Stop gehören noch diejenige sein, welche um 10.15 Uhr den Geist aufgab. Auch Frau Blatt kann Uhr D nicht gehören ②, also daher nur Herrn Zeiger. Wir wissen, dass weder Uhr C, die Frau Feder gehört, noch Uhr D, die Herrn Zeiger gehört, um 10.15 Uhr kaputtgegangen sind. Dasselbe gilt auch für Herrn Stops Uhr ①, also muss die Uhr, die um 10.15 Uhr stehen blieb, Frau Blatt gehören. Sie hat sie weder am Montag ① noch am Dienstag ④ gebracht, und die Uhr vom Donnerstag zeigt auf 17.45 Uhr ②, also hat Frau Blatt ihre Uhr am Mittwoch in den Laden getragen. Daher brachte Herr Stop seine Uhr am Dienstag ①. Dies kann nicht Uhr C oder D sein (s. o.), auch kann sie, nach Hinweis ②, nicht Uhr A sein, für sie bleibt daher nur B übrig. Deswegen wiederum muss Uhr A Frau Blatts Uhr sein. Herrn Stops Uhr blieb weder um 15 Uhr ⑤ noch um 10.15 Uhr ① oder um 17.45 Uhr ④ stehen, sondern daher um 13.30 Uhr. Herr Zeiger brachte seine Uhr nicht am Montag ④, also muss seine Uhr diejenige sein, die am Donnerstag gebracht wurde, und sie blieb um 17.45 Uhr stehen ④. Frau Feder muss ihre Uhr nun am Montag ins Geschäft getragen haben, und die Uhr gab um 15 Uhr ihren Geist auf.

Zusammenfassung:
Uhr A, Frau Blatt, 10.15 Uhr, Mittwoch
Uhr B, Herr Stop, 13.30 Uhr, Dienstag
Uhr C, Frau Feder, 15 Uhr, Montag
Uhr D, Herr Zeiger, 17.45 Uhr, Donnerstag

34

Kalamar heißt die Region A ①. Die dortige Religion kann nicht das Christentum sein ② oder der Hinduismus ④, und da die Morulianer Buddhisten sind ③, muss in Kalamar der Islam vorherrschen. Gebiet D, wo nicht Kuji gesprochen wird, ist nicht Bazania ③, auch nicht

Morulia ②, und da es nicht Kalamar ist (s. o.), muss diese Region Tolutu heißen. Nachdem die Christen Tuji sprechen ②, heißt ihr Gebiet Bazania, und für die Menschen in Tolutu bleibt nur noch der Hinduismus übrig. Die islamischen Bewohner von Kalamar sprechen Guji ④, weswegen die Buddhisten aus Morulia Muji sprechen müssen. Letztlich muss Morulia den Buchstaben B haben ② und das christliche Bazania den Buchstaben C.

Zusammenfassung:
Region A, Kalamar, Islam, Guji
Region B, Morulia, Buddhismus, Muji
Region C, Bazania, Christentum, Tuji
Region D, Tolutu, Hindu, Kuji

35

Mutter	Baby	Tag	Gewicht
Frau Bellack	Susanne	Donnerstag	3710 Gramm
Frau Caspar	Wilhelm	Mittwoch	3830 Gramm
Frau Crei	Felicitas	Montag	3260 Gramm
Frau Stark	Carola	Freitag	3630 Gramm
Frau Wachol	Georg	Dienstag	3370 Gramm

36

Bantam, Renault, Walter, Pyrrus, Brennstoffzellen
Clydestar, Hotchkiss, Guy, Luna, Trockennahrung
Frachtstar, Dodge, Dennis, Worlorn, exotische Früchte
Monarch, Steyr, Austin, Mars, Eisenerz
Raumzug, Foden, Morris, Gethen, antike Kunstwerke

37

Teilnehmer	Farbe	Ort des Problems	Dauer
Janna	orange	Zaun	85 Minuten
Peter	weiß	Bach	75 Minuten
Sigismund	braun	Anhöhe	100 Minuten
Tom	grün	Senke	95 Minuten
Wilma	gelb	Ruine	110 Minuten

38

Johannas Kind ist Sarah ③. Doris, die 1966 geboren wurde, ist nicht Carls Kind ②, und Maria hat einen Sohn ①. Doris muss daher Roberts Kind sein, das auf Foto 4 zu sehen ist ④. Marias Sohn kam nicht 1966 zur Welt, und da das Kind auf Foto 2 nicht 1966 geboren wurde, kann Marias Sohn auch 1965 nicht das Licht der Welt erblickt haben. Auch 1967 kommt nicht in Frage ①, also ist Marias Sohn 1964 zur Welt gekommen. Daher ist auf Foto 2 der Enkel von 1965 zu sehen ①. Johannas Tochter Sarah kam ebenfalls nicht 1967 zur Welt ③, sie ist also diejenige, die 1965 geboren wurde und auf Foto 2 zu sehen ist. Wilhelm muss nun 1967 geboren sein, er kann daher nicht Marias Sohn sein, der damit Andreas sein muss. Wilhelm ist daher das Kind von Carl. Also muss Andreas, der nicht auf Foto 1 ist ④, auf Foto 3 grinsen, und Foto 1 damit das Portrait von Wilhelm sein.

Zusammenfassung:
1, Wilhelm, 1967, Carl
2, Sarah, 1965, Johanna
3, Andreas, 1964, Maria
4, Doris, 1966, Robert

39

Das Fass des Wirts ist ein Viertel voll ①, das fast volle Fass enthält Helles ④, also muss nach Hinweis ② das Fass C mit dem Weizen drei Viertel voll sein, und das Fass des Junkers ist halb voll. Zu drei Füllungen sind nun Position oder Trinker bekannt, also muss das Bier des Abtes in Fass B ③ das Helle sein, und Fass B ist fast voll. Für den Priester bleibt nur das Weizen übrig. Nach Hinweis ④ kann das Malz nicht in Fass A sein, es ist daher in Fass D, und daher wiederum ist in Fass A das Bock. Das Malzfass ist nicht halb voll ④, es muss daher das ein Viertel volle Fass des Wirts sein. Fass A muss daher zur Hälfte mit dem Lieblingsbier des Junkers, dem Bock, gefüllt sein.

Zusammenfassung:
Fass A, Bock, halb voll, Junker; Fass B, Helles, fast voll, Abt; Fass C, Weizen, drei Viertel voll, Priester; Fass D, Malz, ein Viertel voll, Wirt

40

Derjenige, der den Betrugsfall untersucht, muss ein Mann sein (Hinweise ① und ②), was auch für denjenigen gilt, der den Schmuggelfall untersucht (Hinweise ① und ③). Daher müssen die Detektive, die der Erpressung und der Kunstfälschung auf der Spur sind, Frauen sein ⑥, was auch für den Fall von Kidnapping gilt ⑥. Der dritte Mann untersucht also den Diebstahl. Die Frau am östlichen Ende des Ganges kann nicht Susan sein ③, auch Carol nicht, denn diese muss in Büro 1 oder 4 sitzen ②, also handelt es sich um Jane. Susan muss nun in Büro 2 oder 5 arbeiten, sie untersucht daher die Erpressung ②. Der männliche Betrugsspezialist ist in Nr. 1 oder 4 ②, derjenige, der den Schmuggel untersucht, in Nr. 2 oder 5 ③. Bob muss in Nr. 3 oder 6 arbeiten ③ und einen Diebstahl untersuchen. Daraus ergibt sich, dass Jack nebenan den Schmuggel aufzuklären versucht ⑤. Richard ist daher der Betrugsspezialist. Er kann nicht Raum 1 haben ④, sondern nur Raum 4. Carol hat daher Raum 1 und kommt also nicht mehr für die Kunstfälscher in Frage ④, sondern untersucht den Fall von Kidnapping. Die Frau, die den Fall von Kunstfälschung in einem Büro mit gerader Nummer bearbeitet ④, muss nun Jane in Nr. 6 sein. Daher sitzt Bob in Nr. 3 und Jack in Nr. 2, und schließlich untersucht Susan die Erpressung in Nr. 5.

Zusammenfassung:
Raum 1, Carol Holmes, Kidnapping
Raum 2, Jack Hammer, Schmuggel

Raum 3, Bob Marlow, Diebstahl
Raum 4, Richard Thorndyke, Betrug
Raum 5, Susan Poirot, Erpressung
Raum 6, Jane Dupin, Kunstfälschung

41

Monat	Betrag	Gesellschaft	Gebiet
Januar	DM 2000	*Bondi*	Australien
Februar	DM 8000	*Pegasus*	Japan
März	DM 20 000	*Go-Invest*	Südamerika
April	DM 4000	*Hibernia*	USA
Mai	DM 12 000	*Minster*	Europa

42

Titel	Vorname	Nachname	Jahr
Goblin de Grenelle	Vincent	Turgot	1870
Katakombengeist	Michel	Hulot	1890
Métro Gnom	Hector	Gounod	1900
Montmartremonster	Hercule	Bouleau	1860
Terror der Tuilerien	Roland	Michaud	1880

43

Der Preis von 2048 Mark ist weder in Spalte E ③ noch in Spalte D ① oder Spalte A ②. Weil die 4 Mark auch in Spalte A sind ②, kann der einzige Preis mit nur einer Ziffer in Spalte C nicht 2 Mark sein ③. Also können die 2048 Mark nicht in Spalte B, sondern nur in Spalte C stehen. Die Reihen d oder e kommen dafür nicht in Frage ③, und in Cc stehen die 512 Mark (Einleitung). Daher und laut Hinweis ③ steht der Spitzenpreis in Ca, und Cb ist leer. Die 2 Mark stehen nun in Da ③, und der Preis mit nur einer Ziffer in Spalte C ist 1 Mark ④. Weil dies die einzige ungerade Zahl unter den Preisen ist, müssen die Spaltensumme und die Reihensumme der Spalte und der Reihe, in der dieser Preis steht, ebenfalls ungerade sein. Daher steht 1 Mark nicht in Ce ①, sondern in Cd. Ce ist leer ⑦. Die Summe in der Spalte C ist 2561 Mark, also muss die Summe von 1057 Mark in Reihe d sein ⑤. In dieser Reihe müssen nun die Preise 1024 und 32 Mark stehen, um auf 1057 zu kommen. Keiner dieser beiden Preise ist in Ad oder Bd ⑥, und die 1024 Mark stehen nicht in Spalte D ①. Die 1024 Mark sind daher in Ed und die 32 Mark in Dd. Die 4 Mark stehen nicht in Reihe e ②. Damit Reihe e unter 100 Mark enthält ①, sind die einzigen dort möglichen Preise 64, 16 und 8 Mark. Mindestens zwei von ihnen stehen dort ⑦, aber 64 Mark und 16 Mark können nicht zugleich in Reihe e sein ⑧. Also ist es einer von diesen beiden Preisen, und der andere ist 8 Mark. 8 plus 16 ergibt 24, und weil die Summe in Reihe e höher ist als die Summe in Spalte D ① – von der wir wissen, dass sie mindestens 34 ist –, müssen in Reihe e die 8 und die 64 Mark stehen. 64 Mark sind nicht in Ee ⑨. In Spalte A stehen 4 Mark und 128 Mark ②, also können laut den Hinweisen ⑦ und ⑧ die Preise 64 und 16 Mark nicht in dieser Spalte stehen. Ce ist leer. Stünden die 64 Mark in Spalte D, wäre die Summe dieser Spalte größer als die

Summe der Reihe e. Das ist aber nicht so ①, also stehen die 64 Mark in Be. 8 Mark stehen nicht in Ae ⑨ oder De (weil dann die Summe in Spalte D 42 Mark wäre ①), sondern daher in Ee. Ae und De müssen leer sein. Nach der Einleitung müssen nun Bc und Dc auch leer sein. Nachdem die 16 Mark in Spalte B stehen ⑧, ist Db auch leer, da jede weitere Summe die Summe in Spalte D zu groß werden ließe. Weil keine drei senkrecht benachbarten Felder leer sind ⑩, stehen Preise in Bb und Eb. Die 128 und die 4 Mark stehen in Spalte A und die 16 Mark in Spalte B, also muss Eb den einzig übrigen Preis enthalten, 256 Mark. Ea und Ec sind leer ⑦. In Bb müssen nun die 16 Mark stehen, und Ba muss leer sein. Laut Hinweis ⑦ muss nun Ac einen Preis enthalten. Dies müssen nach Hinweis ② die 4 Mark sein. Endlich muss Aa die 128 Mark enthalten und Ab leer sein ⑩.

Zusammenfassung:

Aa: 128 Mark, Ca: 2048 Mark, Da: 2 Mark, Bb: 16 Mark, Eb: 256 Mark, Ac: 4 Mark, Cc: 512 Mark, Cd: 1 Mark, Dd: 32 Mark, Ed: 1024 Mark, Be: 64 Mark, Ee: 8 Mark

44

Name	Alter	Geschmack	Tageszeit
Andrea	4	Kirsch	Mittag
Bobby	10	Erdbeere	Nachmittag
Judith	12	Ananas	Abend
Stefan	6	Banane	Vormittag
Tina	8	Rhabarber	Morgen

45

Tag	Sache	Ort d. Zerstörung	Ort d. »Geschäfts«
Montag	Teppich	Wohnzimmer	Eingang
Dienstag	Schuh	Elternzimmer	Esszimmer
Mittwoch	Vorhänge	Eingang	Kinderzimmer
Donnerstag	Plüschtier	Esszimmer	Wohnzimmer
Freitag	Papierkorb	Kinderzimmer	Elternzimmer

46

Das N ist der mittlere Buchstabe von Reihe 3 ⑦, also kann die Kombination DOF nicht in dieser Reihe stehen. Der Buchstabe über dem N kommt im Alphabet vor ihm ⑦, also kann DOF auch nicht in Reihe 2 stehen. Nachdem der Buchstabe rechts von dem N ein Vokal ist ⑦, muss die Folge SXE die letzten drei Buchstaben der Spalte 9 bilden ④. Daher kann DOF nicht in Reihe 6 stehen. Die einzige mögliche Position für DOF in Reihe 5 wären die ersten drei Buchstaben, aber laut Hinweis ⑤ kann das D nicht der erste Buchstabe dieser Reihe sein. Daher steht DOF in Reihe 4. Wegen der Position des S kann DOF nicht an einer der drei letzten möglichen Positionen in Reihe 4 stehen, und das O kann nicht der zweite Buchstabe der Reihe 4 sein ⑤, also beginnt DOF an der zweiten Stelle in Reihe 4. Daher steht das C an erster Stelle in Spalte 1 ②. Folglich bleibt für die Buchstaben T, V und J ③ nur eine Position im Diagramm übrig, und zwar das T in der Mitte von Reihe 5, das V darunter und das J am Ende der Spalte 1. HU ⑧ kann nicht in Reihe 2 sein ⑨, denn das U würde an einen Vokal grenzen ⑦. Aus demselben Grund kann HU nicht in den Reihen 3 oder 5 stehen. Also müssen H und U die letzten Buchstaben in Reihe 4 sein. Das Z und das B können weder in Spalte 10 noch in Spalte 9 ⑦ noch in Spalte 8 ⑦ stehen. Das B kann nicht der letzte Buchstabe in Spalte 2 sein ⑤, also müssen Z und B der zweite bzw. der vierte Buchstabe von oben in Spalte 1 sein. Daher muss das Y, das nicht direkt neben dem N steht ⑦, am Anfang der Spalte 10 sein ⑥. Weil es kein I gibt (Einleitung), und E, O und U bekannt sind, muss der Buchstabe neben dem N das A sein ⑦. Das W und das P ⑧ können nicht in Spalte 8 stehen ⑦, und in Spalten 1, 9 und 10 gibt es keinen Platz mehr für zwei Buchstaben, also stehen sie in Spalte 2. Das W muss dort am Ende stehen und das P am Anfang ⑤. Nur in Reihe 2 gibt es Platz für R und G nebeneinander ⑩, aber das R kann nicht über dem N stehen ⑦, sondern nur das G, weshalb das R am Anfang der Spalte 9 steht. Das L steht nun am Ende von Spalte 10 (Einleitung). Laut der Einleitung stehen nun das K ganz oben, das M ganz links und das Q ganz unten.

Zusammenfassung:

			K			
		C	G	R		
	P	Z	N	A	Y	
M	D	O	F	S	H	U
	W	B	T	X	L	
		J	V	E		
			Q			

47

Vorname	Nachname	Schiff	Region
Cornelius	Minstrel	*Kraken*	Tasmanien
Ignazius	Cymbalist	*Cyclops*	St. Vincent
Mathias	Organist	*Unicorn*	Tobago
Silvester	Ballad	*Phoenix*	Trinidad
Valentin	Fidder	*Minotaurus*	Kuba

48

Anne warf mit Würfel Nr. 6 eine Sechs und Thomas mit Nr. 1 eine Eins ⑥. Nr. 4 ist eine Zwei ③, also kann Anne keine Zwei gewürfelt haben ③. Daher muss ihre »kurze Straße« aus den Augenzahlen drei, vier, fünf und sechs bestehen. Ihre Drei war die einzige auf dem Tisch ③. Thomas' Paar kann nicht aus zwei Dreien, Vieren, Fünfen oder Sechsen bestehen ②, auch zwei Zweien kommen nicht in Frage ④, sondern nur ein Paar von Einsen. Auf Würfel Nr. 5 müssen weniger als drei Augen sein ⑤. Da wir wissen, dass es nicht zwei Augen sind, zeigt Nr. 5 zwangsläufig ein Auge, und das Paar von Einsen ist komplett. Wir wissen, dass Nr. 3 und Nr. 2 weder eine Drei noch eine Zwei zeigen. Also muss die Nr. 3 eine Fünf zeigen und die Nr. 2 eine Vier. Thomas' Summe beträgt daher 13 Augen, und Annes Summe 23 Augen ⑦. Wir kennen bereits vier ihrer Augenzahlen, und der eine unbekannte Würfel muss nun also fünf Augen zeigen. Würfel Nr. 6 zeigt eine Sechs. Wegen Hinweis ① zeigen weder Würfel Nr. 8 noch Nr. 10 eine Fünf, weshalb nur noch Würfel Nr. 7 und Nr. 9 für die beiden Fünfen übrig bleiben. Zum Schluss ergibt die Auswertung von Hinweis ①, dass die Drei auf Würfel Nr. 8 und die Vier auf Nr. 10 steht.

Zusammenfassung:

1, Eins
2, Vier
3, Fünf
4, Zwei
5, Eins
6, Sechs
7, Fünf
8, Drei
9, Fünf
10, Vier

49

In der vierten Woche haben weder Johanna ① noch Carla ③ oder Ruth, die die Dahlien besorgte ④, Blumen gekauft, sondern Undina. Sie ist eine von Floras Töchtern ②, kann aber nicht die ältere Tochter sein ⑤. Sie ist daher Floras jüngere Tochter. Sie kaufte ihrer Mutter weder Dahlien (Ruth) noch Petunien ②. Die Astern kamen von Floras Schwester ③, also hat Undina Gladiolen gewählt. Deswegen und wegen Hinweis ① hat Johanna ihre Blumen in der dritten Woche in die Vase gestellt. Aus Hinweis ④ ergibt sich nun, dass Ruth in der ersten Woche die Vase füllte. Carla kann damit nur noch in der zweiten Woche aktiv gewesen sein. Johanna, die in der dritten Woche Blumen besorgte, muss nun laut Hinweis ③ Floras Schwester sein. Aus den bisher bekannten Tatsachen ergibt sich, dass Carla die Petunien in der zweiten Woche kaufte. Schließlich muss nach Hinweis ⑤ Floras Mutter ihre Blumen in der ersten Woche eingekauft haben, sie muss daher Ruth sein. Carla war daher Floras ältere Tochter.

Zusammenfassung:

Woche 1, Ruth, Dahlien, Mutter
Woche 2, Carla, Petunien, ältere Tochter
Woche 3, Johanna, Astern, Schwester
Woche 4, Undina, Gladiolen, jüngere Tochter

50

Athletico Dorfenhausen, 45, 31, 14, Platz drei
Dynamo Acker, 39, 29, 10, Platz sechs
FC Gestrecktes Bein, 48, 35, 12, Platz vier
TV Rote Teufel, 50, 38, 12, Platz fünf
VfL Dungsbach, 51, 36, 15, Platz zwei
Wacker Stollen, 47, 30, 17, Platz eins

51

Tempels Aufgabe war es, einen Armknochen zu identifizieren ⑤. Brand zeigte auf einen Knochen, der sich an einer höheren Stelle des Skeletts befindet als Letzterer ②. Brand zeigte also auf Humerus. Folglich war Humerus der Knochen, auf den Schindel hätte zeigen sollen ②. Harrge hätte einen Armknochen zeigen müssen ⑤, so dass die Fragen an ihn und Tempel den Knochen Radius oder Ulna galten, die somit für die übrigen drei Kandidaten ausgeschlossen werden können. Aus ② und ③ ergibt sich, dass Hart und Schindel auf Beinknochen gezeigt hatten – genau wie Harrge ⑤, weshalb nur noch Leggner und Tempel als die Prüflinge in Frage kommen, die auf Radius und Ulna gezeigt haben. Derjenige, der auf die Ulna gezeigt hatte, hätte einen Armknochen identifizieren müssen ①, wonach, wie wir wissen, Leggner nicht gefragt worden war. Folglich zeigte Tempel auf die Ulna und Leggner auf Radius. Da Tempel ja nicht nach der Ulna gefragt worden war, hatte man Harrge danach gefragt, und die Frage an Tempel hatte Radius betroffen. Der Student, der nach Femur gefragt worden war, zeigte auf einen anderen Beinknochen ①, es kann sich also nicht um Brand oder Leggner gehandelt haben, stattdessen war es Hart. Daraus folgt, dass Schindel auf Femur gezeigt hatte ③. Zwei Studenten zeigten auf Knochen, deren Buchstabenzahl identisch war mit derjenigen der Knochen, nach denen sie gefragt waren ④. Wir wissen, dass weder Schindel noch Tempel einer von den beiden war und ebenfalls nicht Harrge oder Brand. Folglich muss Hart auf die Tibia gezeigt haben und Leggner hätte auf die Fibula zeigen müssen. Schließlich bleibt nur noch, dass Brand die Anweisung gehabt hatte, auf die Tibia zu zeigen, und Harrge irrtümlich auf die Fibula gedeutet hatte.

Zusammenfassung:

Brand, Tibia, Humerus; Harrge, Ulna, Fibula; Hart, Femur, Tibia; Leggner, Fibula, Radius; Schindel, Humerus, Femur; Tempel, Radius, Ulna

52

Ziel	Abfahrt	Name	Passagiere
Highdown Klippen	14 Uhr 20	Cormorant	32
Puffin Island	14 Uhr 40	Sea Nymph	14
Sandy Lighthouse	14 Uhr 10	Merry Mermaid	20
Seal Island	14 Uhr	Sally May	10
Schmugglerhöhle	14 Uhr 30	Lady Linda	25

53

Jahr	Grund	Titel	Art
1982	Special Effects	*Tiger-Gold*	Science-Fiction
1985	Regisseur	*Glückszahl*	Action
1988	Musik	*Richard IV.*	Historienfilm
1991	Kostüme	*Drachenfels*	Komödie
1994	Nebendarsteller	*Skyrocket*	Kriegsfilm

54

Privatdetektiv	Adresse	Partner	Jahr
Artemus Elliot	Charing Cross Road	Father Smythe	1896
Dryden Herries	Brompton Road	Commander Lee	1893
Ludovic Pincot	Middlesex Street	Dr. Sancroft	1895
Quentin Upshaw	Strand Street	Major Hobbs	1892
Wyatt Yeadon	Drury Lane	Hugh Pike	1894

55

Detektiv	Kleidungsstück	Tabakgenuss	Instrument
Artemus Elliot	Opernhut	Rosenholz-Pfeife	Mundharmonika
Dryden Herries	zimtfarbene Weste	Schnupftabak	Trommel
Ludovic Pincot	grauer Umhang	Zigarillo	Querflöte
Quentin Upshaw	Schlapphut	Zigarre	Klavier
Wyatt Yeadon	Gamaschen	Tonpfeife	Laute

56

Lebensmittel	Kalorien	Eiweiß	Fett
Bergschinken	355	9	10
Frucht-Schokomüsli	370	8	5
Knusperkorn-Brot	350	7	3
Streichkäse	365	10	7
Zimtecken	360	6	9

57

Buch A, *Robot Invaders,* Kurt Azimov, Leviathan
Buch B, *Die Katze vom Mars,* Ray Dickson, Tetrach
Buch C, *Space-Würmer,* Zenna Smith, Mythos
Buch D, *Es kam von den Sternen,* Larry McCaffrey, Ostrich

58

Name	Einzeldisziplin	Mannschaftssport	Freizeitsport
Anita Bach	Weitsprung	Völkerball	Schwimmen
Gisela Heuer	Kugelstoßen	Fußball	Kanufahren
Michaela Nurmi	Speerwurf	Basketball	Golf
Sandra Ross	100-m-Lauf	Hockey	Tennis
Yvonne Weiss	1500-m-Lauf	Volleyball	Fechten

59

Planet	Größe	Hautfarbe	Besonderheit
Aniphos	143 cm	orange	drei Augen
Gebiam	187 cm	grau	senkrechter Mund
Nahomis	236 cm	dunkelgrün	skelettähnlich
Pekash	162 cm	purpur	Fangarme
Shazara	121 cm	blau	Horn

60

Vorname	Alter	Kamele	Mitgift
Ahlam	16	8	Oase
Farah	18	12	Luxusyacht
Scheherazade	20	10	Ölfeld
Sulaika	14	12	Diamanten
Zainab	15	15	Gold

61

Jahr	Dauer	Land	Gegenstände
1550 v. Chr.	9 Monate	Zanzia	Elfenbein
1542 v. Chr.	4 Monate	Lanka	Goldbarren
1534 v. Chr.	7 Monate	Tanza	Perlen
1524 v. Chr.	6 Monate	Soloma	Edelsteine
1514 v. Chr.	10 Monate	Benita	Bronzewaffen

62

Beschreibung	Bekleidung	falsche Identität	wahre Identität
dick	weißer Pullover	irischer Ingenieur	engl. Waffenhändler
mit Bart	Lederjacke	span. Geologe	dt. Spion
mit Narbe	blauer Anzug	portug. Journalist	engl. Agent
schlank	graues Sakko	schwed. Spion	dt. Fälscher
sehr groß	rotes Hemd	amerik. Maler	ital. Spion

63

Auf Platz 2 und 3 liegen schwarze Karten ⑥, und auf Platz 7 liegt eine 5 ⑦. Somit kann die Herz 9 (jeweils 2 Plätze von Karo entfernt ③) nicht auf 1, 4, 5 oder 8 liegen; es verbleibt nur noch Platz 6, und damit liegt auf 4 und 8 eine Karokarte ③. Die zweite Herzkarte kann wegen ② nur noch auf Platz 1 liegen. Die Pikkarten liegen sich direkt gegenüber ④; das ermöglicht nur noch die Plätze 3 und 7. Auf Platz 7 liegt die Pik 5 ⑦ und somit auf 3 die Pik 8 ④. Die Bildkarte auf Platz 2 ⑥ kann nur noch die Kreuzdame sein, da Kreuzbube entfällt ⑤. Für die Kreuz 2 ⑧ ist nur noch Platz 5 möglich. Die 3 ⑨ kann nur noch auf Platz 1 liegen und ist somit die Herz 3. Abschließend kann wegen ⑩ auf Platz 8 nur noch der Karobube liegen und auf 4 die Karo 6.

Zusammenfassung:

1, Herz 3
2, Kreuzdame
3, Pik 8
4, Karo 6
5, Kreuz 2
6, Herz 9
7, Pik 5
8, Karobube

64

Vorname	Nachname	Beruf	Buchtitel
Alfred	Opitz	Philosoph	*Der Grenzweg*
Cornelia	Dellmann	Soziologe	*Wahrheiten*
Ellen	Vollmer	Dramaturg	*Am Tag danach*
Gunda	Croon	Politologe	*Sturmwind*
Harald	Lund	Kunstkritiker	*Jugendzeit*

65

Vorname	Nachname	Alter	Beschwerden
Agnes	Uhlmann	84 Jahre	Rheuma
Gretel	Zenker	83 Jahre	Bluthochdruck
Hubert	Mainke	82 Jahre	grauer Star
Jakob	Falkner	80 Jahre	Gicht
Marianne	Helmers	81 Jahre	Arthritis

66

Die Mannschaft aus Crensberg hat 22 Punkte ②, und Phönix hat 17 Punkte ⑥. Dies ergibt einen Unterschied von fünf Punkten. Diese Punktzahl trennt den bestplatzierten Verein von dem, der an achter Stelle steht (Einleitung). Kein anderer Verein hat die gleiche Punktzahl wie die Vereine auf diesen Positionen ①. Crensberg steht somit auf Platz 1 und Phönix auf Platz 8. Kickers Dammburg hat drei Punkte Vorsprung vor zwei anderen Vereinen ③ und muss mit 21 Punkten auf Platz 2 stehen, da ① 22 Punkte und ④ 20 Punkte ausschließt. Die beiden Vereine (Mittelfurt und Hansa ③) müssen mit je 18 Punkten auf Platz 6 oder 7 stehen. Keiner der Vereine mit 19 Punkten ⑤ kann wegen ④ auf Platz 3 stehen; ihre Plätze sind also 4 und 5. Somit hat der Verein auf dem dritten Platz 20 Punkte und muss wegen ⑤ Atlas sein, da ebenfalls wegen ⑤ Victoria entfällt. Diese Mannschaft kann nur noch auf Platz 1 stehen und heißt vollständig Victoria Crensberg. Für Olympia entfallen Platz 7 ⑧ und Platz 8 (Phönix). Die Plätze 4 und 5 (19 Punkte) entfallen ebenfalls, da dann Ronskirchen wegen ⑧ mit 21 Punkten (zwei mehr) auf dem zweiten Platz stehen müsste, der schon von Dammburg besetzt ist. Somit muss Olympia auf Platz 6 mit 18 Punkten stehen und Olympia Mittelfurt heißen. Ronskirchen nimmt somit als Atlas Ronskirchen mit 20 Punkten den dritten Platz ein. Fortuna (gerade Platzzahl ⑦) kann nur noch auf 4 stehen, da 2 (Kickers), 6 (Olympia) und 8 (Phönix) schon mit Namen besetzt sind. Somit steht Hennau ⑦ auf Platz 5. Aus ⑥ ergibt sich nun, dass auf Platz 7 Winkelstein als Hansa Winkelstein und auf 4 Buxfeld als Fortuna Buxfeld stehen muss. Concordia kann nur noch für Hennau auf 5 zutreffen, und Frensdorf muss abschließend Phönix Frensdorf heißen.

Zusammenfassung:
1, Victoria Crensberg, 22 Punkte; 2, Kickers Dammburg, 21 Punkte; 3, Atlas Ronskirchen, 20 Punkte; 4, Fortuna Buxfeld, 19 Punkte; 5, Concordia Hennau, 19 Punkte; 6, Olympia Mittelfurt, 18 Punkte; 7, Hansa Winkelstein, 18 Punkte; 8, Phönix Frensdorf, 17 Punkte

67

Die 12 soll in einem der Dreiecke A, B, D, I oder K ① stehen. Sie kann wegen ⑤ nicht in A, B, D oder I stehen. Somit muss die 12 in K und die 8 in E stehen. Keines der zwei Eck-Dreiecke mit der Summe 7 ⑥ kann die 1 (Form ②) oder die 2 und 5 enthalten (E – I ⑧). Somit ist die Summe aus den Zahlen 3 und 4 zu bilden, wobei die 3 wegen ① in A stehen muss und die 4 wegen ⑦ in J. Für Dreieck P ⑦ entfallen die ungeraden Zahlen: 1 (Form ②), 5 ⑧, 7 ⑥, 9 ①, 13 ④ und 15 ①; somit muss die 11 in Dreieck P stehen. Die 2 und die 5 ⑧ können nur noch in F oder H stehen, da G durch die 14 belegt wird ③ und wegen ① Dreieck I diese Zahlen ausschließt. Für die 1 und die 16 ② können nur noch die Dreiecke M und O zutreffen. ⑨ schließt die 16 für M aus. Somit muss die 1 in M, die 16 in O, die 2 wegen ⑨ in F und die 5 in H stehen. Die 13 als höchste Zahl einer Reihe ④ kann nur noch in C stehen, da in allen anderen Reihen höhere Zahlen eingetragen sind. Weiter ergibt sich aus ④ für Dreieck D die 6 und für B die 9 ①. In Dreieck I muss somit die 15 stehen. Abschließend muss wegen ③ die 10 in das noch offene Dreieck L und die 7 in Dreieck N.

Zusammenfassung:
A, 3; B, 9; C, 13; D, 6; E, 8; F, 2; G, 14; H, 5; I, 15; J, 4; K, 12; L, 10; M, 1; N, 7; O, 16; P, 11

68

Der weiße Untersetzer mit der Abbildung des Holstentores lag direkt links neben Norberts Tasse ②. Ersterer Untersetzer konnte nicht auf C liegen, da D von Ruperts Untersetzer belegt war ③, und nicht auf B, da dort der rote lag ④. Somit verbleibt für den weißen nur A, und Norbert hatte auf B den roten Untersetzer gelegt ④. Als Vornamen für A entfallen Norbert (B), Rupert (D) und Marita (Kamillenblüte) ①. Also musste Gerlinde diesen weißen Untersetzer mit dem Holstentor auf A vor sich haben. Jetzt ist für Marita, die den Untersetzer mit der Kamillenblüte hatte ①, nur noch C frei. Wir kennen die Motive auf A und C. Rupert auf D, der nicht die Borgward Isabella auf seinem Untersetzer hatte ③, hatte somit die Gorch Fock als Tassenuntersetzer. Diese ist wegen ④ nicht auf einem blauen Untersetzer abgebildet. Auf A liegt der weiße und auf B der rote; Ruperts Untersetzer ist also grün. Es verbleibt für die Borgward Isabella nur noch Platz B und für den blauen Untersetzer C.

Zusammenfassung:
A, Gerlinde, weiß, Holstentor
B, Norbert, rot, Borgward Isabella

C, Marita, blau, Kamillenblüte
D, Rupert, grün, Gorch Fock

69

Sonja spielte auf Bahn 1, eröffnete aber nicht die Partie ③. Ihr Partner kann wegen ① nicht Robert heißen. Auf dieser Bahn muss also Joachim die Partie eröffnet haben. Günter kann wegen ① nicht im Team auf Bahn 4 gewesen sein; auch Bahn 3 entfällt, da auf dieser Bahn weniger als zehn Pins (Strike) geworfen wurden ②. Er kann also nur im Team auf Bahn 2 gewesen sein. Seine Partnerin kann wegen ④ nicht Birgit heißen. Er spielt also mit Gitte zusammen, die die zehn Pins erzielte. Robert muss wegen ① also auf Bahn 3 gespielt haben, und seine Partnerin heißt Eva. Für Birgit bleibt nur noch Bahn 4 übrig. Sie muss wegen ④ (gerade Zahl) acht Pins beim ersten Wurf erzielt haben. Ihr Partner muss Marco gewesen sein. Auf Bahn 1 wurden laut ③ beim ersten Wurf nicht neun Pins erzielt. Somit wurden hier sieben Pins geworfen und auf Bahn 3 neun Pins.

Zusammenfassung:
Bahn 1, Joachim, 7 Pins, Sonja
Bahn 2, Gitte, 10 Pins (Strike), Günter
Bahn 3, Robert, 9 Pins, Eva
Bahn 4, Birgit, 8 Pins, Marco

70

Die 12 steht in Segment F (innen) ⑤. In Segment B ① muss außer der 13 noch eine zweistellige gerade Zahl stehen (mindestens 10). Die 15 ist die höchste Zahl der inneren Sektoren und darf nicht an einen anderen Sektor mit zweistelliger Zahl angrenzen ③. Somit entfallen die Sektoren der Segmente A ⑦, B ① und C, D, E, G wegen ③. Folglich steht auch die Belegung des Segments H fest: innen die 15 und außen die 5 ②. Damit ergibt sich weiter, dass die 11 im Segment E (außen) ② und die 6 im Segment D (außen) ④ stehen muss. Für Segment A (Summe 9 ⑦) sind nur noch 8 und 1 möglich, da ⑨ die 7 für den äußeren Sektor von A nicht ermöglicht. Für die 10 und die 14 ⑥ entfallen die noch möglichen inneren Sektoren von B (gegenüber liegt schon die 12), C und G wegen ③, und bei D und E sind die gegenüberliegenden Sektoren schon besetzt. Somit stehen die 10, 14 und die 16 in äußeren Sektoren. Da eine dieser Zahlen in B stehen soll, ergibt sich für die 13 ① B (innen). Die 3 und die 4 ⑩ müssen innen stehen, da für außen schon sieben Zahlen bekannt sind. Wir wissen, dass alle zweistelligen Zahlen auf die inneren und äußeren Sektoren verteilt worden sind. Die 2 ⑨ kann nicht in G (innen) stehen, da dann wegen ⑧ in C (innen) die 1 (schon in A) stehen müsste. Somit ist die 2 die achte Zahl für außen, und wegen ⑨ muss sie im Segment F stehen. Dadurch ergibt sich für die 7 ⑨, dass sie innen in Segment G steht. Die Summe 14 ① ist somit durch die Belegung des Segments F mit 2 und 12 geklärt. Die 3 kann deshalb nicht mehr in E (innen) stehen. Somit ergibt sich für innen: 3 in C, 4 in E ⑩ und die 9 in D. Außen ergibt sich für die 10, 14 und 16 folgende Verteilung: Die 16 muss wegen ⑥ in Segment B, für die 10 ist wegen ⑥ und ⑧ nur Segment C und für die 14 abschließend Segment G möglich.

Zusammenfassung:
außen: A, 8; B, 16; C, 10; D, 6; E, 11; F, 2; G, 14; H, 5
innen: A, 1; B, 13; C, 3; D, 9; E, 4; F, 12; G, 7; H, 15

71

Ehemann	Ehefrau	Hausnummer	Schaden
Christian	Elke	2	Dach abgedeckt
Gerd	Stefanie	3	Mast abgeknickt
Lutz	Margot	1	Garage zerstört
Mario	Lore	4	Zaun umgerissen
Roland	Inge	5	Baum entwurzelt

72

Für die beiden Frauen entfallen die Fachgebiete Staatslehre ① und Informatik (männlich) ②, Psychologie (wegen Länge des Vornamens ③) und Astrophysik ⑤ (wegen ① für beide nicht möglich). Ihre Fachgebiete müssen also Biologie bzw. Jura sein. Am Tisch C sitzt ein Mann ③; dieser kann nicht Leo Kuppers heißen. Damit entfällt Tisch A für die Frau, die sich mit Jura ② befasst. Sie sitzt somit an B oder D und Leo Kuppers an D oder F. Wegen ④ bleibt für Ralf Bering nur noch die Möglichkeit, an Tisch C zu sitzen. Damit ergibt sich für A, dass an diesem Tisch die Biologin arbeitet. Sie kann wegen ③ nicht Gunda Mingert heißen. Ihr Name lautet also Wilma Lirk, und der Psychologie-Wissenschaftler heißt wegen ③ Leo Kuppers (da Ralf an Tisch C). Aus ② ergibt sich nun, dass Klaus Prehm nicht mehr an Tisch F sitzen kann. Die einzige Möglichkeit, um ② zu erfüllen, ist, dass er an Tisch E sitzt. Somit sitzt an Tisch C der Informatiker. Aus ⑤ ergibt sich, dass der Wissenschaftler des Fachs Astrophysik nur an Tisch B sitzen kann und Hans Rahn heißen muss. Daraus folgt abschließend: Die Frau, die sich mit Jura befasst, arbeitet an Tisch D und heißt Gunda Mingert. Leo Kuppers (Psychologie) sitzt somit an Tisch F. Klaus Prehm an Tisch E kann nur noch der Wissenschaftler auf dem Gebiet Staatslehre sein.

Zusammenfassung:
A, Wilma Lirk, Biologie; B, Hans Rahn, Astrophysik; C, Ralf Bering, Informatik; D, Gunda Mingert, Jura; E, Klaus Prehm, Staatslehre; F, Leo Kuppers, Psychologie

73

A, Bahnhof, Georg, 21; B, Karlsplatz, Leo, 100; C, Nordertor, Benno, 85; D, Rathaus, Rainer, 39; E, Stadion, Christian, 46; F, Marienkirche, Martin, 103

74

Salon	Kreation	Stil	Farben
A Cut Above	*Samson*	Shaved Bald	grün und orange
Blow Your Top	*Punk Pleasure*	Crew Cut	schwarz und weiß
Cut Or Thrust	*Hendrix*	Full Afro	schwarz und rot
Ed Masters	*Hell's Bells*	Rats Tail	gelb und blau
Hair Razors	*Kiddo*	Tight Curls	grau und purpur

75

A, Mittwoch, 60 Watt; B, Freitag, 40 Watt; C, Dienstag, 100 Watt; D, Donnerstag, 75 Watt; E, Montag, 150 Watt

76

Nachfolgend entfallen soweit wie möglich die Spaltenbezeichnungen I für die Buchstaben von A bis F und II für die Buchstaben von Q bis Z. Das F kommt in Reihe 4 ④ und das Z in Reihe 6 ⑥. Somit muss die Kombination H und X ① in Reihe 2 stehen, da sie nicht mehr in Reihe 10 (zweistellig) und wegen des Hinweises in der Einleitung nicht mehr in Reihe 8 (das H ist der achte Buchstabe im Alphabet) eingetragen werden kann. Die Folge E, A und J kann nicht in Reihe 5 (E fünfter Buchstabe) mit dem E beginnen oder in Reihe 10 mit dem J (zehnter Buchstabe) enden. Würde sie in Reihe 6 beginnen, müsste das I als neunter Buchstabe im Alphabet direkt über dem B ⑨ in Reihe 9 stehen. Somit kann das E nur in Reihe 7, das A in 8 und das J in 9 eingetragen werden. Damit ist für ⑨ nur noch möglich, das I in Reihe 5 und das B in 6 einzutragen. Hinweis ⑧ kann jetzt nur erfüllt werden, wenn das D in Reihe 3, das C in 1 und das G in 10 eingetragen wird. Aus ⑩ in Verbindung mit ④ (neben dem F steht ein Konsonant) ergibt sich, dass das Q (direkt unter dem U ⑩) wegen ⑩ (weder U noch Q neben E, A oder J) nur noch in Reihe 4 und somit das U in Reihe 3 eingetragen werden kann. Nach den bisherigen Eintragungen kann das V (Nummer der Reihe fünf größer ⑦) nur noch in Reihe 10 und das T in 5 stehen. Damit ergibt sich jetzt für das W ⑤ als einzige Reihe mit einer geraden Zahl ⑤ die Reihe 8. Für das Y entfallen Reihe 9 (der Buchstabe in der Spalte II dieser Reihe steht näher am Anfang des Alphabetes ②) und Reihe 7 (nicht direkt über dem W ⑤). Das Y kann somit nur noch in Reihe 1 eingetragen werden. Für die verbleibenden Buchstaben R und S ergibt sich abschließend wegen ②, dass das R in Reihe 9 und das S in Reihe 7 eingetragen werden muss.

Zusammenfassung:
Reihe 1, C/Y; Reihe 2, H/X; Reihe 3, D/U; Reihe 4, F/Q; Reihe 5, I/T; Reihe 6, B/Z; Reihe 7, E/S; Reihe 8, A/W; Reihe 9, J/R; Reihe 10, G/V

77

Die Fassung 1 ist braun ④. Als Stein für diese Fassung entfallen: Diamant ②, Amethyst ③, Saphir, Turmalin und Rubin ④. Auf Position 1 befindet sich also der Smaragd. Aus ② ergibt sich die Reihenfolge: purpur – Diamant – weiß und aus ③ die Folge Saphir – grün – Amethyst. Diese Folgen müssen auf die restlichen fünf Plätze verteilt werden. Es muss sich also eine Farbe der ersten Folge mit einem Stein der zweiten Folge überschneiden. Dabei soll sich die rote Fassung ① auch noch auf einer ungeraden Positionsnummer befinden. Würde die Folge Saphir – grün – Amethyst auf den Positionen 2–4 hängen, verblieben für die Folge purpur – Diamant – weiß die Positionen 4–6. Das ergäbe für diese Folge: 4 (Amethyst, purpur), 5 (Diamant, rot, da Position 3 mit grün besetzt ist) und 6 (Rubin, weiß). Der Saphir auf Position 2 müsste dann in Blau gefasst worden sein. Das ist wegen ① nicht möglich. Somit können diese beiden Folgen nur wie folgt hängen: purpur (Position 2), Diamant (3) und weiß (4) – Saphir (4), grün (5) und Amethyst (6). Der Diamant muss also in Rot ① gefasst gewesen sein. Der Rubin muss auf Position 5 hängen ④ (weiter rechts von purpur). Für den Turmalin verbleibt nur noch Position 2. Der Amethyst muss abschließend in Blau gefasst gewesen sein.

Zusammenfassung:
1, Smaragd, braun; 2, Turmalin, purpur; 3, Diamant, rot; 4, Saphir, weiß; 5, Rubin, grün; 6, Amethyst, blau

78

Das Kind, das den Tennis-Pokal (keine Henkel ①) errang, ist jünger als Tanja ①. Es kann wegen ③ (Pokal A hat Henkel) nicht 10 Jahre und wegen ⑤ nicht 12 Jahre alt sein. Dieses Kind ist somit 14 Jahre und Tanja ① 16 Jahre alt. Für Roger (Schwimmen ②) ergibt sich wegen ⑤, dass er 10 Jahre alt sein muss. Pokal A ③ ist somit sein Pokal. Jennifer kann wegen ⑤ nur noch 14 Jahre alt sein. Sie hat also den Tennis-Pokal errungen. Das 12-jährige Kind, das den Judo-Pokal errang ⑤, muss also Michael sein. Damit ergibt sich für Tanja (16 Jahre), dass sie einen Pokal im Diskuswerfen errang. Dieser kann wegen ④ (nicht B oder D) nur noch Pokal C sein. Somit ist Pokal B Jennifers Pokal. Abschließend ist Pokal D Michaels Judo-Pokal ⑤.

Zusammenfassung:
A, Roger, 10 Jahre, Schwimmen; B, Jennifer, 14 Jahre, Tennis; C, Tanja, 16 Jahre, Diskuswerfen; D, Michael, 12 Jahre, Judo

79

Name	Schiff	Meer	Zeit
Adam Berger	*Solaris*	Südpazifik	5 Jahre
Berthold Claver	*Albatros*	Nordpazifik	2 Jahre
Franz Gilges	*Corsair*	Indischer Ozean	3 Monate
Gustav Heidel	*Logina*	Nordatlantik	9 Monate
Konrad Litter	*Hermes*	Südatlantik	3 Jahre

80

A, *Oratorio,* Surreytown, kleinster See;

B, *Itchiwan,* Brightville, drittgrößter See;

C, *Weyling,* New Corinth, zweitgrößter See;

D, *Moron,* Radley, viertgrößter See;

E, *Ulterior,* Motive, größter See

81

Fahrschüler	Fahrprüfer	Fehler	Straße
Herr Fischer	Herr Haase	fuhr zu schnell	Hügelstraße
Frau Frey	Herr Minke	rammte Laterne	Marktplatz
Frau Juhnke	Herr Piltz	vergaß Rückspiegel	Engelsweg
Herr Raulsen	Herr Elling	vergaß Blinker	Sonnenallee
Frau Trimmel	Herr Tahler	übersah Ampel	Mühlstraße

82

Vorname	Alter	Größe	Hobby
Benno	30 Jahre	175 cm	Jazz
Edgar	40 Jahre	170 cm	Holzschnitzerei
Jochen	45 Jahre	178 cm	Bergsteigen
Manfred	35 Jahre	173 cm	Theaterbesuche
Roland	25 Jahre	180 cm	Segeln

83

Vorname	Antwort an	Ort	Beschreibung
Christina	Benno	Wunstorf	*ausgeglichen*
Dagmar	Manfred	Lehrte	*lebenslustig*
Rosemarie	Roland	Sarstedt	*sportlich*
Sybille	Jochen	Burgdorf	*humorvoll*
Ursula	Edgar	Hannover	*weltoffen*

84

Auf der linken Seite müssen der 35-jährige und der 32-jährige Musiker gesessen haben ⑥. Auch der 48-Jährige saß wegen ① auf dieser Seite. Somit können die drei Musiker in ④ nicht mehr auf der linken Seite gesessen haben, weil auf dieser Seite nur noch ein Alter offen ist. Seilow (vier Jahre älter als der Musiker auf Platz 5 ⑤) kann nur noch 28, 32, 39 oder 43 Jahre alt sein. Es entfallen jedoch 43, 39 und 32 Jahre, weil die jeweils vier Jahre jüngeren Musiker nicht auf Platz 5 gesessen haben können. Seilow ist somit 28 Jahre alt und der Musiker auf Platz 5 24 Jahre alt. Damit steht auch das fehlende Alter für die linke Seite fest. Aus ④ ergibt sich, dass Seilow auf Platz 2 oder Platz 4 gesessen haben muss. Allerdings wird Platz 2 durch ④ für ihn ausgeschlossen, so dass für Seilow also Platz 4 verbleibt. Um ② zu erfüllen, kann der 52-jährige Musiker nur auf Platz 6 gesessen haben. Damit ergibt sich aus ④, dass auf Platz 8 der 39-Jährige saß, und Loggow auf Platz 6. Aus ② ergibt sich jetzt, dass Buchow auf Platz 8 saß und Felow auf Platz 7. Auch ⑥ lässt sich jetzt klären: Der 43-jährige Musiker saß auf Platz 2 und der 32-jährige auf Platz 1. Für das Alter von 48 Jahren bleibt nur noch Platz 7. Wir kennen jetzt für jeden Platz das entsprechende Alter des Musikers. Um ③ zu erfüllen, kann Alnow nur noch auf der linken Seite auf Platz 3 gesessen haben und Problow auf Platz 4. Abschließend ergibt sich aus ⑤, dass Munow auf Platz 2 saß und Krunow auf Platz 1.

Zusammenfassung:
1, Krunow, 32; 2, Munow, 43; 3, Alnow, 35; 4, Seilow, 28; 5, Problow, 24; 6, Loggow, 52; 7, Felow, 48; 8, Buchow, 39

85

Wein	Jahrgang	Kisten	Regal
Beaujolais	1991	10	3
Niersteiner	1988	9	7
Piesporter	1992	8	2
Trollinger	1993	12	4
Weißherbst	1989	6	5

86

Christopher, 12 Jahre, Rübezahl, Nr. 17, Mr. Seven, Kekse
Lisa, 9 Jahre, Hexe, Nr. 2, Mrs. Brown, Bonbons
Mike, 10 Jahre, Teufel, Nr. 29, Mr. Jaster, Zeichenblock
Sally, 11 Jahre, Zwerg, Nr. 38, Mrs. Rade, Schokolade

87

Anruf von	Angebot	Tag	Zeit
Frau Behr	Heimorgel	Freitag	18.40 Uhr
Frau Daniels	Videospiele	Montag	18.30 Uhr
Frau Huber	Telefaxgerät	Dienstag	19.00 Uhr
Herr Jörn	Kochtopf-Set	Mittwoch	18.20 Uhr
Herr Nielsen	Universalmixer	Donnerstag	18.50 Uhr

88

Um ⑤ zu erfüllen, muss Christine mindestens auf Stufe 5 und eine Unbekannte mindestens auf Stufe 4 stehen. Aus ① ergibt sich, dass Frau Sirkin mindestens auf Stufe 3 stehen muss. Da Frau Sirkin höher als irgendeine der beiden Unbekannten steht ①, ergibt sich somit aus ① und ⑤, dass Astrid auf Stufe 1, Frau Sirkin auf Stufe 3, eine Unbekannte auf Stufe 4, Christine auf Stufe 5 und Sarah auf Stufe 8 steht. Ferner ergibt sich jetzt aus ④, dass Frau Tetzlaff auf Stufe 2 stehen muss. Die zweite Unbekannte, die direkt hinter Barbara und vor Frau Labenz steht ③, kann nicht auf Stufe 6 stehen, da schon Christine auf Stufe 5 steht und Barbara somit nicht mehr auf dieser Stufe stehen kann. Somit ergibt sich weiter, dass Barbara auf Stufe 6, die zweite Unbekannte auf Stufe 7 und Frau Labenz auf Stufe 8 steht. Frau Labenz heißt also mit Vornamen Sarah. Wir kennen die Nachnamen der Frauen, die auf den Stufen 2, 3, und 8 stehen. Um ② zu erfüllen, ist es nur noch möglich, dass Frau Wagner (nicht Stufe 1) auf Stufe 5 steht und somit mit Vornamen Christine heißt, und Frau Gloggner auf Stufe 6 steht und mit Vornamen Barbara heißt. Astrid, die auf Stufe 1 steht, kann mit Nachnamen nur noch Cordes heißen. Somit ergibt sich aus ④, dass der Vorname von Frau Tetzlaff, die auf Stufe 2 steht, nur noch Margot lauten kann. Abschließend ergibt sich, dass der Vorname von Frau Sirkin Jutta lautet.

Zusammenfassung:

1, Astrid Cordes; 2, Margot Tetzlaff; 3, Jutta Sirkin; 4, Unbekannte; 5, Christine Wagner; 6, Barbara Gloggner; 7, Unbekannte; 8, Sarah Labenz

89

Gast	Geist	Ort	Reaktion
Frau Arte	gesichtslose Nonne	Flur	verriegelte Tür
Herr Bing	buckliger Glöckner	Park	bekam Migräne
Frau Delli	tanzender Bär	Treppe	schlief unruhig
Herr Frill	kopfloser Ritter	Balkon	benutzte Minibar
Frau Witt	wahnsinnige Frau	Halle	blieb wach

90

1, Heidi Holst, grün; 2, Sandra Block, blau; 3, Iris Jahn, weiß; 4, Elke Rief, gelb; 5, Nadine Flick, braun; 6, Julia Wilke, rot

91

Rolle	Vorname	Nachname	Beruf
Famulus	Benno	Nitschke	Maler
Faust	Gero	Thorn	Apotheker
Gretchen	Janna	Derner	Redakteurin
Marthe	Tania	Attenberg	Studienrätin
Mephisto	Hartmut	Welkes	Ingenieur

92

Anja erreichte Platz 4 ②. Für die Verteilung in ⑤ ergibt sich jetzt, dass Frauke Platz 3, Miriam Platz 2 und das Mädchen mit dem Nachnamen Kiel Platz 1 ergatterte. Für Platz 6 entfällt als Vorname Iris ① und Heike ③. Somit muss Birgit diesen Platz und wegen ④ diejenige, die mit Nachnamen Herzog heißt, Platz 5 ergattert haben. Die Verteilung in ① erlaubt jetzt nur noch, dass die mit dem Nachnamen Witte Platz 2 (Miriam) und die, die Graf heißt, Platz 3 (Frauke) ergattert hat. Somit steht jetzt auch Platz 5 für Iris (Herzog) ① fest. Heikes Platznummer ③ kann nur noch die 1 (Kiel) sein. Da der Nachname Bilk für Anja entfällt ②, kann ihr Nachname nur noch Müller lauten. Für Birgit verbleibt abschließend nur noch Bilk als Nachname.

Zusammenfassung:
1, Heike Kiel; 2, Miriam Witte; 3, Frauke Graf; 4, Anja Müller; 5, Iris Herzog; 6, Birgit Bilk

93

Der Junge mit dem Nachnamen Wendler startete auf Bahn B und Stefan auf Bahn C ④. Somit ergibt sich aus ①, dass Oliver Ahrens auf Bahn D gestartet sein muss. Damit steht auch fest, dass Stefan Erster wurde. Da derjenige mit dem Nachnamen Handow Zweiter wurde ③, ergibt sich aus ④ für Stefan, dass sein Nachname Böhler lauten muss. Handow kann nur noch auf Bahn A gelaufen sein. Als Vorname ergibt sich wegen ③ Florian. Aus ② folgt nun, dass Oliver Ahrens auf Bahn D Vierter wurde. Abschließend bleibt für Bahn B nur noch Holger als Vorname, und dieser wurde Dritter.

Zusammenfassung:

A, Florian Handow, Zweiter; B, Holger Wendler, Dritter; C, Stefan Böhler, Erster; D, Oliver Ahrens, Vierter

94

1, Frau Dahl, sechstes Stockwerk, Porzellan; 2, Frau Frill, drittes Stockwerk, Camping; 3, Frau Reese, erstes Stockwerk, Kosmetik; 4, Frau Bilk, fünftes Stockwerk, Gardinen; 5, Frau Litter, viertes Stockwerk, Spielwaren; 6, Frau Sell, zweites Stockwerk, Lederwaren

95

Name	Verbindung	Beleidigung 1	Beleidigung 2
Alice Cross	Psychiater	*charakterlos*	*Sadist*
John Fuming	Geschäftspartner	*zwielichtig*	*Traumtänzer*
Mark Huffy	Chefbuchhalter	*jähzornig*	*Galgenvogel*
Tom Rate	Assistent	*dummdreist*	*Psychopath*
Susan Wroth	erste Ehefrau	*grausam*	*Abstauber*

96

Seil 1, Bert Kastner, braun; Seil 2, Detlef Tramlin, rot; Seil 3, Tobias Reck, grün; Seil 4, Werner Bock, gelb; Seil 5, Michael Barrentz, blau; Seil 6, Sven Matthes, weiß

97

Beowulfs Schwert ③ muss mindestens auf Platz 2 hängen und somit Olavs Schwert auf 4 oder 5. Das Schwert des Fürsten Goldhelm ① muss ebenso mindestens auf 2 und das von Erik ④ auf 4 oder 5 hängen. Somit kann auf diesen Plätzen nicht mehr Ragnars Schwert sein. Damit ergibt sich aus ①, dass das Schwert von Ingfried auf 1, das von Goldhelm auf 2 und Ragnars Schwert auf 3 hängt. Aus ④ ergibt sich weiter, dass Eriks Schwert auf 4 und somit Olavs ③ auf 5 hängen muss. Aus ③ ergibt sich nun, dass das Schwert von Hartkopf auf 4 hängt. Jetzt steht auch fest, dass Beowulfs Schwert auf 2 und Haralds auf 1 hängt. Ludger ⑤ kann nur das Schwert auf Platz 4 angefertigt haben. Olavs Beiname lautet somit Schwarzzahn. Ragnar ① muss somit den Beinamen Rothaar getragen haben. Haralds Beiname kann jetzt nur noch Methorn ② lauten, und Ulfbert ② muss das Schwert auf Platz 2 angefertigt haben. Gorm kann wegen ⑤ nur noch der Schmied des Schwertes auf 3 sein und Herwig abschließend der Schmied des Schwertes auf Platz 5.

Zusammenfassung:

1, Harald, Methorn, Ingfried; 2, Beowulf, Goldhelm, Ulfbert; 3, Ragnar, Rothaar, Gorm; 4, Erik, Hartkopf, Ludger; 5, Olav, Schwarzzahn, Herwig

98

Vorname	Nachname	Ort	Reihenfolge
Donna Arabella	Zampionelli	Genua	erste
Donna Julia	Bartichelli	Padua	dritte
Donna Maria	Ferucci	Mailand	fünfte
Donna Sophia	Manieri	Turin	vierte
Donna Viola	Corleone	Florenz	zweite

99

Für Brian Wilde ② entfallen wegen ② die Agentennummern 003 und 009 und wegen ③ die 008 (Darian Sinclair). Brian Wilde hat somit die Agentennummer 006. Er war in Gebäude B untergebracht, da wegen ① D und wegen ② (zweistöckig) A und C entfallen. Bei der Kontrolle im Uhrzeigersinn ③ wurde Darian Sinclair – 008 – vor dem Agenten im *Restaurant Bond* kontrolliert. Es entfällt für Sinclair Gebäude D, da sich wegen ③ *Riecks Café* und nicht das *Restaurant Bond* in A ③ befand. Auch das Café selbst entfällt wegen ③. Somit war 008 in Gebäude C postiert. Da wegen ④ das *Hotel Beciage* entfällt, war Sinclair in der *Ironcurt Bar* postiert. Damit ergibt sich aus ③ jetzt weiter, dass im Gebäude D das *Restaurant Bond* gewesen sein muss. Aus ① ergibt sich jetzt, dass Martha Herry in Gebäude A postiert war und damit Susanna Welth im *Restaurant Bond* (Gebäude D). Aus ④ ergibt sich jetzt, dass Susanna Welth die Agentennummer 009 hat, da sich das *Hotel Beciage* jetzt nur noch im Gebäude B befunden haben kann, und 006 hier postiert wurde. Abschließend verbleibt nur noch die 003 für Martha Herry.

Zusammenfassung:
A, *Riecks Café,* Martha Herry, 003; B, *Hotel Beciage,* Brian Wilde, 006; C, *Ironcurt Bar,* Darian Sinclair, 008; D, *Restaurant Bond,* Susanna Welth, 009

100

Blume	Vorname	Nachname	Seite
Alpenrose	Grete	Mengs	11
Berganemone	Leopold	Spitzner	33
Edelweiß	Helene	Astam	41
Enzian	Johanna	Tyrer	57
Küchenschelle	Alfred	Huber	29

101

Tag	Ort	Grad	Jahr
29. Juli	Rostock	13 Grad	1926
31. Juli	Hamburg	11 Grad	1911
1. August	Lübeck	12 Grad	1900
27. August	Bremen	10 Grad	1948
28. August	Flensburg	14 Grad	1935

102

Für die Filme *Eine Farm in Afrika* (④), *Königin für einen Tag* (④), *Um Mitternacht im Park* (④) und *Zauberhafter Sommer* (②) wird bis zur endgültigen Klärung der Reihenfolge des Spielplanes die in Klammer gesetzte Zahl (Zahl der Wörter) angewendet. Aus ④ ergibt sich eine Folge von 4–2–4, die in Verbindung mit ① entweder 4–4–2–4 oder 4–2–4–4 lautet. Keine dieser beiden letzten Folgen kann am Donnerstag beginnen und damit am Sonntag enden, da *Familienehre* ⑤ mindestens am Donnerstag auf den Plan stehen muss. Auch *Der große Sturm* kann wegen ② nicht am Sonntag gespielt werden. Damit wird *Familienehre* am Sonntag gespielt. Aus ⑤ ergibt sich damit weiter, dass Lionel Astor der Darsteller in dem Film am Freitag ist. Wegen der Länge der erwähnten Folgen kann *Der große Sturm* (3 Wörter) nur am Dienstag oder am Samstag gespielt werden. Stünde dieser Film am Dienstag auf dem Programm, könnte keine der Folgen eingesetzt werden. Bei 4–2–4–4 (von Mittwoch bis Samstag) ergäbe sich wegen ①, dass der Film am Freitag mit Charles Mullham besetzt sein müsste. Für diesen Tag ist aber schon Lionel Astor festgelegt. Bei 4–4–2–4 ergäbe sich aus ①, dass dann der Film am Mittwoch mit Mullham besetzt sein würde. Dann wäre aber ② nicht mehr erfüllbar, der besagt, dass Steven Perry der Hauptdarsteller an diesem Tag sein muss. Somit steht jetzt fest, dass *Der große Sturm* am Samstag gespielt wird und wegen ② der Hauptdarsteller des Films am Sonntag (*Familienehre*) Steven Perry heißen muss. Wegen ⑥ ist es nur noch möglich, dass die Folge 4–4–2–4 Anwendung findet. Somit steht wegen ④ schon einmal fest, dass *Zauberhafter Sommer* am Donnerstag gespielt wird. Damit ergibt sich aus ①, dass am Mittwoch der Film *Eine Farm in Afrika* und am Dienstag ein Film gespielt wird, in dem Charles Mullham der Hauptdarsteller ist. Für den Film am Freitag (4 Wörter) mit Lionel Astor ergibt sich aus ⑤, dass der Titel *Königin für einen Tag* lauten muss. *Um Mitternacht im Park* steht somit am Dienstag auf dem Programm. Aus den bisherigen Eintragungen ergibt sich für ③, dass Randolph Kelling der Darsteller des Films am Samstag sein muss. Da Harold Spencer nicht in *Eine Farm in Afrika* (Mittwoch) mitspielt, muss er am Donnerstag in *Zauberhafter Sommer* auftreten. Abschließend ergibt sich, dass Donald Forest der Hauptdarsteller des Films am Mittwoch ist.

Zusammenfassung:
Dienstag, *Um Mitternacht im Park,* Charles Mullham
Mittwoch, *Eine Farm in Afrika,* Donald Forest
Donnerstag, *Zauberhafter Sommer,* Harold Spencer
Freitag, *Königin für einen Tag,* Lionel Astor
Samstag, *Der große Sturm,* Randolph Kelling
Sonntag, *Familienehre,* Steven Perry

103

Name	Beruf (alt)	Ehefrau	Beruf (neu)
Arno Braun	Hochseilartist	Kirsten	Krankengymnast
Dieter Cordes	Stuntman	Angelika	Fotograf
Frank Ewert	Bodyguard	Britta	Sportlehrer
Jörg Mader	Sprengmeister	Petra	Buchhändler
Stefan Weller	Bombenentschärfer	Ingeborg	Florist

104

Barbara Glüsing, 14. Oktober, grün, Ente (2 CV), M
Christoph Reimann, 31. Oktober, rot, Renault 4, J
Holger Schneider, 19. Oktober, weiß, Trabbi, B
Michaela Angermann, 26. Oktober, blau, VW Käfer, K

105

Titel	Autor	Element 1	Element 2
Die Schlittenfahrt	Georg Simon	Arsenflasche	Ohrringe
Eine besinnliche Zeit	Horst Merrick	Spritze	Notizbuch
Glockenklang	Peter Falke	Tabletten	Schachspiel
Schwarze Weihnacht	Margret Spector	Messer	Brautstrauß
Stille Nacht	Bianca Christie	Fliegenpilze	Weinflasche

106

Das Ehepaar Timm ④ hat den Buchstaben C. Somit muss das Ehepaar Müller, das sich zwischen zwei Paaren befindet ②, den Buchstaben B haben. Familie Vogel verliert gegen ein Ehepaar, aber nicht gegen das auf A ⑤. Somit können die Vogels selbst nicht auf A sein. Sie haben also den Buchstaben D. Daraus ergibt sich, dass sich Hartmut und Ilona Jäger ③ auf Platz A befinden. Jetzt lässt sich ② so auflösen, dass die Jägers aus Köln kommen und die Vornamen des Ehepaares Timm Reinhard und Susanne lauten. Bei Karsten und Lilo, sie kommen aus Nürnberg und scheiden schon in der ersten Runde aus ①, kann es sich nur noch um das Ehepaar Müller handeln, da die Vogels erst in der letzten Runde ausscheiden ⑤. Da die Vogels nicht aus Leipzig kommen ⑤, müssen sie aus Weimar stammen. Als Vornamen sind nur noch Thomas und Ulrike möglich. Abschließend stammt das Ehepaar Timm auf Platz C somit aus Leipzig und muss das Siegerehepaar sein, gegen das die Vogels verloren haben, da wegen ⑤ Platz A und wegen ① B – Karsten und Lilo – entfallen.

Zusammenfassung:
A, Hartmut und Ilona Jäger, Köln; B, Karsten und Lilo Müller, Nürnberg; C, Reinhard und Susanne Timm (Sieger), Leipzig; D, Thomas und Ulrike Vogel, Weimar

107

Gerolds Uhr geht nach, aber nicht am weitesten ④. Da seine Uhr im Vergleich zu der auf Platz 3 um zwei Minuten nachgeht, kann sie nicht im Vergleich zur korrekten Uhrzeit zwei Minuten nachgehen. Seine Uhr muss also eine Minute nachgehen und die Uhr auf Platz 3 eine Minute vor. Somit muss diese Uhr wegen ② Hanna gehören. Joschis Uhr ④, die zwar im Vergleich eine Minute zu der auf Platz 4 vorgeht, muss trotzdem zwei Minuten gegenüber der richtigen Uhrzeit nachgehen, da sich Hannas Uhr auf Platz 3 befindet und wir auch die Abweichung von Gerolds Uhr kennen. Somit geht die Uhr auf Platz 4 drei Minuten nach. Sie kann nur noch Stefan gehören, da die Zeiger auf Brittas Uhr auch schon weitergerückt sind ①. Aus ③ (eine Minute genauer als die Uhr links daneben) ergibt sich jetzt, dass Joschis Uhr, die ja nur zwei Minuten nachgeht, auf Platz 5 stehen muss. Die Uhr, die zwei Minuten vorgeht, kann jetzt nur noch Brittas Uhr sein. Aus ① (geht mehr als eine Minute vor als die rechts davon) ergibt sich jetzt, dass Brittas Uhr nur noch auf Platz 1 stehen kann. Abschließend verbleibt für Gerolds Uhr, die eine Minute nachgeht, nur noch Platz 2.

Zusammenfassung:
1, Britta, zwei Minuten vor; 2, Gerold, eine Minute nach; 3, Hanna, eine Minute vor; 4, Stefan, drei Minuten nach; 5, Joschi, zwei Minuten nach

108

Nachfolgend entfallen das Wort Position, der Vorname des jeweiligen Polizisten und das Wort Verkleidung. Die genannten Verkleidungen sind *kursiv* geschrieben. Palmieri steht auf 3 ② und der Polizist mit der Dienstnummer S 037 auf 4 ③. Der Polizist auf 1 ⑤ ist *Straßenkehrer,* hat eine geradzahlige Dienstnummer und einen Nachnamen, der aus fünf Buchstaben besteht. Ontri als *Priester* ⑥ müsste wegen ⑥ (zwischen) auf 2 oder 5 sein. Er kann nicht auf 2 stehen, da dann Bernino (7 Buchstaben) auf 1 (fünf Buchstaben ⑤) sein müsste. Somit steht Ontri auf 5. Damit ergibt sich weiter aus ⑥, dass der Polizist mit der Dienstnummer S 038 auf 6 steht und Bernino auf 4. Würde Drumo ⑦ auf 6 sein, müsste Ontri die Dienstnummer S 040 haben und Bernino auf 4 der *Obdachlose* sein. Das ergäbe für 1 wegen ⑤ Stimi und als Dienstnummer S 036. Dann müsste wegen ① Bernino (S 037 auf 4) der *Eisverkäufer* sein. Er ist aber jetzt der *Obdachlose.* Somit kann Drumo nicht auf 6 stehen. Damit ergibt sich für Drumo ⑦ und den *Obdachlosen* die linke Seite, für Ontri die Dienstnummer S 040 und für den *Straßenkehrer* auf 1 die S 036. Stimi – um eins kleinere Dienstnummer als der *Eisverkäufer* ① – kann nicht mehr die Dienstnummer S 035 (S 036 ist *Straßenkehrer*), S 038 (S 039 ist *Tourist* ④) und S 039 (S 040 ist *Priester*) haben. Somit muss Stimi der Polizist auf 1 sein und Bernino (Dienstnummer S 037 auf 4) der *Eisverkäufer.* Drumo muss somit auf 2 und Aldenti auf 6 stehen. Da Drumo nicht der *Obdachlose* ist, muss er der *Tourist* mit der Dienstnummer S 039 sein. Palmieri muss somit die Dienstnummer S 035 haben und der *Obdachlose* sein. Abschließend ergibt sich für Aldenti auf 6, dass er der *Postbote* sein muss.

Zusammenfassung:
1, Riccardo Stimi, Dienstnummer S 036, *Straßenkehrer*
2, Enzio Drumo, Dienstnummer S 039, *Tourist*
3, Paolo Palmieri, Dienstnummer S 035, *Obdachloser*
4, Carlo Bernino, Dienstnummer S 037, *Eisverkäufer*
5, Niccolo Ontri, Dienstnummer S 040, *Priester*
6, Adriano Aldenti, Dienstnummer S 038, *Postbote*

109

Zeit	Patient	Beruf	Problem
10.00 Uhr	Frederike Faller	Galerist	Flugangst
11.00 Uhr	Daniel Drack	TV-Moderator	Höhenangst
12.00 Uhr	Berthold Baimer	Journalist	Klaustrophobie
13.00 Uhr	Bernd Breme	Bankier	Magersucht
14.00 Uhr	Gerda Gran	Opernsänger	Depressionen

110

Erster, Olaf Leitner, 101,71 m und 100,38 m (202,09 m)
Zweiter, Peter Winter, 102,57 m und 98,63 m (201,20 m)
Dritter, Xaver Backer, 100,26 m und 97,81 m (198,07 m)
Vierter, Fabian Jörgensen, 96,32 m und 101,47 m (197,79 m)
Fünfter, Luigi Pergisi, 98,08 m und 99,19 m (197,27 m)

111

Monat	Name	Ressort	Vergehen
Februar	Frau Lissow	Finanzen	Mord
April	Herr Tornbüchler	Wirtschaft	Veruntreuung
Juni	Herr Kriminski	Justiz	Aktenfälschung
August	Herr Vriesmer	Verteidigung	Spionage
Oktober	Frau Maltke	Verkehr	Bestechung

112

Das Gespräch, das Frau Schneider um 9.00 Uhr im Parkhaus erreicht, führt nicht der Sohn ⑦. Die Schwester ruft an, als sie sich in der Parfümerie befindet ③. Aus ① (15 Minuten später als Anruf im Schuhgeschäft) ergibt sich, dass Herr Schneider (Einladung zur Party ①) um 10.00 Uhr anrufen muss, da 9.30 Uhr (anderer Grund ⑥) und 9.45 Uhr (Mutter ④) nicht möglich sind. Somit erreicht die Mutter sie im Schuhgeschäft. Frau Schneider muss sich wegen ⑤ (anderer Grund) beim Anruf ihres Ehemannes in der Boutique aufhalten. Damit ergibt sich, dass die Tochter sich um 9.00 Uhr meldet. Der Sohn erreicht sie somit im Kaufhaus und bittet um einen Rat ⑤. Als Zeit ist wegen ⑥ (anderer Grund) nur noch 9.15 Uhr möglich. Somit ruft um 9.30 Uhr die Schwester an und lädt sie ins Kino ein ⑥. Da die Tochter nicht die Schlüssel verloren hat ②, kann nur noch die Mutter diesen Grund für einen Anruf haben. Abschließend teilt also die Tochter mit, dass sie später kommt.

Ort	Anrufer	Zeit	Grund
Boutique	Ehemann	10.00 Uhr	Einladung zur Party
Kaufhaus	Sohn	9.15 Uhr	braucht einen Rat
Parfümerie	Schwester	9.30 Uhr	Einladung ins Kino
Parkhaus	Tochter	9.00 Uhr	kommt später
Schuhgeschäft	Mutter	9.45 Uhr	Schlüssel verloren

113

Name	Material	Titel	Note
Bettina Cranz	Ölfarben	*Labyrinth im Licht*	1,25
Edgar Flöhrs	Ton	*Passionszeit*	1,5
Hartmut Ingler	Linol	*Blumen des Bösen*	2,25
Kerstin Lawitz	Aquarellfarben	*Der Angriff*	1
Martina Nagel	Kohle	*Eiszeit*	2

114

Tag	Objekt	Stadt	Beute
5.	Zug	Red Gulch	700 Dollar
7.	Bank	Cactus Springs	2000 Dollar
10.	Goldmine	Kempsville	1200 Dollar
15.	Lohnbüro	Three Pines	800 Dollar
20.	Saloon	Flatrock	400 Dollar

115

Gebäude	Ort des Eindringens	Stelle des Safes	Dauer
Barclay House	Küchenfenster	Arbeitszimmer	10 Minuten
Cotts Grange	Balkonfenster	Wohnzimmer	25 Minuten
Lloyds Hall	Verandatür	Bibliothek	30 Minuten
Midland Manor	Küchentür	Schlafzimmer	20 Minuten
Nashvall Abbey	Garagentor	Keller	15 Minuten

116

Für ③ ergeben sich als Wochentage mit dem gleichen Anfangsbuchstaben – dabei liegt der Tauchkurs vor dem, den Jessica leitet – Sonntag/Samstag, Montag/Mittwoch und Dienstag/Donnerstag. Dienstag/Donnerstag entfällt, da Lutz der Animateur am Donnerstag ist ⑤. Der Kurs, den Joachim am Dienstag besucht, wird von einem Mann geleitet, der nicht Mischa heißt ④. Da Joachim am Mittwoch Segeln lernen will ②, entfällt auch Viktor ⑥, da jetzt am Mittwoch Bergsteigen als Sportart nicht mehr möglich ist. Somit leitet Giuseppe den Kurs, den Joachim am Dienstag besucht. Würde Joachim den Tauchkurs am Montag ausprobieren, müsste Jessica das Segeln am Mittwoch unterrichten. Damit ergäbe sich für ① (Sophies Kurs zwei Tage vor Drachenfliegen), dass Joachim Sophies Kurs am Sonntag und den über das Drachenfliegen am Dienstag besuchen müsste. Für ⑥ wäre nur noch möglich, dass Viktors Kurs am Freitag und der über das Bergsteigen am Samstag stattfinden müsste. Dann wäre wegen der bisherigen Eintragungen bei Sportart oder Animateur keine Möglichkeit gegeben, um laut ⑦ die Kombination Katharina und Reiten einzutragen. Somit ist nur noch möglich, dass Joachim am Sonntag den Tauchkurs ausprobiert und am Samstag den, der von Jessica geleitet wird. Für ⑦ (nicht Montag) ergibt sich jetzt, dass er Katharinas Reitkurs nur noch am Freitag ausprobieren kann. Damit ist für ① nur noch möglich, dass Sophie den Tauchkursus leitet und Joachim den Kurs im Drachenfliegen am Dienstag ausprobiert. Wegen ⑥ ist es ihm nur noch möglich, dass er Viktors Kurs am Mittwoch und den im Bergsteigen am Donnerstag testet. Mischas Lehrgang kann jetzt nur noch am Montag ausprobiert werden. Aus ⑧ (Samstag nicht Surfen) ergibt sich jetzt abschließend, dass Mischa der Animateur des Surf- und Jessica der des Wasserskikurses sein muss.

Zusammenfassung:
Sonntag, Tauchen, Sophie; Montag, Surfen, Mischa; Dienstag, Drachenfliegen, Giuseppe; Mittwoch, Segeln, Viktor; Donnerstag, Bergsteigen, Lutz; Freitag, Reiten, Katharina; Samstag, Wasserski fahren, Jessica

117

Name	Instrument	Semester	Punktzahl
Ali Binal	Trompete	6.	119
Cora Diezle	Klavier	3.	124
Dagmar Mang	Violine	1.	115
Mark Turrow	Cello	5.	132
Ulf Opler	Querflöte	7.	128

118

Herr Sörensen, der auf Sessel C sitzt ①, kann nicht von Charlie (anderes Thema) ①, Paolo (Herr Vinchetti) ② oder Maurice (Sessel D) ③ bedient werden. Somit heißt Herrn Sörensens Friseur Maximilian. Als Thema an Sessel D (Maurice ③) entfallen Fußball (Charlie ①), Urlaub ③ und das Wetter (Sessel A ④). Maurice unterhält sich somit mit seinem Kunden über das Fernsehen. Damit entfallen Herr Vinchetti (Paolo ②) und Herr Ewers (nicht Fernsehen ⑤). Maurice bedient also Herrn Fugger. Somit ergibt sich, dass Charlie (Thema Fußball ①) an Sessel B arbeitet und Paolo am Sessel A ②. Charlie bedient somit Herrn Ewers. Für Herrn Sörensen ergibt sich damit, dass er sich mit seinem Friseur über das Thema Urlaub unterhält.

Zusammenfassung:

A, Paolo, Herr Vinchetti, Wetter; B, Charlie, Herr Ewers, Fußball; C, Maximilian, Herr Sörensen, Urlaub; D, Maurice, Herr Fugger, Fernsehen

119

Die Statuette auf Platz D stammt aus dem Jahr 1894 ②. Als Figur entfallen Schäfer (steht zwischen zwei Figuren ③), Ballerina (1921 ④) und elegante Dame (ist links von einer Figur ⑤). Somit steht der Harlekin auf Platz D. Als Entstehungsjahr für die Schäferfigur entfallen 1921 (Ballerina ④) und 1847 ③. Somit wurde diese Figur 1783 gemacht und kostet 600 Mark ⑥. Damit verbleibt 1847 als Entstehungsjahr der eleganten Dame. Diese ist teurer als der Harlekin, kann aber wegen ③ nicht 400 Mark gekostet haben. Somit ist als Preis nur noch 500 Mark möglich und damit wegen ① Platz A. Damit ergibt sich aus ③, dass der Schäfer (1783, 600 Mark) auf Platz B und die Ballerina (1921 ④) auf Platz C steht und 400 Mark kostet. Abschließend ergibt sich als Preis für den Harlekin 300 Mark.

Zusammenfassung:

A, elegante Dame, 1847, 500 Mark; B, Schäfer, 1783, 600 Mark;
C, Ballerina, 1921, 400 Mark; D, Harlekin, 1894, 300 Mark

120

Name	Rebsorte	Anbaugebiet	Anzahl
Frau Britten	Silvaner	Mosel	10 Flaschen
Herr Danne	Kerner	Franken	8 Flaschen
Herr Marsten	Müller-Thurgau	Elsass	4 Flaschen
Frau Petersen	Riesling	Kaiserstuhl	12 Flaschen
Herr Thomes	Traminer	Rheingau	6 Flaschen

121

Das Gepäckstück mit der Kennziffer (entfällt nachfolgend) 5 kann nicht der große Koffer ③ sein. Da der grüne Rucksack direkt vor oder hinter der Sporttasche steht ⑤, aber die Reisetasche die 4 hat ②, kann nur noch der kleine Koffer die 5 haben. Somit ergibt sich aus ⑦, dass Stefan Vehns' blaues Gepäckstück die Reisetasche sein muss. Gepäckstück 3 ist braun ④, und 2 gehört Axel Lindner ⑥. Somit ergibt sich für ① (durch zwei weitere getrennt), dass 1 weder das weiße noch das rote Gepäckstück sein kann, da 4 blau ist. Gepäckstück 1 kann nur noch grün sein. Damit ergibt sich für ⑤, dass 1 der grüne Rucksack und 2 die Sporttasche ist. Olaf Postels großer Koffer ③ hat somit die 3. Mario Neuberger kann jetzt wegen ② nur noch Gepäckstück 5 gehören und Robert Rings 1. Für ① ergibt sich jetzt wegen der Länge der Nachnamen abschließend, dass das Gepäckstück von Axel Lindner (sieben Buchstaben) weiß sein muss und das von Mario Neuberger (neun Buchstaben) rot.

Zusammenfassung:
1, Rucksack, grün, Robert Rings; 2, Sporttasche, weiß, Axel Lindner; 3, großer Koffer, braun, Olaf Postel; 4, Reisetasche, blau, Stefan Vehns; 5, kleiner Koffer, rot, Mario Neuberger

122

Lokal	Getränk	Musik	Attraktion
Café Creme	*Alexander*	Pop	Tanzfläche
King Kong	*Planters Punch*	Jazz	schöne Männer
Luna	*Gin Fizz*	Rock	Wintergarten
Society	*Cuba Libre*	Blues	beste Snacks
Wunder-Bar	*Pina Colada*	Swing	Barkeeper

123

Name	Nationalität	Beruf	Land
Anne Brell	Frankreich	Schriftstellerin	Syrien
Elise Fitz	Schweiz	Ingenieurin	Jordanien
Gitte Lang	Deutschland	Journalistin	Libanon
Ingrid Ingler	Großbritannien	Fotografin	Ägypten
Rena O'Tally	Irland	Architektin	Israel

124

Opfer	Fundort	Mörder	Titel
Alan Christie	Bibliothek	Buchhalter	*Die letzte Glocke*
James Limet	Weinkeller	Nichte	*Falsche Fährten*
Joana Martens	Friedhof	Stiefsohn	*Das Manuskript*
Lavinia Potter	Garage	Onkel	*Unter Eiben*
Stephen Wood	Garten	bester Freund	*Ein Mord mehr*

125

Name	Kalorienbombe	Sportart	Gewichtsverlust
Eva Filmayer	Chips	Squash	12 Kilogramm
Lena Möller	Schokolade	Jogging	6 Kilogramm
Nils Olbrecht	Eis	Aerobic	4 Kilogramm
Pia Richter	Kuchen	Schwimmen	16 Kilogramm
Tom Wicke	Popcorn	Volleyball	8 Kilogramm

126

Gruppe	Ort	Tag	Anführer
Anarchisten	Campus Martius	19. Mai	Incongruus
Armee	Via Clara	9. Mai	Pugnacius
Familie	Dampfbad	5. Mai	Ambitius
Plebejer	Palast	15. Mai	Arduus
Senatoren	Amphitheater	25. Mai	Necessitus

127

Die Begriffe Sorte und Kennbuchstabe entfallen im Nachfolgenden. Die *Königspracht* ist Rose B ⑤. Für A entfallen durch ① *Juliana* (rechts von) und *Fantasia* (nicht A ②). Somit ist *Avalon* Rose A. Die Zahl ihrer Blüten muss wegen ② mindestens sieben betragen. Sie beträgt auch sieben, da wegen ④ acht Blüten nicht möglich sind. Als Farbe entfallen Weiß ②, Rot (gerade Zahl der Blüten ③) und Gelb ④. Die *Avalon* hat somit rosafarbene Blüten. Aus ② ergibt sich jetzt, dass die Blütenzahl der *Fantasia* fünf betragen muss. Somit kann wegen ① die *Juliana* (rechts von der Rose mit sechs Blüten) nicht mehr D sein, da dann die *Fantasia* mit fünf Blüten C wäre. Somit ist *Juliana* die Rose C und *Fantasia* Rose D. Jetzt ergibt sich aus ①, dass die *Königspracht* sechs Blüten haben muss. *Juliana* kann nur noch acht Blüten haben, die somit wegen ④ gelb sein müssen. Wegen ③ ist dann nur noch möglich, dass *Königspracht* rote Blüten hat. Abschließend ergibt sich, dass die Sorte *Fantasia* weiße Blüten haben muss.

Zusammenfassung:
A, *Avalon,* rosa, sieben Blüten
B, *Königspracht,* rot, sechs Blüten
C, *Juliana,* gelb, acht Blüten
D, *Fantasia,* weiß, fünf Blüten

128

Nachfolgend entfällt die Bezeichnung Häuschen. Anette hat die Figuren in D ③. Von B aus starten die blauen Figuren ④, und in A befinden sich noch zwei Figuren ⑤. Die Bedingung in ② (diagonal) kann jetzt nur noch dann erfüllt werden, wenn Jochens grüne Figuren in A und die drei gelben in C stehen. Somit ergibt sich für ①, dass Sabine mit den Figuren von B aus spielt und wegen ① keine mehr im Häuschen sind. Abschließend ergibt sich für D (Anette), dass dort noch eine rote Figur stehen muss.

Zusammenfassung:
A, Jochen, grün, 2 Figuren; B, Sabine, blau, 0 Figuren; C, Jürgen, gelb, 3 Figuren; D, Anette, rot, 1 Figur

129

Name	Hof in	Tierzucht	Einkauf
Asmussen	Nedderkamp	Truthähne	Schmieröl
Hagge	Kattenhagen	Hühner	Wundsalbe
Mommsen	Bredendörp	Schweine	Zaunpfähle
Plöger	Lüttenbrode	Rinder	Kraftfutter
Stahmer	Holthusen	Schafe	Dünger

130

Behälter	Etikett	Monat	Inhalt
Folienpack	*Hackfleisch*	Februar	Blätterteig
Plastikbeutel	*Apfelscheiben*	Januar	Tomatensoße
Plastikdose	*Eiscreme*	März	Rosenkohl
Plastikschüssel	*Fleischbrühe*	Mai	Hefeteig
Schlauchpackung	*Heidelbeeren*	April	Fleischbrühe

131

Tag	Klientin	Kleidung	Auftrag
Montag	Maria Pinelli	schwarzes Kleid	finde Verlobten
Dienstag	Fiona Giller	Pelzmantel	finde Juwelen
Mittwoch	Gloria Hall	Jeans und Pulli	finde Erpresser
Donnerstag	Greta Jasper	Designerkleid	beweise Unschuld
Freitag	Sabrina Task	Lederkostüm	verfolge Ehemann

132

Jäger	Hund	Beute	Missgeschick
Herr Dümann	Hasso	Reh	Hund lief weg
Herr Fray	Ralfi	Gemse	schoss Krähe
Herr Hindke	Muckl	Wildschwein	Feldstecher verloren
Herr Michel	Zoro	Hirsch	Patrone klemmte
Herr Ottens	Benno	Hase	Handy klingelte

133

Nachfolgend entfallen so weit wie möglich die Wörter Sternzeichen, Sternbild und Bild für eine Positionsbeschreibung. Pamela ist auf 10 ④. Aus ⑧ ergibt sich, dass das Zeichen *Zwillinge* auf 2 und Julia und Susanne in anderen Feldern der gleichen oberen Reihe einzutragen sind. *Schütze* muss wegen Julia ② ebenfalls in die obere Reihe und kann wegen ② (zwei Plätze links von Julia) nur auf 1 eingetragen werden. Damit ergibt sich, dass Julias Foto auf 3 platziert ist. Für 2 (*Zwillinge,* Frühling) entfallen Bernd (unter Axel ⑤), Claudia (nicht mehr zwischen *Waage* und *Skorpion* möglich ①), Frauke (*Stier,* ⑦), Horst und Karin (Sommerzeichen ⑥), Peter (unter Norbert ③) und Ulrich ⑨ (*Krebs* kann links nicht mehr auf 1 sein). Es verbleiben nur noch Axel und Norbert. Um ⑤ zu erfüllen, stände Axel auf 2, Bernd auf 6 und *Wassermann* (männlich) auf 7. Claudia ① könnte jetzt nur noch auf 11 und somit *Waage/Skorpion* auf 10 und 12 eingetragen werden. Dann müssten Frauke/*Stier* ⑦ auf 8 und Karin ⑥ (nicht 4) auf 9. Somit wäre für ③ nur noch Norbert auf 4 erfüllbar, und sein Sternzeichen müsste dann wegen ⑦ *Jungfrau* sein. Die Sternzeichen für Horst und Karin (Sommerzeichen ⑥) würden jetzt *Krebs* oder *Löwe* lauten. Aber die Bilder Karin/*Krebs* oder Horst/*Krebs* können beide nicht die nach ⑨ geforderte Bedingung erfüllen, dass eines der Bilder direkt neben dem von Ulrich platziert ist. Somit kann auf 2 nur Norberts und nicht Axels Foto platziert worden sein. Jetzt ergibt sich zwingend für ③, dass Peter auf 5, und für ⑤, dass Axel auf 7, Bernd auf 11 und *Wassermann* auf 12 eingetragen werden müssen. Die Person für Position 12 (*Wassermann* und männlich ⑤) kann nach den bisherigen Eintragungen nur noch Ulrich sein. Damit folgt aus ⑤ für Bernd das Sternzeichen *Krebs.* Weiter ergibt sich zwingend, dass wegen ⑦ Frauke und *Stier* auf 8 (gerade Zahl ⑦) und *Jungfrau* auf 4 eingetragen werden muss. Aus ⑥ ergibt sich weiter, dass auf 9 Karin und das Sommersternzeichen *Löwe* eingetragen werden muss. Horst ⑥ kann jetzt nur noch auf 4 *(Jungfrau)* und somit Susanne ⑧ auf 1 sein. Entsprechend ① muss also Claudia auf Position 6, *Waage* auf 5 und *Skorpion* auf 7 eingetragen werden. Damit ergibt sich aus ⑨ für Julia *Steinbock.* Von den noch offenen Zeichen *Widder* und *Fische* folgt abschließend aus ④, dass Pamela das Sternzeichen *Fische* und Claudia das Sternzeichen *Widder* haben muss.

Zusammenfassung:

1, Susanne, *Schütze;* 2, Norbert, *Zwillinge;* 3, Julia, *Steinbock;* 4, Horst, *Jungfrau;* 5, Peter, *Waage;* 6, Claudia, *Widder;* 7, Axel, *Skorpion;* 8, Frauke, *Stier;* 9, Karin, *Löwe;* 10, Pamela, *Fische;* 11, Bernd, *Krebs;* 12, Ulrich, *Wassermann*

134

Nachname	Spitzname	Beruf	Opfer
Herr Althuber	*Tarzan*	Schreiner	Deutschlehrer
Herr Dahlmann	*Stoffel*	Installateur	Lateinlehrer
Herr Oswald	*Vierauge*	Architekt	Sekretärin
Herr Röfinger	*Einstein*	Hotelier	Chemielehrer
Herr Winkler	*Mops*	Physiker	Direktor

135

Dolores Dankert, 31 Jahre, Fisch, repariert Ruder
Jörg Sutter, 52 Jahre, Früchte, baut Unterstand
Miriam Frey, 19 Jahre, Beeren, sucht Trinkwasser
Steffen Manger, 25 Jahre, Nüsse, flickt Segel
Viktor Lemmle, 46 Jahre, Krabben, baut Feuerstelle

136

Mutter	Zeit	Name	Gewicht
Frau Bachmann	03.20 Uhr	Eva-Maria	3690 Gramm
Frau Britten	23.35 Uhr	Sebastian	3390 Gramm
Frau Dirmair	05.05 Uhr	Bernadette	3090 Gramm
Frau Grassner	14.40 Uhr	Kathinka	3240 Gramm
Frau Ottmers	16.15 Uhr	Lukas	3710 Gramm

137

Da sich auf jeder Seite einer Etage zwei Abteilungen befinden, erhalten die schon bekannten gemeinsamen Abteilungen Computer und Musik-CDs ③ und Damenbekleidung und Schmuck ④ den Zusatz (G). Die anderen Abteilungen werden als Einzelabteilung (E) bezeichnet. Nachfolgend entfallen die Wörter Abteilung und Seite. Bettwäsche (E) wird rechts auf der 4. Etage verkauft ⑧. Kosmetika (E) und Schreibwaren (E) ⑦ werden getrennt voneinander auf der 1. Etage angeboten. Die Kleinmöbel (E) ① (unter) können sich rechts höchstens in der 3. Etage befinden. Dann müssten die Lebensmittel (E und direkt darunter ⑨) rechts in der 2. Etage verkauft werden. Damit wäre aber ④ nicht erfüllbar, dass Damenbekleidung und Schmuck (G) sich auf der rechten Seite befinden. Somit müssen die Kleinmöbel ① in der 2. und die Lebensmittel ⑨ in der 1. Etage verkauft werden. Damenbekleidung und Schmuck ④ befinden sich somit in der 3. Etage. Aus ⑥ ergibt sich jetzt, dass Spielwaren (E) links auf der 2. und Herrenbekleidung (direkt darüber) auf der 3. Etage angeboten werden müssen. Somit können Computer und Musik-CDs (G) ③ nur noch links in der 4. Etage verkauft werden. Wir kennen die Bezeichnung von drei Abteilungen der 1. Etage. Somit können sich die Abteilungen Elektrogeräte (E) und Süßwaren (E) ⑤ (gleiche Etage) nur noch in der 2. Etage befinden. Deshalb folgt aus ② (zwei Etagen über), dass Geschirr (E) ② jetzt nur noch in der 4. Etage verkauft werden kann. Damit ergibt sich für ① (unter), dass Schuhe ① nur noch in der 3. Etage angeboten werden können. Aus ⑦ (verschiedene Seiten) folgt nun, dass in der 1. Etage rechts die Schreibwaren ⑦ und links die Kosmetika sind. Für ② in Verbindung mit ⑤ steht jetzt endgültig fest, dass die Elektrogeräte rechts und die Süßwaren links angeboten werden. Abschließend kann sich die Buchabteilung nur noch auf der linken Seite der 1. Etage befinden.

Zusammenfassung:

1. Etage: links Kosmetika und Bücher; rechts Lebensmittel und Schreibwaren; 2. Etage: links Spielwaren und Süßwaren; rechts Elektrogeräte und Kleinmöbel; 3. Etage: links Herrenbekleidung und Schuhe; rechts Damenbekleidung und Schmuck; 4. Etage: links Computer und Musik-CDs; rechts Bettwäsche und Geschirr

138

Geschenk	Material	Titel	Land
Ess-Service	Porzellan	Maharadscha	Mohavia
Kerzenleuchter	Silber	König	Sanisula
Schmuck	Elfenbein	Kaiserin	Gambonia
Statue	Gold	Königin	Morundi
Tischuhr	juwelenbesetzt	Sultan	Ranjanko

139

Name	Dorf	Beschwerde	Wochen
Charles	Dormand	harte Betten	9
George	Wiloghby	keine Kneipe	6
James	Jamberley	kalte Bäder	7
Jonathan	Sinbury	grüne Kleidung	10
Miles	Conehad	schlechtes Brot	8

140

Der Helfer namens Engels hat die letzte Schicht (21–23 Uhr) ② und Elisabeth die von 13 bis 15 Uhr ③. Ein Mann hat von 19 bis 21 Uhr Dienst ④. Aus ⑦ (Unterschied des Schichtbeginns vier Stunden) ergibt sich, dass in der Zeit von 15–17 Uhr Ludmilla oder von 17–19 Uhr entweder der Helfer namens Mönke oder Ludmilla Dienst haben. Somit kann ⑤ nur erfüllt werden, wenn Günther von 9–11 Uhr und Agnes Busse, die ihn ablöst, von 11–13 Uhr Dienst leisten. Karsten, der von Frau Jüngel abgelöst wird ①, kann nur noch die Schicht von 15–17 Uhr haben, da 17–19 Uhr wegen ④ (19–21 Uhr ein Mann) entfällt. Somit ergibt sich für ⑦, dass der Helfer namens Mönke die Schicht von 13–15 Uhr (also Elisabeth) hat und Ludmilla die von 17–19 Uhr. Somit ist Michael der Mann ④, der die Schicht von 19–21 Uhr übernimmt. Bettina hat damit von 21–23 Uhr Dienst. Aus ⑥ ergibt sich jetzt, dass der Vorname von Helfer Dammers (nicht Günther oder Michael) Karsten lauten muss. Abschließend ergibt sich aus ④ (nicht Graber), dass Michaels Nachname Oppendahl und somit Günthers Nachname Graber lauten muss.

Zusammenfassung:
9–11 Uhr, Günther Graber; 11–13 Uhr, Agnes Busse; 13–15 Uhr, Elisabeth Mönke; 15–17 Uhr, Karsten Dammers; 17–19 Uhr, Ludmilla Jüngel; 19–21 Uhr, Michael Oppendahl; 21–23 Uhr, Bettina Engels

141

Wohnung 1, Ute und Holger Luffer
Wohnung 2, Gerda und Stefan Emmerich
Wohnung 3, Inge und Bertram Rehm
Wohnung 4, Dagmar und Jörg Pfeils
Wohnung 5, Nadja und Volker Kölmel
Wohnung 6, Verena und Dirk Wustl

142

Ritter	Name	Beruf	spezielle Kraft
Blauer Ritter	Simon Kosic	Reporter	extrem stark
Goldener Ritter	John Kelly	Galerist	unverwundbar
Grüner Ritter	Karl Huber	Taxifahrer	extrem schnell
Roter Ritter	Maria Perez	Lehrer	hellsichtig
Silberner Ritter	Ingrid Hansen	Apotheker	unsichtbar

143

Autor	Titel	Ort	Zeit
Anne Berry	*Das Rosenbeet*	Berkshire	um 1850
Arthur Colmar	*Der Verdacht*	South Wales	um 1870
Iris Mayers	*Abendrot*	Norfolk	um 1860
Peter Sendell	*Falsche Freunde*	Wiltshire	um 1840
Rosalie Weser	*Im Labyrinth*	Lancashire	um 1880

144

Monat	Verletzung	Stunt	Film
Januar	Knöchel verstaucht	Autounfall	*Rambo*
März	Zähne verloren	Klippensturz	*Samurai*
Mai	Rücken gezerrt	Explosion	*Klapperschlange*
Juli	Schädelbasisbruch	Fall vom Pferd	*Action Hero*
September	Arm gebrochen	Sprung aus Fenster	*Einstand*

145

Rad V wird auf die 0 gestellt ③. Da in den Bereichen C und D eine 6 ist ⑥, muss (nach Hinweis ⑤) die 9 am Rad II eingestellt werden. Mit obigem und mit Hinweis ④ muss an Rad XI die 6 stehen, denn würde die 6 an Rad X oder XII stehen, ergäbe sich für Rad XI entweder die 0 oder die 6 ④. Beides geht nicht, denn die 0 steht bereits bei Rad V und die beiden doppelten Ziffern sind nicht in demselben Bereich (Hinweise ⑥ und ⑦). 6 ist das Produkt von 2 und 3, daher stehen diese beiden Ziffern an Rädern X und XII. Da die 9 an Rad II ist, stehen laut Hinweis ⑤ an Rädern I und III ungerade Ziffern. Laut Hinweis ⑦ muss daher die 3 sowohl an Rad III als auch an Rad XII stehen, die 2 an Rad X. Die ungerade Zahl an Rad I ⑤ muss nun die 5 sein, denn die 1 ist laut Hinweis ⑧ unmöglich, die 3 schon vergeben, und die 7 oder die 9 würden Hinweis ② verletzen. Damit ist Bereich A derjenige mit der Gesamtsumme 17. Mit obigem und Hinweis ⑧ muss nun in Bereich B die 8 und in Bereich C die 1 zusammen mit der 6 stehen. Stünde nun die 4 in Bereich C, wären die Summen von C und D beide gleich 11, was wegen Hinweis ② nicht geht. Daher steht die 4 in Bereich B, und zwar an Rad VI ⑦, und daher die 8 an Rad IV. Daher wiederum und mit Hinweis ⑧ steht die 1 an Rad VII. Nach Hinweis ⑥ steht die 6 in Bereich C nun an Rad IX und für die 7 bleibt nur noch Rad VIII.

Zusammenfassung:
I: 5, II: 9, III: 3, IV: 8, V: 0, VI: 4, VII: 1, VIII: 7, IX: 6, X: 2, XI: 6, XII: 3

146

Clara kann nicht den Part der »Mutter Kneißl« gespielt haben ③, und nachdem die Schauspielerin, welche die »Tochter Kneißl« spielte, von Männern flankiert war ②, kann sie auch diese Rolle nicht innegehabt haben ③. Ihr Part war daher die »Milli«. Die Rolle bei 1 war nicht der »Ludwig«, der bei 5 stand ⑤, auch »Casimir« oder »Mutter Kneißl« nicht ③. Ebenso wenig kann es sich hierbei um »Tochter Kneißl« ②, »Räuber Kneißl« ④ oder »Milli« handeln ③, es muss daher die Rolle des »Georg« sein. Der Part bei 2 kann nun nicht »Tochter Kneißl« ②, »Casimir« oder »Milli« sein ③, sondern nur entweder »Räuber Kneißl« oder »Mutter Kneißl«, weswegen wiederum »Tochter Kneißl« nicht auf Platz 3 stand ①. Ihr Platz war auch nicht die 7 ②, sondern nur entweder die 4 oder die 6. Weder »Räuber Kneißl« noch »Mutter Kneißl« können bei 3 gestanden haben ①, und »Mutter Kneißl«, die »Milli« direkt rechts neben sich hatte ③, kann nicht auf den Plätzen 4 oder 7 gewesen sein. »Mutter Kneißl« war daher auf 2 oder 6, und »Milli« auf 3 oder 7 ③. Nachdem »Georg« auf Platz 1 stand und »Ludwig« auf Platz 5, kann sich Michael, flankiert von zwei Frauen, nur auf Plätzen 3 oder 5 verbeugt haben. Wäre er nun auf Platz 3 gewesen, so hätte er direkt rechts neben der »Mutter Kneißl« stehen müssen. Dort stand aber »Milli« ③, also war Michael bei 5 und hat den »Ludwig« gespielt. Die Dame zu seiner Linken, Platz 4, kann nur »Tochter Kneißl« und die zu seiner Rechten nur »Mutter Kneißl« gewesen sein, zu deren Rechten, Platz 7, wiederum »Milli« stand. Auf Platz 2 befand sich daher »Räuber Kneißl«, und »Casimir« muss auf Platz 3 gestanden haben. Dieter war »Georg« ③ und Johann der »Räuber Kneißl« ⑤, Alexander war der »Casimir«. Susanne kann nicht die »Tochter Kneißl« gespielt haben ④, sondern war daher »Mutter Kneißl« und Emma die »Tochter Kneißl«.

Zusammenfassung:

1, Dieter, »Georg«
2, Johann, »Räuber Kneißl«
3, Alexander, »Casimir«
4, Emma, »Tochter Kneißl«
5, Michael, »Ludwig«
6, Susanne, »Mutter Kneißl«
7, Clara, »Milli«

147

Partei	Name	Ministerium	Jahre
DPC	Wuppi	Wirtschaft	15 Jahre
DPP	Fibba	Justiz	10 Jahre
LDP	Schufti	Finanzen	20 Jahre
MDP	Krafti	Verteidigung	5 Jahre
PDP	Porki	Inneres	25 Jahre

148

Prozent	Verlust	Gewinn	Kandidat
7,9 Prozent	DPP	DPC	Concra
8,2 Prozent	PDP	MDP	Teppla
9,7 Prozent	LDP	DPP	Puschova
10,3 Prozent	DPC	PDP	Victa
11,4 Prozent	MDP	LDP	Gwinna

149

Die Story mit Termin am 28. kann weder *Jägers Mond* (1) noch *Goodman* (2) noch *Stern der Verheißung* oder *Weißes Pferd* (3) noch *Inferno* (4) sein, sondern nur *Ein Mann in Blau.* Der Termin für *Jägers Mond* liegt zwischen denen für *Weißes Pferd* und einer Geschichte mit nur einem Wort als Titel (1), kann also nicht der 19. sein. Der 19. kann auch nicht der Termin für *Weißes Pferd* sein (3), also kann der 16. nicht der Termin für *Jägers Mond* sein (Hinweise (1) und (3) beachten). Nachdem der 7. nicht der Abgabetermin für *Goodman* ist (2) und auch *Inferno* nicht an diesem Tag abgegeben werden muss (4), kann *Jägers Mond* nicht am 10. fällig sein, sondern nur am 7., und der 10. ist der Termin für *Weißes Pferd* (Hinweise (1) und (3)). Wir wissen nun mit Hinweis (1), dass der 1. der Termin für eine Story mit nur einem Wort im Titel ist und dass *Goodman* diese Geschichte nicht ist (2), also muss die erste Geschichte *Inferno* heißen. *Stern der Verheißung* muss nun am 16. fällig sein (3), und für *Goodman* bleibt nur der 19. übrig. Aus Hinweis (3) ergibt sich, dass *Goodman* der Western ist, und aus Hinweis (4), dass die Spionagegeschichte am 7. fällig ist, also *Jägers Mond* heißt. Die Romanze muss die letzte Story, also *Ein Mann in Blau* sein (2), und nachdem der Titel des Krimis aus einer geraden Anzahl von Wörtern besteht (5), muss er das *Weiße Pferd* sein. *Inferno* ist nicht der Historienroman (4), sondern die Science-Fiction-Story, weshalb der Historienroman *Stern der Verheißung* sein muss.

Zusammenfassung:

1., *Inferno,* Science-Fiction
7., *Jägers Mond,* Spionagegeschichte
10., *Weißes Pferd,* Krimi
16., *Stern der Verheißung,* Historienroman
19., *Goodman,* Western
28., *Ein Mann in Blau,* Romanze

150

Eine Woche nach Cornelius heiratet Miriam (3). Würde Cornelius Amanda heiraten, müssten in der Woche darauf sowohl Miriam (3) als auch Amanda heiraten (4). Da die Kirche keine gleichgeschlechtlichen Ehen traut, bedeutet dies, dass Cornelius weder Miriam noch Amanda heiratet, sondern Alice. Am 25. Juli heiraten weder Igor (27. Juni,(1)) noch Hubert (3), Miriam (3), Ludwig (2), Amanda (4) oder Cornelius und Alice (3). Von den Ehepartnern bleibt damit nur Nick für den 25. Juli übrig. Magda kann weder am 13. Juni noch am 25. Juli vor dem Altar stehen (5). Da Igor und Nick natürlich jeweils eine Frau heiraten, kann Magda auch nicht am 20. Juni, 4. Juli oder 18. Juli heiraten (5). Wäre Magdas »großer Tag« der 11. Juli, so müsste der Ehepartner vom 18. Juli weiblich sein. Dies könnte nicht Amanda sein ④, auch Miriam nicht, da eine Woche vor ihr Cornelius vor dem Altar steht ③, und Alice heiratet auch nicht am 18. Juli ③. Magda kann also unmöglich am 11. Juli Hochzeit halten, sondern nur, mit Igor, am 27. Juni. Die Ehepartner vom 20. Juni und vom 4. Juli müssen beide weiblich sein ⑤, also bleibt für Ludwigs gerades Datum ② nur noch der 18. Juli übrig. Miriam wiederum kann nicht am 11. Juli heiraten ⑥, auch kommen der 4. Juli und der 13. Juni nicht in Frage ③, sondern nur der 20. Juni. Damit steht fest, dass Cornelius und Alice am 13. Juni heiraten. Die weibliche Ehepartnerin vom 4. Juli muss nun Amanda sein, und für Hubert bleibt nur noch der 11. Juli. Flora also ist die Glückliche vom 25. Juli ③. Gerhard gibt sein Ja-Wort nicht am 4. Juli ②, sondern heiratet Miriam am 20. Juni, weshalb Norbert Amandas Zukünftiger ist (bis sie am 4. Juli heiraten). Da Carolin vor Sara vor den Altar treten wird, ist klar, dass Carolin mit Hubert am 11. Juli und Sara mit Ludwig am 18. Juli den Bund fürs Leben (hoffentlich) eingehen werden.

Zusammenfassung:
13. Juni: Cornelius und Alice
20. Juni: Gerhard und Miriam
27. Juni: Magda und Igor
4. Juli: Norbert und Amanda
11. Juli: Carolin und Hubert
18. Juli: Sara und Ludwig
25. Juli: Flora und Nick

151

1962, *Wanderfalken,* 119, Süd; 1967, *Brachvogel,* 227, West; 1970, *Feldhase,* 205, Nord; 1975, *Luchs,* 141, Nordwest; 1980, *Fischotter,* 249, Ost; 1983, *Steinadler,* 175, Nordost; 1986, *Eisvogel,* 190, Südwest; 1989, *Wildkatze,* 156, Südost

152

1, Florian, sieben Jahre – Sabrina, acht Jahre
2, Tanja, drei Jahre – Melanie, fünf Jahre
3, Lore, sechs Jahre – Stefan, vier Jahre
4, Jens, vier Jahre – David, drei Jahre
5, Susanne, acht Jahre – Ruth, sechs Jahre
6, Dagmar, fünf Jahre – Jochen, sieben Jahre

153

Birgit, Vase, geraten von Laura, 9 Hinweise
Heiner, Bild, geraten von Regina, 7 Hinweise
Laura, Türgriff, geraten von Heiner, 12 Hinweise
Paul, Feuerzeug, geraten von Silke, 13 Hinweise
Regina, Schuh, geraten von Paul, 10 Hinweise
Silke, Kissen, geraten von Birgit, 15 Hinweise

154

1, Schildkröten; 2, Affen; 3, Orangendrops; 4, Waschbären; 5, Frösche; 6, Lakritzstangen; 7, Honigbonbons; 8, Fruchtmischung; 9, Cashewkerne; 10, Toffeemischung; 11, Blockmalz; 12, Prachtlollies; 13, Anisbonbons; 14, Johannisbeerdrops; 15, Eukalyptusbonbons; 16, Geleebananen; 17, Nougatwürfel; 18, Schlangen; 19, Mandelsplitter; 20, Pfirsichdrops; 21, Walfische; 22, Butterkaramellen; 23, Drageemischung; 24, Fenchelbonbons; 25, Chamäleons

155

1, Pamela, 5 Jahre; 2, Florian, 9 Jahre; 3, Sabrina, 6 Jahre; 4, Dennis, 5 Jahre; 5, Christina, 9 Jahre; 6, Thomas, 7 Jahre; 7, Jessica, 8 Jahre; 8, Sven, 6 Jahre; 9, Nadine, 7 Jahre; 10, Kevin, 8 Jahre

156

A, Frau Pfaff, Häkelarbeiten, 1570 Mark
B, Frau Tiede, Steingutfiguren, 1390 Mark
C, Frau Pahl, Ledergürtel, 1265 Mark
D, Frau Arff, Porzellanmalerei, 1240 Mark
E, Frau Welz, Strickwaren, 1450 Mark
F, Herr Witte, Holzschnitzereien, 1530 Mark
G, Herr Stöck, Silberschmuck, 1480 Mark
H, Frau Dirks, Stickereien, 1225 Mark
I, Herr Dohm, Batikstoffe, 1490 Mark
J, Herr Sacht, Korbwaren, 1345 Mark
K, Herr Abelt, Seidenblumen, 1320 Mark
L, Herr Tauer, Kerzen, 1315 Mark

157

1. Tag, Sir Boris, Rye; 2. Tag, Sir Gervase, York; 3. Tag, Sir Harold, Norwich; 4. Tag, Sir Sylvester, Albans; 5. Tag, Sir John, Bristol; 6. Tag, Sir Julian, Winchester; 7. Tag, Sir Roger, Newbury; 8. Tag, Sir Timothy, Huntingdon; 9. Tag, Sir Charles, Worcester; 10. Tag, Sir Henry, Chester; 11. Tag, Sir Richard, Warwick; 12. Tag, Sir Alfred, Chelmsford

158

Behr, 8568 Gutscheine, 504 Heftseiten, 72 Heftchen, Mikrowelle; Decker, 7735 Gutscheine, 455 Heftseiten, 65 Heftchen, Kamera; Gruber, 6545 Gutscheine, 385 Heftseiten, 55 Heftchen, Radio; Holt, 5950 Gutscheine, 350 Heftseiten, 50 Heftchen, Rasenmäher; Möller, 2856 Gutscheine, 168 Heftseiten, 24 Heftchen, Schmuck; Prien, 9758 Gutscheine, 574 Heftseiten, 82 Heftchen, Stereoanlage; Ravens, 11 900 Gutscheine, 700 Heftseiten, 100 Heftchen, Fahrrad; Schur, 2142 Gutscheine, 126 Heftseiten, 18 Heftchen, Gartengrill; Timm, 3689 Gutscheine, 217 Heftseiten, 31 Heftchen, Teeservice; Wagner, 4403 Gutscheine, 259 Heftseiten, 37 Heftchen, Messerset

159

1, Freesien; 2, Chrysanthemen; 3, Lilien; 4, Nelken; 5, Hyazinthen; 6, Amaryllis; 7, Verbenen; 8, Pantoffelblumen; 9, Stiefmütterchen; 10, Lobelien; 11, Primeln; 12, Dahlien; 13, Zinnien; 14, Wicken; 15, Christrosen; 16, Lavendel; 17, Narzissen; 18, Sonnenblumen; 19, Petunien; 20, Astern; 21, Iris; 22, Begonien; 23, Veilchen; 24, Margeriten; 25, Geranien

160

Adamski, Nummer 6, Position 4
Bauer, Nummer 3, Position 8
Dehling, Nummer 8, Position 1
Franke, Nummer 11, Position 9
Ganther, Nummer 1, Position 3
Junker, Nummer 5, Position 7
Lehmann, Nummer 4, Position 10
Pilcher, Nummer 10, Position 2
Rengler, Nummer 7, Position 6
Ulmer, Nummer 9, Position 11
Villmer, Nummer 2, Position 5

161

A, Amelie, Auto; B, Eveline, Pferdchen; C, Florian, Flugzeug; D, Anke, Bus; E, Helena, Schiff; F, Martin, Motorrad; G, Janine, Rakete; H, Stefanie, Traktor; I, Philipp, Kamel; K, Viktoria, Elefant

162

1, Fixe, Kreuz, weiße Fahne, blaues Emblem
2, Oxie, Mondsichel, gelbe Fahne, schwarzes Emblem
3, Icae, senkrechte Streifen, rote Fahne, grünes Emblem
4, Acoe, Dreieck, schwarze Fahne, rotes Emblem
5, Cofe, Vollmond, grüne Fahne, weißes Emblem
6, Xife, Stern, blaue Fahne, gelbes Emblem

163

Vorname	Nachname	Tag und Monat	Jahr
Fred	Sticher	1.05.	2005
Hanne	Ahring	31.12.	2010
Markus	Franke	15.06.	2007
Saskia	Mahr	10.02.	2002
Theodor	Breile	23.10.	2013

Alle Rätsel auf einen Blick

Sind Sie neugierig veranlagt?
P.M.
Welt des Wissens
Die Tempelritter
Das Geheimnis der Kriegermönche
P.M. Magazin: jeden Monat geballtes Wissen.
Betreten Sie jeden Monat wissenschaftliches Neuland. Seltene Phänomene und sensationelle Forschungsergebnisse – eine spannende und unterhaltsame Art, sich mit neuestem Wissen zu versorgen. Neugierig?
www.pm-magazin.de
Gut zu wissen.